Gabriele Münnix

Wirklich?
Erkenntnis und Ethik

Philosophie für Einsteiger

ERNST KLETT SCHULBUCHVERLAG LEIPZIG
Leipzig Stuttgart Düsseldorf

Inhalt

Einleitung ... 5

1 Schein und Wirklichkeit
(Was ist *wirklich* wahr?)

- **1.1** Erich Scheurmann: Vom Orte des falschen Lebens ... 8
- **1.2** Platon: Bilder in einer Höhle ... 10
- **1.3** Gabriele Münnix: Bilderwelten ... 11
- **1.4** Max Frisch: Du sollst dir kein Bildnis machen ... 12
- **1.5** Hans Thomas: Wirklichkeit als Inszenierung ... 13
- **1.6** Marie Winn: Wirklichkeit und Unwirklichkeit ... 16
- **1.7** Günther Anders: Im Bilde sein ... 18
- **1.8** Paul Watzlawick: Die zerkratzten Windschutzscheiben ... 20
- **1.9** Fernando Inciarte: Abschaffung der Wirklichkeit ... 20
- **1.10** Paul Virilio: Rasender Stillstand ... 21
- **1.11** Winrich de Schmidt: Wo geht die Sonne unter? ... 22
- **1.12** Bertrand Russell: Sein und Erscheinung des Tisches ... 23
- **1.13** Robert M. Pirsig: Das romantische und das klassische Motorrad ... 24
- **1.14** Bertolt Brecht: Sind die Sterne wirklich da? ... 26
- **1.15** Friedrich Nietzsche: Die Begriffslüge ... 28
- **1.16** Karl R. Popper: Erkenntnis als Kübel oder als Scheinwerfer? ... 29
- **1.17** Annegret Stopczyk: Gestalten des Bewußtseins ... 32
- **1.18** Thomas Nagel: Woher wissen wir etwas? ... 35
- **1.19** Karl R. Popper: Eine Entschuldigung für die Philosophie ... 37

2 Entfremdung
(Bin ich *wirklich* ich selbst?)

- **2.1** Friedrich Nietzsche: Jeder ist sich selbst der Fernste ... 40
- **2.2** Robert M. Pirsig: Menschen als Spiegel ... 40
- **2.3** Hermann Hesse: Der Wolf im Spiegel ... 41
- **2.4** Ernst Bloch: Was einem heute der Spiegel erzählt ... 41
- **2.5** Karl Marx: Die entfremdete Arbeit ... 43
- **2.6** Martin Buber: Das vergebliche Suchen ... 43
- **2.7** Christian Garve: Mode und Identität ... 44
- **2.8** Erich Fromm: Entfremdung vom Alten Testament bis zur Gegenwart ... 44
- **2.9** Hans M. Enzensberger: Eine Theorie des Tourismus ... 48
- **2.10** Fjodor Dostojewski: Der Spieler ... 49
- **2.11** Günther Anders: Sucht nach Dingen ... 50
- **2.12** Martin Heidegger: Die Herrschaft des MAN ... 52
- **2.13** Erich Fromm: Das Ich als Ding ... 53
- **2.14** Johann G. Fichte: Die Bestimmung des Menschen ... 54

3 Glück
(Was ist *wirklich* gut?)

- **3.1** Wolf Schneider: Glück – was ist das? ... 57
- **3.2** Platon: Menschen als Kugelwesen ... 58
- **3.3** Georg Büchner: Ein Glückstraum ... 60
- **3.4** Ariane Barth: Ein Hauch, ein Fluß, ein Schweben – über die Erforschung des Glücks ... 61
- **3.5** Platon: Das Glück der Befriedigung von Begierden ... 62
- **3.6** Erich Fromm: Vergnügen und Freude ... 62
- **3.7** Ludwig Bechstein: Das Märchen vom Schlaraffenland ... 63
- **3.8** Aristoteles: Glück als Endziel allen Handelns ... 65
- **3.9** Epikur: Selbstgenügsamkeit und Lust ... 65
- **3.10** Seneca: Gemütsruhe und glückseliges Leben ... 66

3.11	Gebrüder Grimm: Hans im Glück	68
3.12	Mihalyi Czikszentmihalyi: Wie kann man Freude erleben?	69
3.13	Pierre Teilhard de Chardin: Vom Glück des Daseins	71
3.14	Arthur Schopenhauer: Bedingungen zum Lebensglück	74
3.15	Fernando Savater: Was ist ein gutes Leben?	74
3.16	Karl Marx: Das Himmelreich auf Erden	77
3.17	John St. Mill: Das größte Glück aller als Ziel der Ethik	77

4.1	Alltägliche (Gewalt-)Nachrichten	80
4.2	Eric Malpass: Morgens um 7 ist die Welt noch in Ordnung	82
4.3	Hans-Peter Richter: Wenn mir jemand ins Gesicht schlägt …	84
4.4	Monster Kody: Mein erster Mord	84
4.5	Friedrich Engels: Die »ewigen Wahrheiten« der Moral	87
4.6	Wilhelm Busch: Plisch und Plums Dressur	88
4.7	Johann G. Fichte: Gewissen als Zweck des Daseins	89
4.8	Mark Twain: Huck und Jim auf dem Fluß	89
4.9	Arthur Schopenhauer: Das Prinzip des Mitleids	91
4.10	Robert Spaemann: Gut und böse – relativ?	94
4.11	Thomas Nagel: Recht und Unrecht	95
4.12	Albert Schweitzer: Ehrfurcht vor dem Leben	98
4.13	Gabriele Münnix: Kamele	100
4.14	Mahatma Gandhi: Das Prinzip der Gewaltlosigkeit	102
4.15	Immanuel Kant: Der Mensch als Zweck an sich	104
4.16	Amos Oz: Solidarität gegen das Böse	104
4.17	Hans Küng: Projekt Weltethos	106

4
Gewalt, Gewissen, Verantwortung
(Was ist *wirklich* richtig?)

5.1	Gernot Böhme: Natürlich Natur!	110
5.2	Hans M. Enzensberger: Naturromantik und technische Sachlichkeit	111
5.3	Laurence Tribe: Was spricht gegen Plastikbäume?	113
5.4	Erich Scheurmann: Der große Geist und die Maschine	114
5.5	Günther Anders: Der verwandelte Zauberlehrling	115
5.6	Robert M. Pirsig: Betreten verboten!	118
5.7	Johann G. Fichte: Technik als Naturbeherrschung	119
5.8	Friedrich W. Schelling: Technik als Todeskraft	120
5.9	Arnold Gehlen: Technik als Überlebenshilfe in feindlicher Natur	121
5.10	Hans Chr. Andersen: Der Schweinehirt	121
5.11	Bertolt Brecht: 700 Intellektuelle beten einen Öltank an	124
5.12	Heinar Kipphardt: Skrupel eines Atomforschers	125
5.13	Reinhard Löw: Mensch und Natur	127
5.14	Hermann Hesse: Hochjagd auf Automobile	128
5.15	Heinrich Stork: Schwund des Menschlichen?	130
5.16	Theodore Roszak: Roboter als bessere Menschen?	133
5.17	Hans Jonas: Welche Technik brauchen wir?	135

5
Natur und Technik
(Wie wollen wir *wirklich* leben?)

Bildteil
Anhang

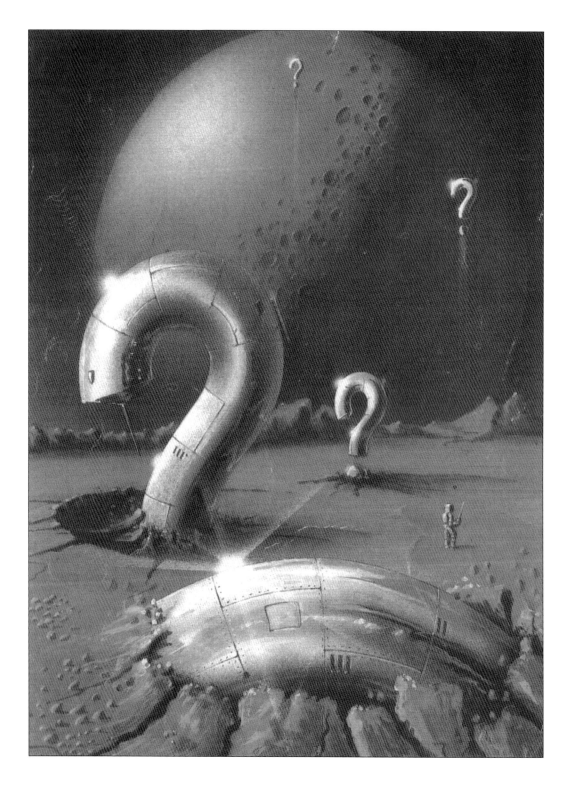

Einleitung

Das Wörtchen »wirklich« geht uns – auch als Frage – leicht über die Lippen. Wie oft benutzen wir es, ohne darüber nachzudenken! Wir verwenden es tagtäglich, um etwas mit Nachdruck zu bekräftigen oder um eine Sicherheit zu erfragen, die uns Gewißheit geben soll. Doch kann diese Gewißheit »wirklich« immer von außen kommen, kann sie uns das eigene Denken abnehmen?

Das Eingeständnis des Sokrates »Ich weiß, daß ich nichts weiß« macht uns klar, wie wenig wir in Wirklichkeit über unsere Wirklichkeit wissen, über uns selber, unsere Fähigkeiten, unsere (wirklich eigenen?) Wünsche und Erwartungen an die Zukunft, über unsere Mitmenschen, über unsere Umwelt. Aber dies Wenige können wir an den Anfang unserer Überlegungen setzen.

Sokrates war ein Philosoph, also jemand, der sich um »Weisheit« bemüht (*sophia* griech.= die Weisheit).

»Weise« ist jemand, der sich Wissen aneignet und es durchdenkt, um dann aus dieser Einsicht sinnvoll handeln zu können, jemand also, der sich Gedanken gemacht hat über Fragen, die mit unserer eigenen – und unser aller – Existenz zusammenhängen, und der – für sich – einen Sinn gefunden hat.

Kann unser Leben sinnvoll sein oder werden? Es liegt an uns, ob wir passiv bleiben, oder ob wir uns auf den Weg des Nachdenkens machen und ein qualitativ gutes Leben anstreben, das über endlosen Konsum hinausgeht, der uns nur in Abhängigkeiten führt.

Oft lassen wir uns vom großen Strom treiben. Doch kann ein Leben uns wirklich glücklich machen, mit dem wir uns nicht identifizieren können oder wollen, das nicht unseren Vorstellungen entspricht – falls wir überhaupt welche haben?

Wie können wir eigene Vorstellungen von unserem Leben entwickeln? Wie kommen wir zu wirklich wichtigen Einsichten? Ist unser Denken nicht bloß begrenzt fähig, wirklich wichtige Dinge zu erkennen?

Sind wir nicht bis in unsere Gedanken hinein manipuliert, gesteuert von Werbung, Rollenerwartungen, gesellschaftlichen Zwängen? Können wir wirklich selber denken, wie Immanuel Kant, einer der berühmtesten deutschen Philosophen, es forderte?

Eine Reflexion über unser Denk- und Erkenntnisvermögen (woher beziehen wir unser Wissen?) ist hier nötig, um die Begrenztheit, aber auch die Möglichkeiten unseres Denkens auszuloten.

Schließlich kann Denken zu Einsichten führen, mit deren Hilfe wir in der Lage sind, unser Leben zu verbessern, etwa Einsichten in das Wesen der Gerechtigkeit, so daß wir (eigene?) Vorstellungen von Gut und Böse entwickeln lernen. (Kommen diese aus uns selbst heraus? Oder können wir dabei nur gesellschaftlichen Normen folgen?)

Jedenfalls kommen wir nur durch Nachdenken zu Wertmaßstäben, mit denen wir die Probleme unserer Zukunft bewältigen können: indem wir nicht nur Philosophen vergangener Zeiten *nach*-denken, sondern auf der Grundlage unserer Lebenssituation, unserer Erfahrungen und unserer eigenen Bewertung selber Wege in die Zukunft finden, die sie für uns lebenswert macht. Wenn wir aber lernen, selber zu denken, lernen wir zu philosophieren. Dieser Meinung war auch Kant, der glaubte, daß man sich üben muß, »von seiner Vernunft einen freien und keinen bloß nachahmenden und sozusagen mechanischen Gebrauch zu machen. Der philosophieren lernen will, darf alle Systeme der Philosophie nur als Geschichte des Gebrauchs der Vernunft ansehen und als Objekte der Übung seines philosophischen Talents ...«

Es geht also um Anregungen zum Selberdenken in unserer jeweils aktuellen geschichtlichen Situation, die durchdacht und verarbeitet werden muß.

Probleme gibt es genug: Wir kämpfen mit Umwelt-, Wirtschafts- und Datenschutztücken, die Menschen führen Krieg gegeneinander auf grausamste Art, während gleichzeitig die Gentechnologie die Mittel bereitstellt, Menschen beliebig zu reproduzieren. Was ist hier noch menschlich? Blinder Aktionismus – oder Schielen nach dem, was die »Masse so macht« – wäre sicher falsch.

Aus Einsicht handeln bedeutet, zuerst den Weg des Nachdenkens zu wagen, um sich klar zu werden über die eigenen Ziele und Wertvorstellungen, also subjektiv zu werden«, wie es der dänische Philosoph Søren Kierkegaard fordert. Nur wer lernt, die richtigen Fragen an sich und sein Leben zu stellen, ist in der Lage, nach Antworten zu suchen. Nur wer – nachdenkend – sich selber kennengelernt hat, kann aus echter (wirklicher?) Überzeugung handeln, und nur so kann es Hoffnung für unsere Zukunft geben.

Fangen wir also an (die kleine Eule – als Symbol der Weisheit – wird uns begleiten):

Schein und Wirklichkeit

1

Was ist *wirklich* wahr?

»So lebt der Mensch« heißt eine Bilderserie des belgischen Malers René Magritte (siehe Titelbild und Bildteil), die das Bild im Bild zum Thema macht. So lebt der Mensch: soll das heißen, wir machen uns Bilder von der Wirklichkeit und voneinander? Diese Bilder können die Wirklichkeit ausweiten – die Bilder des Fernsehens schaffen z. B. ein Spektrum an Erfahrung für uns, die wir nicht erst selber zu machen brauchen. Wir sind über alles unterrichtet – im Bilde – und können uns unsere Bilder und Geschichten sogar auswählen. Doch zeigen sie tatsächlich die Wirklichkeit? Bilder können die Wirklichkeit auch verdecken oder verfälschen und uns die bloße Illusion von Realität vermitteln, während wir in Wirklichkeit in einer Scheinwelt leben und uns über jemanden oder etwas täuschen lassen. Wie können wir erkennen, was wirklich wahr ist? Was ist subjektive Realität, was ist objektiv richtig? Gibt es zweifelsfreie Gewißheiten? Dies sind einige Grundfragen der Erkenntnistheorie, die uns nachdenklich machen sollten, denn allzuoft nehmen wir Dinge als selbstverständlich hin, ohne sie zu durchdenken. Unser Leben, in einer Welt der Fernseh- und Kinobilder, in einer Welt, in der die Grenzen zwischen Fiktion und Wirklichkeit oft verschwimmen, in der wir uns gelegentlich selbst zu Bildern machen, kann uns unfähig werden lassen, uns auf wechselnde reale Situationen einzustellen. Die Sucht nach Bildern (der Philosoph Günther Anders fand dafür den Ausdruck »Ikonomanie«) läßt uns oft genug am wirklichen Leben und an wirklichen Menschen vorbeigehen, sogar unsere Begriffe sind – nach Meinung Nietzsches – in diesem Sinne unangemessen, denn sie rufen feste Vorstellungsbilder in uns hervor, die die sich ständig wandelnde Wirklichkeit – auch eines anderen Menschen – nicht erfassen können. Das Streben des menschlichen Geistes nach Erkenntnis läuft so Gefahr, an der Oberfläche dieser Flut von Bildern und Begriffen zu bleiben.

Philosophieren (als »Selberdenken«) heißt aber, die uns umgebenden Bilder zu hinterfragen, sie auf ihren Sinn zu prüfen, die Realität hinter den Bildern zu suchen. Das war auch schon das Bestreben Platons (einige Jahrhunderte vor Christus), der »den Ort des falschen Lebens«, die dunkle Höhle der Bilder, die der menschlichen Erkenntnissituation vergleichbar ist, als denkender Mensch verlassen wollte, um sich Kenntnis über das Wesen der wirklichen Welt hinter den Bildern zu verschaffen. Ob diese Wirklichkeit subjektiv und individuell verschieden, nur von unterschiedlichen Erkenntnisperspektiven ausschnittartig erfaßbar ist oder ob wir die Realität objektiv erfassen können, wie sie beschaffen ist, und welche Rolle der denkende Mensch darin spielt, das sind Fragen, die wir uns stellen müssen, um unsere Wirklichkeit besser verstehen zu lernen. Denn die Erfahrungen, die wir – fiktional oder tatsächlich – machen, prägen uns wie die Bilder, die täglich auf uns einstürmen. Was also ist wahr, was ist richtig, was falsch, was gibt die Realität nur verzerrt wieder?

Wann und weshalb kann man sich täuschen oder getäuscht werden? Wie können wir feststellen, was wirklich wahr ist?

Die Mondgucker

1. Welche Erfahrung machen die Leute vor ihren Fernsehern und weshalb?
2. Welche Erfahrungen könnten sie beim Hinaussehen (oder -gehen) machen?
3. Welche Art Erfahrung würdest du vorziehen? Weshalb?

1.1 Erich Scheurmann:
Vom Orte des falschen Lebens

Viel hätte euch, liebe Brüder des großen Meeres, euer demütiger Diener zu sagen, um euch die Wahrheit über Europa zu geben. Dazu müßte meine Rede sein wie ein Sturzbach, der vom Morgen bis zum Abend fließt, und dennoch würde eure Wahrheit unvollkommen sein, denn das Leben des Papalagi ist wie das Meer, dessen Anfang und Ende man auch nie genau abschauen kann. 5
Aber davon will ich nicht säumen, euch zu berichten, denn wie das Meer nicht ohne Wasser sein kann, so das Leben Europas nicht ohne den Ort des falschen Lebens und nicht ohne die vielen Papiere. Nimmst du dies beides dem Papalagi, so gliche er wohl dem Fische, den die Brandung aufs Land geworfen hat: er kann nur mit den Gliedern zucken, aber nicht mehr schwim- 10
men und sich tummeln, wie er es liebt. Der Ort des falschen Lebens. Es ist nicht leicht, euch diesen Ort, den der Weiße Kino nennt, zu schildern, so daß ihr ihn mit euren Augen klar erkennet. In jeder Dorfschaft überall in Europa gibt es diesen geheimnisvollen Ort, den die Menschen lieben, mehr wie ein Missionshaus. Von dem schon die Kinder träumen und mit dem ihre 15
Gedanken sich liebend gerne beschäftigen. Das Kino ist eine Hütte, größer wie die größte Häuptlingshütte von Upolu, ja viel größer noch. Sie ist dunkel auch am hellsten Tage, so dunkel, daß niemand den anderen erkennen kann. Daß man geblendet ist, wenn man hineinkommt, noch geblendeter, wenn man wieder hinausgeht. Hier schleichen sich die Menschen hinein, tasten an den 20
Wänden entlang, bis eine Jungfrau mit einem Feuerfunken kommt und sie dahin führt, wo noch Platz ist. Ganz dicht hockt ein Papalagi neben dem anderen in der Dunkelheit, keiner sieht den anderen, der dunkle Raum ist mit schweigenden Menschen gefüllt. Jeder einzelne sitzt auf einem schmalen Brettchen; alle Brettchen stehen in Richtung nach der einen gleichen Wand 25
hin. Vom Grunde dieser Wand, wie aus einer tiefen Schlucht, dringt lautes

Zugereist in diese Gegend,
Noch viel mehr als sehr vermögend,
In der Hand das Perspektiv,
Kam ein Mister namens Pief.

Getön und Gesumme hervor, und sobald die Augen sich an die Dunkelheit gewöhnt haben, erkennt man einen Papalagi, der sitzend mit einer Truhe kämpft. Er schlägt mit ausgespreizten Händen auf sie ein, auf viele kleine weiße und schwarze Zungen, die die große Truhe hervorstreckt, und jede Zunge kreischt laut auf und jede mit einer anderen Stimme bei jeder Berührung, daß es ein wildes und irres Gekreisch verursacht wie bei einem großen Dorfstreit.
Dieses Getöse soll unsere Sinne ablenken und schwach machen, daß wir glauben, was wir sehen, und nicht daran zweifeln, daß es wirklich ist. Geradevor an der Wand erstrahlt ein Lichtschein, als ob ein starkes Mondlicht darauf schiene, und in dem Scheine sind Menschen, wirkliche Menschen, die aussehen und gekleidet sind wie richtige Papalagi, die sich bewegen und hin- und hergehen, die laufen, lachen, springen, geradeso wie man es in Europa allerorten sieht. Es ist wie das Spiegelbild des Mondes in der Lagune. Es ist der Mond, und er ist es doch nicht. So auch ist dies nur ein Abbild. Jeder bewegt den Mund, man zweifelt nicht, daß sie sprechen, und doch hört man keinen Laut und kein Wort, so genau man auch hinhorcht, und so quälend es auch ist, daß man nichts hört. Und dies ist auch der Hauptgrund, weshalb jener Papalagi die Truhe so schlägt: er soll damit den Anschein erwecken, als könne man die Menschen nur nicht hören in seinem Getöse. Und deshalb erscheinen auch zuweilen Schriftzeichen an der Wand, die da künden, was der Papalagi gesagt hat oder noch sagen wird.
Trotzdem – diese Menschen sind Scheinmenschen und keine wirklichen Menschen. Wenn man sie anfassen würde, würde man erkennen, daß sie nur aus Licht sind und sich nicht greifen lassen. Sie sind nur dazu da, dem Papalagi alle seine Freuden und Leiden, seine Torheiten und Schwächen zu zeigen. Er sieht die schönsten Frauen und Männer ganz in seiner Nähe. Wenn sie auch stumm sind, so sieht er doch ihre Bewegungen und das Leuchten der Augen. Sie scheinen ihn selber anzuleuchten und mit ihm zu sprechen. Er sieht die höchsten Häuptlinge, mit denen er nie zusammenkommen kann, ungestört und nahe wie seinesgleichen. Er nimmt an großen Essenshuldigungen, Fonos und anderen Festen teil, er scheint selber immer dabei zu sein und mitzuessen und mitzufeiern. Aber er sieht auch, wie der Papalagi das Mädchen einer Aiga raubt. Oder wie ein Mädchen seinem Jüngling untreu wird. Er sieht, wie ein wilder Mann einen reichen Alii an die Gurgel packt, wie seine Finger sich tief in das Fleisch des Halses drücken, die Augen des Alii hervorquellen, wie er tot ist und ihm der wilde Mann sein rundes Metall und schweres Papier aus dem Lendentuche reißt. Währenddem nun das Auge des Papalagi solche Freuden und Schrecklichkeiten sieht, muß er ganz stille sitzen; er darf das untreue Mädchen nicht schelten, darf dem reichen Alii nicht beispringen, um ihn zu retten. Aber dies macht dem Papalagi keinen Schmerz; er sieht dies alles mit großer Wollust an, als ob er gar kein Herz habe. Er empfindet keinen Schrecken und keinen Abscheu. Er beobachtet alles, als sei er selber ein anderes Wesen. Denn der, welcher zusieht, ist immer der festen Meinung, er sei besser als die Menschen, welche er im Lichtschein sieht, und er selber umginge alle die Torheiten, die ihm gezeigt werden. Still und ohne Luftnehmung hangen seine Augen an der Wand, und sobald er ein starkes Herz und ein edles Abbild sieht, zieht er es in sein Herz und denkt: dies ist mein Abbild.

»Warum soll ich nicht beim Gehen« –
Sprach er – »in die Ferne sehen?
Schön ist es auch anderswo,
Und hier bin ich sowieso.«
Hierbei aber stolpert er
In den Teich und sieht nichts mehr.

1.
Weshalb gehst du gern ins Kino?
2.
Welche Art Film beeindruckt dich besonders? Weshalb?
3.
Welche positiven, welche negativen Seiten haben Filme für dich?

4.
Wie schildert der Südseehäuptling das Stummfilmkino Europas? Was findest du an seinen Eindrücken und Beschreibungen komisch, was nicht?

5.
Vom griechischen Mathematiker und Philosophen Thales wird berichtet, daß er, »um die Sterne zu beschauen, den Blick nach oben gerichtet, in den Brunnen fiel«, weshalb ihn eine thrakische Magd verspottete, »daß er, was am Himmel wäre, wohl strebe zu erfahren, was aber vor ihm läge und zu seinen Füßen, ihm unbekannt bliebe«. (Platon, Theaitetos, 173e, 174) Vergleiche diese Anekdote mit der Aussage der Busch-Zeichnung S. 8/9 und dem »In-die-Ferne-Sehen« der Televisionsgesellschaft!

Er sitzt völlig unbewegt auf seinem Holzsitz und starrt auf die steile, glatte Wand, auf der nichts lebt als ein täuschender Lichtschein, den ein Zauberer durch einen schmalen Spalt der Rückwand hereinwirft und auf dem doch so vieles lebt als falsches Leben. Diese falschen Abbilder, die kein wirkliches Leben haben, in sich hineinziehen, das ist es, was dem Papalagi so hohen Genuß bereitet. In diesem dunklen Raum kann er ohne Scham und ohne daß die anderen Menschen seine Augen dabei sehen, sich in ein falsches Leben hineintun. Der Arme kann den Reichen spielen, der Reiche den Armen, der Kranke kann sich gesunddenken, der Schwache stark. Jeder kann hier im Dunkeln an sich nehmen und im falschen Leben erleben, was er im wirklichen Leben nicht erlebt und nie erleben wird.

Sich diesem falschen Leben hinzugeben ist eine große Leidenschaft des Papalagi geworden, sie ist oft so groß, daß er sein wirkliches Leben darüber vergißt. Diese Leidenschaft ist krank, denn ein richtiger Mann will nicht in einem dunklen Raum ein Scheinleben haben, sondern ein warmes, wirkliches in der hellen Sonne.

Die Folge dieser Leidenschaft ist, daß viele Papalagi, die da aus dem Orte des falschen Lebens treten, dieses nicht mehr vom wirklichen Leben unterscheiden können und, wirr geworden, sich reich glauben, wenn sie arm, oder schön, wenn sie häßlich sind. Oder Untaten tun, die sie in ihrem wirklichen Leben nie getan hätten, die sie aber tun, weil sie das nicht mehr unterscheiden können, was wirklich ist und was nicht ist. Es ist ein ganz ähnlicher Zustand, wie ihr alle ihn an dem Europäer kennt, wenn er zuviel europäische Kava getrunken hat und glaubt, auf Wellen zu gehen.

1.2 Platon: Bilder in einer Höhle

1.
Die dunkle (Kino-)Höhle des Papalagi wird hier bei Platon in fundamentaler Weise als Bild für die Erkenntnis- und Lebenssituation des Menschen gebraucht. Welche Ähnlichkeiten, welche Unterschiede siehst du? Wieso gleichen wir Platons Gefangenen?

2.
Versuche die beschriebene Situation in der Höhle bildlich darzustellen und mache dir klar, wie begrenzt die Wahrnehmungsmöglichkeiten der Gefangenen sind!

3.
Das Gefesseltsein der Gefangenen entspricht der Fixierung auf Wahrnehmungen, die unsere Sinne ja auch täuschen können. Gib Beispiele dafür an!

»Und jetzt will ich dir ein Gleichnis für uns Menschen sagen, wenn wir wahrhaft erzogen sind und wenn wir es nicht sind. Denke dir, es lebten Menschen in einer Art unterirdischer Höhle, und längs der ganzen Höhle zöge sich eine breite Öffnung hin, die zum Licht hinaufführt. In dieser Höhle wären sie von Kindheit an gewesen und hätten Fesseln an den Schenkeln und am Halse, so daß sie sich nicht von der Stelle rühren könnten und beständig geradeaus schauen müßten. Oben in der Ferne sei ein Feuer, und das gäbe ihnen von hinten her Licht. Zwischen dem Feuer aber und diesen Gefesselten führe oben ein Weg entlang. Denke dir, dieser Weg hätte an seiner Seite eine Mauer, ähnlich wie ein Gerüst, das die Gaukler vor sich, den Zuschauern gegenüber, zu errichten pflegen, um darauf ihre Kunststücke vorzuführen.«

»Ja, ich denke es mir so.«

»Weiter denke dir, es trügen Leute an dieser Mauer vorüber, aber so, daß es über sie hinwegragt, allerhand Geräte, auch Bildsäulen von Menschen und Tieren aus Stein und aus Holz und überhaupt Erzeugnisse menschlicher Arbeit. Einige dieser Leute werden sich dabei vermutlich unterhalten, andere werden nichts sagen.«

»Welch seltsames Gleichnis! Welch seltsame Gefangene!«

»Sie gleichen uns! – Haben nun diese Gefangenen wohl von sich selber und voneinander etwas anderes gesehen als ihre Schatten, die das Feuer auf die Wand der Höhle wirft, der sie gegenübersitzen?«

»Wie sollten sie! Sie können ja ihr Leben lang nicht den Kopf drehen!«

»Ferner: von den Gegenständen, die oben vorübergetragen werden? Doch ebenfalls nur ihre Schatten?«

»Zweifellos.« »Und wenn sie miteinander sprechen können, so werden sie in der Regel doch wohl von diesen Schatten reden, die da auf ihrer Wand vorübergehen.«
»Unbedingt.«
»Und wenn ihr Gefängnis auch ein Echo von der Wand zurückwirft, sobald ein Vorübergehender spricht, so werden sie gewiß nichts anderes für den Sprecher halten als den vorüberkommenden Schatten.«
»Entschieden nicht.«
»Überhaupt, sie werden nichts anderes für wirklich halten als diese Schatten von Gegenständen menschlicher Arbeit.«
»Ja, ganz unbedingt.«

4.
Wie könnten Menschen sich aus der beschriebenen Situation befreien, um zu besserer Wirklichkeitserkenntnis zu gelangen? Welche Möglichkeiten kannst du dir vorstellen?

Gabriele Münnix:
Bilderwelten
(Eine postmoderne Geschichte)

1.3

»Also, ich finde die Welt langweilig«, sagte der Pfau. »Keiner ist so schön wie ich, und ich würde so gerne nur schöne Dinge sehen. All die schäbigen Spatzen, Ratten, Würmer, Spinnen, und was es sonst noch so gibt, das ist alles erbärmlich und unwürdig anzuschauen, es macht mir keinen Spaß, und ich will mehr vom Leben haben. Fliegen kann ich nicht so gut, außerdem ist es unbequem und kostet viel Kraft. Ich stolziere lieber herum und schlage ab und zu ein prächtiges Rad und lasse mich bewundern. Aber ich möchte auch etwas zu sehen kriegen!«

»Das ist gar nicht so schwer«, sagte die weise Eule. »Du mußt Dir eben eine Kunstwelt bauen, so daß Du vergißt, was Du im Leben öde und grau findest. Wir könnten zum Beispiel lustige Geschichten erfinden und bunte Bilder dazu malen. Und wenn wir selbst keine Ideen mehr haben, dann lassen wir uns eben von anderen unterhalten, die wir dafür bezahlen.«

»Oh ja, Unterhaltung, das ist es«, sagte der Pfau, und er fand begeisterte Zustimmung auch bei jenen, denen das Leben zu schwer und anstrengend war, denn sie wollten die Mühe des Alltags hinter sich lassen und wenigstens zeitweise vergessen können, was sie nicht zur Ruhe kommen ließ.

Und so begann man, gewaltige Mengen von Bildern und Geschichten zu erzeugen, so daß die Tiere sich unterhalten lassen konnten, denn man war auf ein gewaltiges und mächtiges Bedürfnis gestoßen, das Bedürfnis nach Schönheit. Immer mehr Tiere fühlten sich magisch angezogen von den vielen bunten Bildern und Geschichten. Nicht nur abends, sondern zu jeder Tages- und Nachtzeit wollten sie nun schöne und aufregende Dinge sehen und erzählt bekommen. Viele Tiere vergaßen sogar, auf ihre innere Uhr zu hören, vergaßen ihren Winterschlaf und ihren Nestbau, und etliche Vögel vergaßen auch ihren Zug in den Süden, in die Wärme, denn sie alle konnten bald nicht mehr genug bekommen von dieser neuen zweiten Welt, die sie immer weniger als Kunstwelt empfanden. Die bunte Bilderwelt war nun ihre eigentliche Welt, in der sie lebten und litten, von der sie ihre Erlebnisse bezogen, ihre Freuden und Sehnsüchte, ihre Wünsche und Hoffnungen. Trotzdem wurden sie seltsam untüchtig und antriebslos. Es war ja so herrlich, nicht nur Schönes, sondern auch Aufregendes nach Belieben auswählen zu können. So konnte sich jeder seine eigene Wirklichkeit nach seinem Geschmack bauen und sein Leben ohne große Anstrengung unterhaltsam verbringen. Die Bilder und Geschichten gaukelten ihnen das Gefühl unendlicher Freiheit vor, da sie ja nach Belieben wählen konnten, und sie konnten sich so gut in diese

1.
Welche zwei Welten werden in der Geschichte beschrieben? Vgl. mit Platons, S. 10 f. und Scheurmanns, S. 8 ff. Bilderwelten!
Wieviele Welten gibt es am Schluß?
2.
Welche Stufen der Entwicklung kannst du in der Tiergesellschaft erkennen? Kannst du in deiner Welt ähnliche Prozesse ausmachen? Welche?
3.
Vergleiche die Bilderwelten der Geschichte mit den Bilderwelten des Fernsehens! Nach welchen Prinzipien wählst du »die Bilder« aus? Welchen Einfluß hat diese Auswahl auf dich?
4.
Was bedeutet der letzte Satz für die Geschichte, was bedeutet er für dich?

»Versteht ihr nicht, das ist das Leben, das geschieht wirklich. Und wir können nicht einfach auf ein anderes Programm umschalten.«

Bildergeschichten hineindenken und die graue Gegenwart vergessen! Doch sie wurden auch immer abhängiger und selbstsüchtiger: Keiner wollte mehr den Pfau bewundern – es gab ja viel Tolleres –, keiner dachte mehr daran, anderen zu helfen oder auch nur zuzuhören – das war weniger unterhaltsam und kostete zuviel Zeit.

Und so begann die Kunstwelt, die eigentliche Welt zu verdecken und zu verändern. Die Bilder, die man sich gemacht hatte, wirkten in die erste Welt hinein und ließen viele immer unzufriedener mit ihrem Leben werden. Sie konnten das Bild der Welt in der bunten Bilderwelt nicht mehr entdecken, und auch sich selbst konnten sie kaum noch darin finden. Wo war eigentlich ihr Platz? Sie hatten so viele Abenteuer im Kopf ...

Die Welt wurde ihnen seltsam unwirklich. Vielleicht waren sie ja selber – wie in ihren Träumen – Figuren aus einer Bildergeschichte? Sie wußten immer weniger voneinander, da sie nicht mehr miteinander, sondern nur noch nebeneinander lebten, jeder in seinem selbstgestalteten Kunst-Nest, jeder in seiner eigenen Bilder-Höhle, aus der kaum noch jemand hinaus ans Licht, ins Freie wollte. Sie interessierten sich daher nur noch für sich selbst, ihre Bilderwelten und ihre Wünsche und merkten nicht, daß viele dieser Wünsche erst durch die künstliche Welt erzeugt worden waren. Die zweite Welt wurde die erste, und die erste war immer weniger vorhanden. Man wußte immer weniger von ihr und kümmerte sich auch nicht mehr um sie. Man fragte immer seltener nach der Wirklichkeit der Bilder, denn sie waren ja zur neuen Wirklichkeit geworden. Was früher wichtig gewesen war, hatte keinen Wert mehr ...

1.4 Max Frisch: Du sollst dir kein Bildnis machen

1. Erkunde die Bedeutung des alttestamentarischen Gebots »Du sollst Dir kein Bildnis machen«. Diskutiert die Bedeutung dieses Bilderverbots, das übrigens nicht nur im Judentum, sondern auch im Islam gilt (weshalb es dort keine sakrale Kunst gibt): »Der Gesandte Gottes – Gott spende ihm Frieden und Heil! – kam von einer Reise zurück.

Es ist bemerkenswert, daß wir gerade von dem Menschen, den wir lieben, am mindesten aussagen können, wie er sei. Wir lieben ihn einfach. Eben darin besteht ja die Liebe, das Wunderbare an der Liebe, daß sie uns in der Schwebe des Lebendigen hält, in der Bereitschaft, einem Menschen zu folgen in allen seinen möglichen Entfaltungen. Wir wissen, daß jeder Mensch, wenn man ihn liebt, sich wie verwandelt fühlt, wie entfaltet, und daß auch dem Liebenden sich alles entfaltet, das Nächste, das lange Bekannte. Vieles sieht er wie zum ersten Male. Die Liebe befreit es aus jeglichem Bildnis. Das ist das Erregende, das Abenteuerliche, das eigentlich Spannende, daß wir mit den Menschen, die wir lieben, nicht fertigwerden: weil wir sie lieben; solang wir sie lieben. Warum? So wie das All, wie Gottes unerschöpfliche Geräumigkeit, schrankenlos, alles Möglichen voll, aller Geheimnisse voll, unfaßbar ist der Mensch, den man liebt.

Nur die Liebe erträgt ihn so.

Unsere Meinung, daß wir das andere kennen, ist das Ende der Liebe, jedesmal, aber Ursache und Wirkung liegen vielleicht anders, als wir anzunehmen versucht sind – nicht weil wir das andere kennen, geht unsere Liebe zu Ende, sondern umgekehrt: weil unsere Liebe zu Ende geht, weil ihre Kraft sich erschöpft hat, darum ist der Mensch fertig für uns. Er muß es sein. Wir können nicht mehr! Wir kündigen ihm die Bereitschaft, auf weitere Verwandlungen einzugehen. Wir verweigern ihm den Anspruch alles Lebendigen, das unfaßbar bleibt, und zugleich sind wir verwundert und enttäuscht, daß unser Verhältnis nicht mehr lebendig sei. »Du bist nicht«, sagt der Enttäuschte oder die Enttäuschte, »wofür ich dich gehalten habe.« Und wofür hat man sich denn gehalten?
Für ein Geheimnis, das der Mensch ja immerhin ist, ein erregendes Rätsel, das auszuhalten wir müde geworden sind. Man macht sich ein Bildnis. Das ist das Lieblose, der Verrat.
Du sollst dir kein Bildnis machen, heißt es, von Gott. Es dürfte auch in diesem Sinne gelten: Gott als das Lebendige in jedem Menschen, das, was nicht erfaßbar ist. Es ist eine Versündigung, die wir, so wie sie an uns begangen wird, fast ohne Unterlaß wieder begehen.
Ausgenommen, wenn wir lieben ...

Klaus Becher

Ich hatte auf eines meiner Simse ein Tuch von mir gelegt mit Abbildungen (tamāthīl). Als der Gesandte Gottes – Gott spende ihm Frieden und Heil! – es erblickte, ergriff er es, zerriß es und sagte: ›Die schlimmste Strafe beim Jüngsten Gericht werden jene erleiden, die die Schöpfung nachgeahmt haben!‹ «
(Diese Textstelle geht auf Muhammads Frau 'A'ischa zurück.)

2.
Wie begründet Max Frisch dieses Gebot?
3.
Könntest du weitere Begründungen dafür finden (z. B. mit Hilfe von Nietzsche oder Popper, S. 28 ff.)?
Vergleiche mit Magrittes Bilderserie »So lebt der Mensch« (Titel und Bildteil, S. 1)!
4.
Wieso neigt man dazu, andere Menschen zu klassifizieren?
5.
Wie kannst du Vorurteilen dir gegenüber (z. B. im Ausland) begegnen?
Hast du schon entsprechende Erfahrungen gemacht?
Wie bist du damit umgegangen?

Hans Thomas:
Wirklichkeit als Inszenierung

1.5

Larnaka*, Geiseldrama. Der nach Zypern entsandte Reporter kommt an den entführten kuwaitischen Jumbo nicht heran. Das Fernsehen begnügt sich mit einem Studiobericht – sendet Bilder vom Ort des Geschehens. Von irgendwoher werden sie überspielt.

Arbeitsteilige Wahrnehmung
Wir in der Ferne sind der Wirklichkeit näher als der, der hingefahren ist. Die Raum- und Zeitdistanz ist überwunden. Was ist, muß man nicht mehr er-»fahren«. Sehfertig ausgewählt wird es uns angeboten. Die Wirklichkeit teilt sich uns mit durch ihre Abbildung in Informationen, die wir als Bausteine unserer Wirklichkeitswahrnehmung bezeichnen können. Wahr-»nehmen« deutet auf ein passives Geschehen, auf ein kontemplatives Ereignis hin. Unser aktiver Part entfällt auf die Auswahl der aus der Fülle des Wirklichen wahrzunehmenden Informationen. (Schon deshalb läßt sich von vornherein nicht die

*Nach Larnaka (Zypern) wurde ein kuwaitischer Jumbo Jet entführt, die Passagiere wurden als Geiseln zum Zweck einer Erpressung im Flugzeug festgehalten.

Verantwortung dafür ausgrenzen, welche Informationen wir uns zur Wahrnehmung auswählen.)

Der Begriff »Informationsgesellschaft« signalisiert, daß der Sozialkörper dieser Gesellschaft die Wirklichkeitswahrnehmung arbeitsteilig organisiert. In vorher nie gekanntem Ausmaß fällt die Auswahl der wahrzunehmenden Informationen einem anderen als dem Wahrnehmenden zu.

Bei den Bildern aus Larnaka hegte niemand einen Zweifel daran, daß sie »wahr« seien. Anders bei den Bildern von Uwe Barschel aus dem Genfer Hotel.* Mancher mochte sie anfangs für eine Inszenierung halten. Das hätte die moralische Diskussion um ihre Veröffentlichung gewiß vereinfacht. Den Verstoß gegen die Wahrheit wissen wir zu benennen. Wir sprechen von Desinformation oder – altmodischer – von Lüge. Gerade darin aber, daß wir etwas Lüge nennen, bringen wir besonders deutlich unsere Gewißheit darüber zum Ausdruck, daß es die Wirklichkeit gibt, die gänzlich unbekümmert bleibt, gleichgültig, ob wir sie kennen oder nicht, ob sie »wahr« oder »falsch« berichtet wird.

Die Bilder aus Genf ließen sich nicht als falsch erweisen. Trotzdem wurde ihre Veröffentlichung allgemein als ein Problem empfunden, als ein moralisches Problem. In der nachfolgenden ethischen Diskussion ging es dann darum, ob die Bilder, obwohl sie »richtig« waren, hätten veröffentlicht werden dürfen; es ging also um so etwas wie eine gebotene Distanz zwischen einer Wirklichkeit und denen, die sie wahrnehmen (sollen). Die gigantischen Informationssysteme heben zunehmend die Distanz auf, sei sie nun räumlich, zeitlich, sachlich oder persönlich.

Das Problem der Wahrhaftigkeit in der Massenkommunikation soll keineswegs verniedlicht werden. Offenkundig ist es jedoch nicht von anderer Art als in jeder anderen, zum Beispiel in der persönlichen Kommunikation. Vor das Problem der Wahrhaftigkeit der Massenmedien schiebt sich nun aber die wohl fundamentalere Frage, ob den technologisch explosiv entwickelten Medien ein ihnen innewohnender Zwang anhaftet, das Verhältnis ihrer Konsumenten zur Wirklichkeit überhaupt zu verändern.

Uwe Barschel, damals Ministerpräsident von Schleswig-Holstein, wurde tot in einer Badewanne eines Genfer Hotels von Reportern fotografiert, die die Aufnahmen an Zeitungen verkauften.

Abbildung, Nachbildung, Einbildung

Schulausflug nach Bonn. Der Sohn eines Freundes sieht den leibhaftigen Bundeskanzler. Der Junge – an ein intensives Fernsehprogramm gewöhnt – berichtet den Eltern, er, der Bundeskanzler, sei aber nicht so gewesen, wie er wirklich sei. Tatsächlich muß der Bundeskanzler auf dem Bildschirm mehr Bundeskanzler sein, als er ist. Es ist ein Zwang des Mediums, das jeder Information, die es auswählt, mehr Wirklichkeit einräumt, als ihr im Ganzen der Wirklichkeit zukommt. Und es ist ein Zwang für den Bundeskanzler. Weil er vor der Kamera niemandem konkret begegnet, muß er sich inszenieren. Er spielt die verdichtete »Rolle« Bundeskanzler.

»Papa, wenn ein Baum umfällt und die Medien sind nicht dabei gewesen, um darüber zu berichten, ist der Baum dann wirklich umgefallen?«

Der Bundeskanzler steht da nicht allein. Soziale Rollenzuweisung, allgegenwärtige Interessen- oder Gruppenrepräsentanz, Mode, die Einflußnahme der »künstlichen Intelligenz« auf technische, ökonomische, politische und kulturelle Entscheidungen und allenthalben das Imagebuilding der PR-Büros und

Agenturen zwingen jedermann, der sich nicht still auf's Land zurückzieht, in die distanzlose öffentliche Darstellung. Nicht nur im Theater wurde die Distanz vom Publikum zur Bühne aufgehoben. Kunst und Leben werden nicht mehr unterschieden. Wir alle spielen mit. *Wer* spielt, spielt keine Rolle, solange jeder *seine* Rolle spielt. Erfolg hat, wer sein Image pflegt. Wer scheitert, hat sich schlecht »verkauft«.

Jedes Medium, das eine Wirklichkeit abbilden kann, kann sie naturgemäß auch nachbilden. Stereoleinwand, Stereophonie. In die Kinosessel wurden Vibratoren eingebaut. Die Simulation ist perfekt. Das Erdbeben kann beginnen. Oder »The Day After«: Jedermann erlebt, was man nicht überlebt. Zwischen Abbildung, Nachbildung und Einbildung schrumpfen die Abstände. Die Kategorien »wahr« oder »falsch« greifen hier nicht. Schein und Sein sind austauschbar geworden. Das Problem der Information wird eingeholt und überholt von dem der Simulation.

Um den Risiken der Flugpraxis hinreichend sicher zu begegnen, werden Piloten bekanntlich an Simulatoren ausgebildet, an Apparaten, deren technologische Perfektion darin besteht, die Erlebniswelt des Fliegens wirklichkeitsgetreu nachzubilden. »Universitäten und Unternehmen entdecken die Simulation als effektive Lernform«, überschrieb DIE WELT am 5.4.1988 einen Bericht über eine Initiative von Oberschülern und Studenten, die zum praxisnahen Studium weltwirtschaftlicher Probleme die Welthandelskonferenz Unctad simulierten. Simulation von Wirklichkeit, um die Erfahrungen, die man mit ihr macht, zu nutzen für den Fall, daß die Wirklichkeit sich tatsächlich ereignet.

Darstellung versus Information

An die Stelle der Alltagstugend der Wahrhaftigkeit tritt die Medientugend der »Authentizität«. Die Wahrheit bildlicher und sprachlicher Zeichen, die vorgegebene Wirklichkeit nur abbilden und vermitteln, ist keine sonderlich »kreative« Herausforderung. Eher schon die Wirklichkeitsnähe, die »Authentizität« von Darstellung. Authentizität, die in den Dienst der Wahrheit tritt, verhilft ihr zur Geltung. Ebensogut kann sie jedoch in den Dienst der Unwahrheit treten und ihr Überzeugungskraft verschaffen. Vor Gericht war es schon immer virtuoser, für eine unwahre Behauptung glaubwürdige Zeugen vorzuführen als für einen wahren Sachverhalt. Authentizität: Vielleicht wird es der Könner sogar langweiliger finden, banal Wirkliches abzubilden, als Kreatives vorzustellen. Wer, um die verwerfliche Wirkung eines Atomkraftwerkes darzustellen, mißgebildete Kühe vorführen kann, ist außerordentlich authentisch. Herauszufinden, ob die Mißbildungen durch das Kraftwerk verursacht wurden, was zwar der Wahrheit dient, die authentische Darstellung des vorzuführenden Problems jedoch gefährden könnte, kann zudem in höchst aufwendige Arbeit ausarten. Hier lockt das Modellieren an der Wirklichkeit. Doch ist das neu? Sind die Gestalten, die Picasso malte, wohl realer? Oder die, die Shakespeare, Schiller, Goethe auf die Bühne brachten? Und simuliert nicht ständig unsere Technik die Natur? Gewiß: Nicht zu Unrecht nehmen auch die Medien der Kommunikation für sich in Anspruch, Medien der Kunst zu sein. Die gegenwärtige Medienkultur scheint alle Ingredienzien eines gigantischen Projektes »Wirklichkeit als Gesamtkunstwerk« in sich zu vereinen. Orson Welles machte sich seinen Namen, als der amerikanische Rundfunk 1938 sein epochemachendes Nachrichten-Hörspiel »Krieg der Welten« (nach H. G. Wells) ausstrahlte: Eine fremde Macht aus dem Weltraum erobert den amerikanischen Kontinent. Stadt um Stadt wird zerstört. Hörer, die sich in die Sendung einschalten, begehen Selbstmord.

1.
In welcher Weise können Nachrichten, auch Fernsehnachrichten, inszeniert sein? Wie verändern sie unser Verhältnis zur Wirklichkeit?
Während des Krieges in Bosnien berichtete ein Journalist, er habe einen Film aus der heiß umkämpften Stadt Bihac, in der wider Erwarten das Leben der Menschen relativ friedlich verlief, an keinen Fernsehsender verkaufen können.
Wie wertest du diese Tatsache?

2.
In welcher Weise ist die Wirklichkeit »fiktiv« (gemacht), in welcher Weise können Fiktionen wirklich sein? (Vgl. Karikatur S. 19 und die Geschichte S. 11 f.!)

3.
Seht euch gemeinsam einige Werbespots an und ergründet, wie sie welche Botschaften vermitteln!
Welche Werbespots siehst du besonders gern und warum? Wann wirken sie real auf dich?

4.
Seht euch den im Text erwähnten Film von Woody Allen »The Purple Rose of Cairo« an und diskutiert ihn! Wünscht ihr euch auch manchmal in eine Filmwelt hinein? Warum?

5.
Wieso ist nach Thomas die Wirklichkeitsnähe heute wichtiger als die Wahrheit? Stimmst du dem zu? Begründe!

6.
Der Film »Forrest Gump« mit Tom Hanks zeigt Szenen, in denen der Hauptdarsteller durch Computertricks in historische Filmdokumente (z. B. Aufnahmen mit drei amerikanischen Präsidenten) montiert ist, so als ob er jeweils anwesend wäre.
Welche Konsequenzen hat diese Technik für dich?
Wie kannst du die Richtigkeit der Bilder prüfen?
Welche Bedeutung hat Simulation für dich?
Denke auch an Flugpilotentraining, Computerspiele, Spielhallen.

15

7.
Wie läßt sich das Fadenkreuz am Monitor eines Kriegsflugzeugs von dem in einer Spielhalle unterscheiden? Wie bewertest du die Ähnlichkeit?

8.
In Antonionis Film »Blow up« versucht ein Fotograf, durch fortwährende Ausschnittvergrößerung – bis die Bilder verschwimmen – festzustellen, ob er unwissentlich einen Ermordeten mit danebenliegender Waffe fotografiert hat. Er findet an der fotografierten Stelle tatsächlich einen Toten, der aber später wieder verschwunden ist. Er fragt sich, ob alles nur Einbildung war. Welche Antwort gibt der parabelähnliche Schluß des Films, das Tennisspiel der Pantomimen, auf diese Frage?

Karawanen von Flüchtlingen bevölkern die Straßen eines unversehrten Landes.

»Was wäre der Amerikaner ohne Fernsehen?« fragt Hugo Müller-Vogg: »Schließlich verbringen Mister und Mistress Smith jede Woche dreißig Stunden und zwanzig Minuten vor dem Bildschirm. Da liegt die Vermutung nahe, was man gemeinhin das Leben nennt, spiele sich für den Durchschnittsamerikaner nicht draußen vor der Tür, sondern drinnen auf dem Bildschirm ab. Und das Fernsehen trägt seinen Teil dazu bei, das Geschehen auf dem Bildschirm so lebensnah zu gestalten, daß niemand den Fernsehsessel verlassen muß, um etwas zu erleben.«

Selten dürfte die totale Vermischung der Ebenen von Alltagswirklichkeit und inszenierter Medienwirklichkeit meisterhafter und zugleich sympathischer eingefangen worden sein, als es Woody Allen in seinem Film »The Purple Rose of Cairo« gelungen ist. Eine in ihrem Job gelangweilte junge Frau schaut sich die Kinoschnulze an, verliebt sich in den Filmhelden, schaut sich den Film wieder und wieder an. Endlich wird auch der Filmheld auf sie aufmerksam, steigt von der Leinwand zu ihr herunter, geht mit ihr in der Stadt spazieren, nimmt sie dann auf die Leinwand mit. Die Verwirrungen durch seine Anwesenheit in der Stadt und ihre Anwesenheit im Film verlangen eine Klärung. Der Schauspieler, der den Filmhelden darstellt, wird aus Hollywood eingeflogen und mit dem Helden seiner Rolle konfrontiert. Aber beide, Schauspieler und Filmheld, haben sich nichts zu sagen.

Das Hyperreale: Die Simulation

Medienwirklichkeit ist die permanente Höchstform, Klavierspielen übt man hier nicht. Man beherrscht es. Es sterben allenfalls die anderen. Man altert nicht. Mode und Werbung, das Imagebuilding der PR-Agenturen, Meinungsforscher und Hochrechner trainieren für den Wettlauf um die Hochform der reproduzierten Wirklichkeit ihrer Klienten, die oft so, wie sie sind, doch keine rechte Nachricht sind.

»Das Reale verschwindet nicht zugunsten des Imaginären«, schreibt Jean Baudrillard, »sondern zugunsten dessen, was realer als das Reale ist: das ist das Hyperreale. Wahrer als das Wahre: das ist die Simulation.«

1.6 Marie Winn:
Wirklichkeit und Unwirklichkeit

Der Gedanke, daß Fernseherlebnisse ein Gefühl der Aktivität hervorrufen können, daß beim Zuschauer das trügerische Gefühl entstehen kann, daß er alle diese Fernsehereignisse persönlich erlebt, wirft die bedeutsame Frage nach dieser besonderen Erlebniswelt auf: Welche Auswirkungen hat der ständige Konsum simulierter Realität auf die Wahrnehmung des Zuschauers von der tatsächlichen Realität?

Zwei Professoren des Annenberg-Instituts für Kommunikationsforschung an der Universität von Pennsylvania, Larry Gross und Georg Gerbner, haben einige der Auswirkungen der TV-»Realität« auf die Vorstellungen und Annahmen der Menschen in bezug auf die reale Welt studiert.

Die Ergebnisse ihrer Untersuchungen deuten darauf hin, daß die Beschäftigung mit dem Fernsehen

die Realitätswahrnehmung der Zuschauer in signifikanter Weise beeinflußt. Gerbner und Gross stellten starken und schwachen TV-Konsumenten bestimmte, die Realität betreffende Fragen. Der Multiple-Choice-Test bot sowohl die Möglichkeit richtiger Antworten als auch von Antworten, die eine für die Fernsehwelt charakteristische Voreingenommenheit aufwiesen. Es stellte sich heraus, daß die starken Fernsehkonsumenten weit öfter die durch das Fernsehen genährten Vorurteile ankreuzten als die richtigen Antworten, während die Seltenseher viel häufiger korrekt antworteten.

Die Versuchspersonen wurden beispielsweise aufgefordert, ihre eigenen Chancen einzuschätzen, innerhalb einer bestimmten Woche das Opfer einer Gewalttat zu werden. Es standen ihnen die möglichen Antworten 50:50, 10:1 und 100:1 zur Auswahl. Die statistische Wahrscheinlichkeit, daß ein Durchschnittsbürger im Lauf einer Woche persönlich eine Gewalttat erlebt, beträgt etwa 100:1, die Dauerzuschauer wählten jedoch meist die Antworten 50:50 oder 10:1, in Einklang mit der »Realität« der Fernsehprogramme, in denen Gewalttaten an der Tagesordnung sind. Die Seltenseher entschieden sich viel häufiger für die zutreffende Antwort.

Die Dauerkonsumenten beantworteten auch viele andere Fragen in einer Weise, die erkennen ließ, daß ihre Vorstellungen von der Welt und der Gesellschaft von ihren Fernseheindrücken gefärbt worden waren. Beispielsweise neigten sie weit eher als die Seltenseher dazu, den Anteil der amerikanischen Bevölkerung an der Gesamtbevölkerung der Welt zu überschätzen. Sie überschätzten auch den Prozentsatz der in der »wirklichen Welt« tätigen Akademiker, Sportler und Entertainer, genauso wie im Fernsehen die Bedeutung dieser Gruppen überbewertet wird. Ein höherer Bildungsgrad trug dabei nicht wesentlich dazu bei, die durch ständiges Fernsehen hervorgerufenen Verzerrungen der Realität zu mindern. In den meisten Fällen neigten die akademisch gebildeten Versuchspersonen genauso stark wie Leute mit einer Grundschulbildung dazu, falsche, auf Fernsehvorurteilen beruhende Antworten zu geben.

Die unrichtigen Vorstellungen der Zuschauer von der sie umgebenden Realität sind nicht auf irreführende Nachrichtensendungen oder Informationsprogramme zurückzuführen. Ihr falsches Weltbild entsteht durch das häufige

1. In welcher Weise kann das Erlebnis simulierter Wirklichkeit nach Winn die Wirklichkeitswahrnehmung der Zuschauer beeinflussen?
2. Wieso kann die Wirklichkeit unwirklich werden? (Vgl. die Geschichte, S. 11 f.!)
3. Welche Erwartungen erweckt das »ausgestrahlte Leben« in dir?
4. Wieso scheint Fernsehen oft echter als das wirkliche Leben? Diskutiert dazu die nebenstehende Karikatur!
5. Kann man deiner Meinung nach dazu neigen, die tatsächliche Realität nicht mehr ernst zu nehmen? Kannst du von eigenen Erfahrungen berichten?
6. Notiere für die Dauer einer Woche, welche Arten von Sendungen (Krimi, Spielshow, Comic, Herz und Schmerz, Talkshow, politische Sendungen, Nachrichten) du wie oft gesehen hast! Welche Wirkung kannst du bei dir beobachten?

**7.
Wie beurteilst du Reality-TV-Sendungen?**
(Beispiel: SZ v. 21. 4. 95, S. 12 berichtete unter der Überschrift »Die mörderische Jagd nach Quoten« über einen Mann, der nach der Jenny-Jones-Show, in der er sich bloßgestellt fühlte, einen Bekannten erschoß, der die Szene verursacht hatte. Bloßstellung ist das Prinzip dieser Sendung.)
**8.
Kannst du weitere Beispiele für voyeuristische Haltungen und Sensationsgier nennen?
9.
Wie beurteilst du diese Haltungen?
10.
Was hältst du von Hochzeiten, Versöhnungen, Scheidungen, Gerichtsverhandlungen im Fernsehen? Würdest du mitspielen wollen?
11.
Macht eine Umfrage, wer an eurer Schule gern welche Sendungen sieht und weshalb! Befragt auch Lehrer!**

Sehen fiktiver Unterhaltungssendungen, die »realistische« Darstellungen innerhalb eines »realistischen« Rahmens enthalten. Diese Sendungen scheinen für den Zuschauer eine verwirrende Echtheit anzunehmen, genauso wie ein sehr lebhafter Traum einen manchmal zweifeln läßt, ob man ein darauffolgendes Ereignis ebenfalls geträumt hat oder ob es wirklich geschehen ist. Nachdem der Zuschauer Tag für Tag Zeuge von Gewalttaten auf dem Bildschirm wird, verleibt er diese seinem Weltbild ein, obwohl er weiß, daß die Handlungen frei erfunden sind. Die von Gewalt dominierte Fernsehwelt verzerrt die Vorstellungen des Zuschauers von der Realität, und seine Erwartung, selbst mit Gewalttaten in Berührung zu kommen, zeugt von seinem ständigen Kontakt mit Darstellungen aggressiver Handlungen im Fernsehen. Hat der Zuschauer aber erst einmal die Phantasiewelt des Fernsehens seiner Realität einverleibt, so nimmt die reale Welt für ihn ein gewisses Maß an Unwirklichkeit an, das heißt, sie wird langweilig, weil sie hinter den Erwartungen zurückbleibt, die durch das ausgestrahlte »Leben« erweckt werden. Die Grenze zwischen Realem und Unrealem verwischt sich: das ganze Leben wird traumähnlicher, da die Grenzen zwischen Wirklichkeit und Unwirklichkeit zu verfließen beginnen. Die Folgen dieses Vorgangs können wir der Tagespresse und den Nachrichten entnehmen: Die Zuschauer einer Parade finden diese langweilig und sagen: »Wir hätten zu Hause bleiben und sie uns im Fernsehen anschauen sollen. Das wäre aufregender gewesen.« Eine Frau geht an einem brennenden Gebäude vorüber und bemerkt zu ihrer Freundin: »Mach dir keine Sorgen, da wird wahrscheinlich ein Fernsehfilm gedreht.«
Eine echte kalifornische Familie lebt ihr Leben in wöchentlichen Fortsetzungen als Teil einer Fernsehserie. Eheliche Untreue, Aufdeckung von Homosexualität und Scheidung spielen sich vor den Augen der Zuschauer ab, sie geschehen »wirklich« im Fernsehen. Siebenunddreißig Menschen werden Zeuge, wie eine junge Frau im Hof ihres Hauses ermordet wird. Sie schauen passiv zu, ohne ihr zu Hilfe zu kommen, als ob es sich um ein Fernsehspiel handle. *(Die Autorin bezieht sich auf den Mord an Kitty Genovese, NY-Times v. 12.4.64. d. A.)*
Ein siebzehnjähriger Junge, der einen furchtbaren Tornado überlebt hat, sagt: »Mensch, das war genau wie im Fernsehen.«

1.7 Günther Anders:
Im Bilde sein

Wer »im Bilde sein«, wer wissen will, was es draußen gibt, der hat sich nach Haus zu begeben, wo die Ereignisse, »zum Schauen bestellt«, schon darauf warten, Leitungswasser gleich für ihn aus dem Rohr zu schießen. Wie sollte er auch draußen, im Chaos des Wirklichen, in der Lage sein, irgendein Wirkliches von mehr als lokaler Bedeutung herauszupicken? Denn die Außenwelt verdeckt die Außenwelt. Erst wenn die Tür hinter uns ins Schloß gefallen ist, wird das Draußen uns sichtbar.
An die Stelle der Duodez-Versicherung: »Sieh, das Gute liegt so nah«, das unsre Väter über die Frage: »Warum in die Ferne schweifen?« hatte hinwegtrösten sollen, hätte heute die Versicherung zu treten: »Sieh, das Ferne liegt so nah«; wenn nicht sogar die: »Sieh, nur Fernes liegt noch nah.« Und damit sind wir beim Thema. Denn *daß die Ereignisse* – diese selbst, nicht nur Nachrichten über sie – daß Fußballmatches, Gottesdienste, Atomexplosionen *uns besuchen*; daß der Berg zum Propheten, *die Welt zum Menschen,*

statt er zu ihr kommt, das ist, neben der Herstellung des Masseneremiten und der Verwandlung der Familie in ein Miniaturpublikum, die eigentlich umwälzende Leistung, *die Radio und TV gebracht haben.* Wie wir herausgefunden hatten, bleibt das dem Menschen ins Haus »gesendete«. Etwas ontologisch zu zweideutig, daß wir die Frage, ob wir es als anwesend oder abwesend, als Wirkliches oder Bildliches ansprechen sollten, nicht entscheiden konnten. Wir hatten dem Zweideutigen deshalb einen eigenen Namen gegeben und es »Phantom« genannt.
So wie, wo das Leben als Traum gilt, Träume als Leben gelten, so wirkt nun, da jede Realität als Phantom auftritt, jedes Phantom real.
Ich spreche von jenen, gewiß nicht blutrünstigen, oft sogar larmoyanten Fortsetzungssendungen, in denen sich Jahre hindurch das gespielte Alltagsleben fingierter Familien abrollt, und die alles andere als harmlos sind. Mir sind in den Vereinigten Staaten eine Anzahl vereinsamter alter Damen bekannt, deren Kreis, also deren »Welt«, sich ausschließlich aus solchen nicht existenten Wesen zusammensetzt. An deren Ergehen nehmen diese Damen einen so lebhaften Anteil, daß sie, wenn eines dieser Phantomfamilienmitglieder stirbt, oder eines sich gar verlobt, um ihren Schlaf gebracht sind. Ihr Verkehr besteht also aus Phantomen; und im Verkehr mit der Phantomfamilie besteht ihr Lebenssinn; ohne sie hätten sie niemanden; ohne sie weiterzuleben, würde nicht verlohnen. Für ihre Phantome stricken sie im Winter Handschuhe; und ist gar ein Phantombaby unterwegs, dann türmen sich in den Rundfunkhäusern Pakete voll Säuglingswäsche, gehäkelten Jäckchen und Häubchen an, die dann hinter dem Rücken der betrogenen Spenderinnen an zwar völlig unbekannte, aber doch immerhin wirkliche Babys in Heimen, weitervermittelt werden.

»Der Mensch ist das Maß aller Dinge,
der Seienden, daß sie sind, und der Nichtseienden,
daß sie nicht sind.« (Protagoras)

1.
Welche Haltung haben die fernsehenden Kinder gegenüber tatsächlichen (wirklichen?) Katastrophen?
2.
Wieso löst der böse Wolf (auf dem Weg, die drei kleinen Schweinchen zu fressen) bei ihnen panische Angst und Schrecken aus? Sind Märchen realer als Tatsachen? Erläutere deine Einschätzung!
3.
Was ist die subjektive Realität der Kinder?
Was bedeutet objektive Realität für sie?
4.
Was bedeuten diese Begriffe für dich?
Ist nur das wirklich, was in unserer Vorstellung passiert?
5.
Denkst du, daß Erwachsene sich ähnlich verhalten könnten?
6.
Denke über deine eigenen Reaktionen nach (z. B. bei Action- oder Abenteuerfilmen und bei Nachrichtensendungen)!
7.
Wieso ist das Fernsehen nach Anders eine Hilfe bei der Bewältigung von Wirklichkeit?
8.
Welches ist seiner Meinung nach darüber hinaus die eigentlich umwälzende Leistung von Radio und Fernsehen?
9.
Welche Bedeutung hat der Begriff »Phantom« bei Anders?
10.
Der verbürgten Tatsache, daß »Phantombabys« Wäsche geschenkt bekommen, entspricht die folgende Zeitungsnotiz (»Hörzu«):
»Die Lindenstraße: Seit 1985 für rund zehn Millionen Fans sonntägliches TV-Muß, kurios: Zuschauer bewerben sich um Wohnungen, die dort frei werden.«
Wie beurteilst du den als »kurios« beschriebenen Sachverhalt?

1.8 Paul Watzlawick:
Die zerkratzten Windschutzscheiben

Gegen Ende der fünfziger Jahre brach in der Stadt Seattle eine merkwürdige Epidemie aus: Immer mehr Autobesitzer mußten feststellen, daß ihre Windschutzscheiben von kleinen pocken- oder kraterähnlichen Kratzern übersät waren. Das Phänomen nahm so rasch überhand, daß Präsident Eisenhower auf Wunsch Rosollinis, des Gouverneurs des Staates Washington, eine Gruppe von Sachverständigen des Bundeseichamtes zur Aufklärung des Rätsels nach Seattle entsandte. Laut Jackson, der den Verlauf der Untersuchung später zusammenfaßte, fand diese Kommission sehr bald, daß unter den Einwohnern der Stadt zwei Theorien über die Windschutzscheiben im Umlauf waren. Auf Grund der einen, der sogenannten »Fallout«-Theorie, hatten kürzlich abgehaltene russische Atomtests die Atmosphäre verseucht, und der dadurch erzeugte radioaktive Niederschlag hatte sich in Seattles feuchtem Klima in einen glasätzenden Tau verwandelt. Die »Asphalttheoretiker« dagegen waren überzeugt, daß die langen Strecken frischasphaltierter Autobahnen, die Gouverneur Rosollinis ehrgeiziges Straßenbauprogramm hervorgebracht hatte, wiederum unter dem Einfluß der sehr feuchten Atmosphäre Seattles, Säuretröpfchen gegen die bisher unversehrten Windschutzscheiben spritzten. Statt diese beiden Theorien zu untersuchen, konzentrierten sich die Männer des Eichamts auf einen viel greifbareren Sachverhalt und fanden, daß in ganz Seattle keinerlei Zunahme an zerkratzten Autoscheiben festzustellen war.
In Wahrheit war es vielmehr zu einem Massenphänomen gekommen: Als sich die Berichte über pockennarbige Windschutzscheiben häuften, untersuchten immer mehr Autofahrer ihre Wagen. Die meisten taten dies, indem sie sich von außen über die Scheiben beugten und sie auf kürzeste Entfernung prüften, statt wie bisher von innen und unter dem normalen Winkel durch die Scheiben durchzusehen. In diesem ungewöhnlichen Blickwinkel hoben sich die Kratzer klar ab, die normalerweise und auf jeden Fall bei einem im Gebrauch stehenden Wagen vorhanden sind. Was sich also in Seattle ergeben hatte, war keine Epidemie beschädigter, sondern angestarrter Windschutzscheiben. Die einfache Erklärung aber war so ernüchternd, daß die ganze Episode den typischen Verlauf vieler aufsehenerregender Berichte nahm, die die Massenmedien zuerst als Sensation auftischen, deren unsensationelle Erklärung aber totgeschwiegen wird, was so zur Verewigung eines Zustands der Desinformation führt.
Der Fall lehrt uns, daß sich eine völlig alltägliche, unbedeutende Tatsache (so unbedeutend, daß ihr vorher niemand Aufmerksamkeit schenkte) mit affektgeladenen Themen verquicken kann und daß von diesem Augenblick an eine Entwicklung ihren Lauf nimmt, die keiner weiteren Beweise bedarf, sondern rein aus sich heraus, selbstbestätigend und selbstverstärkend, immer weitere Personenkreise in ihren Bann schlägt.

1.
Wie kann man Wirklichkeit selber konstruieren, bilden? Vergleiche die Interpretation von Wirklichkeit des Textes mit der im Hörspiel, S. 32 ff.! Welche Gemeinsamkeiten, welche Unterschiede fallen dir auf?
2.
Welche Rolle haben die Menschen, welche Rolle die Medien bei der erwähnten Episode gespielt?
3.
Kannst du dir ähnliche Fälle vorstellen bzw. von ihnen berichten?

1.9 Fernando Inciarte:
Abschaffung der Wirklichkeit

Die Vision oder der Alptraum einer Welt, in der man sich nicht mit dem abgibt, was um einen herum ist, ist teilweise schon längst verwirklicht. Man schaut beispielsweise nicht mehr auf die Straße und das Umliegende, sondern auf einen Fernsehschirm, der das Entfernte, Ungreifbare zeigt. Man hört auch nicht mehr auf das, was einen umgibt, seit es den Walkman gibt.

Man wird dabei das Gefühl einer gewissen Entwirklichung oder Entpersönlichung nicht los. Und doch: Außer daß man bei einem optischen Walkman noch mehr als bei einem akustischen aufpassen müßte, um nicht im Straßenverkehr zu Schaden zu kommen, ist nicht von vornherein ganz klar,
5 was daran oder auch an den anderen Fällen – Fernseher mit bunten Programmen auf Autos und an den Sitzgelegenheiten der Wartesäle amerikanischer Flughäfen – grundsätzlich Übles wäre.
Vor allem: Ist nicht überall da Wirklichkeit am Werke? Sogar materielle, physische, greifbare Wirklichkeit? Woher dann das Gefühl der Entwirk-
10 lichung? Die Apparaturen jedenfalls kann man nicht als unwirklich bezeichnen, ebensowenig wie die Energiearten, die so etwas zuwege bringen, mögen sie auch weniger greifbar sein. Und was das Gebotene, das Vorgeführte oder Vorgetragene selbst angeht, so könnte es weder vorgeführt noch vorgetragen werden, wenn es nicht selber auch irgendwo wirklich wäre. Nun, wird man
15 antworten, irgendwo schon, aber nicht dort, wo man sich gerade befindet.

1. Was bezeichnet Inciarte als »Entwirklichung« und »Entpersönlichung«?
2. Welche Ansicht vertrittst du?
3. Vergleiche die Aussage des Textes mit Sempés »Mondguckern« (S. 8)! Warum setzen die Kinder in der untenstehenden Karikatur Erlebnis mit Fernseherlebnis gleich?
4. Was bedeutet »Erlebnis« für dich?

Paul Virilio:
Rasender Stillstand

1.10

Die Umwelt zu kontrollieren, das bedeutet also nicht mehr so sehr, sie zu möblieren oder zu bewohnen, sondern *bewohnt zu*
5 *sein* ...
Das Beispiel des Simulationshelms einer virtuellen Umwelt des Amerikaners Scott Fisher ist besonders bezeichnend für diese
10 Umwälzung. In diesem »tragbaren Simulator« (nach dem Muster eines Motorradfahrerhelms) bildet man dank der Informatik eine vollständige vir-
15 tuelle Umwelt nach (architektonisches Volumen, Steuergerät, Schaltpult und Armaturenbrett), in der der Träger augenblicklich

»Und jetzt kommt eine wichtige Mitteilung von deiner Lieblingsansagerin:
GEH ENDLICH RAUS
AN DIE FRISCHE LUFT
ZUM SPIELEN!«

1. Wieso bezeichnet Virilio das Wesen der »neuen Art von Umweltkontrolle« als »bewohnt sein« und spricht von »rasendem Stillstand«?

2. Informiere dich über Cyberspace-Möglichkeiten!

3. In Aldous Huxleys utopischem Roman »Schöne neue Welt« (1932) wird ein »Fühlkino« beschrieben. Wieso gehen Cyberspace-Möglichkeiten darüber hinaus?

4. Die Arbeit der Zukunft wird vielleicht gar nicht mehr im Büro oder in der Fabrik stattfinden, sondern kann per Cyberspace von zu Hause aus gesteuert werden. (Schon heute gibt es Video-Konferenzen.) Was hältst du davon?

mit Hilfe von Sensoren, die an seinen Händen (Datenhandschuh), seinen Füßen und sogar an seinem ganzen Körper (Datenanzug) angebracht sind, agieren kann. So kann der Mensch dank dem Bild von einer fiktiven Umwelt, die auf dem Bildschirm des Simulationshelms erscheint, virtuelle Gegenstände in die Hand nehmen oder verstellen, und dies mit Hilfe seiner *sehr wohl realen* Hände.

Außerdem arbeitet Fisher für die bevorstehenden Forschungsmissionen zum Mars an einem ferngesteuerten Roboter, der über die neuesten interaktiven Technologien verfügt. Auf der Erde mit seinem Datenanzug und einem Helm ausgerüstet, der das Bild vom Marsboden direkt überträgt, kann ein im Sitz der NASA befindlicher Mensch das Gerät, das sich einige Lichtjahre entfernt auf dem roten Planeten befindet, fernsteuern. Der Video-Blick des Roboters wird sein eigener sein, die steuerbaren Arme des Gerätes werden seine sein, und wenn der Roboter sich vorsichtig auf dem heißen Boden des Mars fortbewegt, dann werden es die Füße seines menschlichen Fernsteuerers sein, die ihm ein Vorwärtskommen ermöglichen. Der im buchstäblichen Wortsinn von seinem Führer *besessene* Roboter von Scott Fisher wird das DOUBLE des menschlichen Manipulators sein, der ihn aus der Ferne steuert ...

Der Boden des weit entfernten Planeten wird nicht mehr von Menschen niedergetreten, als der der nahen Wohnung es von den Schritten eines Bewohners wird, der sich noch nicht einmal fortbewegen muß, um zu agieren.

1.11 Winrich de Schmidt: Wo geht die Sonne unter?

A: Können Sie mir bitte sagen, wie ich den Ort finde, an dem die Sonne untergeht?

B: Aber gerne! Sie nehmen die erste Straße links und dann die nächste Straße rechts. Dann kommen Sie an einen kleinen Park. Dort geht die Sonne jeden Abend unter.

A: Woher wissen Sie das so genau?

B: Jeden Abend, wenn am Himmel keine Wolken sind, sehe ich doch, daß sie dort untergeht.

A: Sind Sie sicher, daß das genügt?

B: Ja! Ich sehe das jeden Abend von meinem Zimmer aus.

1. Welche Rolle spielen Beobachtung und Wiederholung von Ereignissen und Vorgängen für die Verfestigung einer Überzeugung? Welche Rolle spielt der jeweilige Standpunkt (im wörtlichen und im übertragenen Sinne)?

2. Ein Flug gegen Abend von Deutschland nach Los Angeles macht es möglich, daß man neun Stunden lang einen Sonnenuntergang erlebt. Man kommt etwa zur gleichen Zeit an, zu der man abgeflogen ist. Sind solche Aussagen objektiv richtig? Begründe deine Antwort!

3. Woher nehmen wir unsere Sicherheit bei solchen Aussagen? (Geht die Sonne wirklich unter?)

4. In seinem Buch »Lila« erzählt Robert M. Pirsig eine Anekdote vom amerikanischen Philosophen William James, der mit seinen Begleitern auf einem Waldspaziergang ein Eichhörnchen entdeckte. Einer seiner Begleiter ging um den Baum herum, auf dessen jeweiliger Rückseite sich das Eichhörnchen vor ihm versteckte. James diskutierte mit seinen Begleitern die Frage, ob der Mann »um das Eichhörnchen herum« gegangen sei. Stellt die Szene nach und versucht dabei, in der Diskussion verschiedene Standpunkte einzunehmen!

Bertrand Russell:
Sein und Erscheinung des Tisches

1.12

Für gewöhnlich halten wir viele Dinge für sicher und gewiß, an denen bei näherem Zusehen so viele Widersprüche sichtbar werden, daß wir lange nachdenken müssen, bevor wir wissen, was wir glauben dürfen. Es ist nur natürlich, wenn wir auf unserer Suche nach Gewißheit bei den Erlebnissen anfangen, die wir jetzt, in diesem Augenblick haben, und ohne Zweifel lassen sie uns in irgendeinem Sinne etwas erkennen. Aber jede Aussage darüber, was es ist, das uns unsere gegenwärtigen Erlebnisse zu wissen geben, hat gute Chancen, falsch zu sein.

Es scheint mir, daß ich jetzt auf einem Stuhl sitze, an einem Tisch von bestimmter Gestalt, auf dem ich beschriebene oder bedruckte Papiere sehe. Wenn ich meinen Kopf drehe, sehe ich vor dem Fenster Gebäude, Wolken und die Sonne. Ich glaube, daß die Sonne etwa 150 Millionen Kilometer von der Erde entfernt ist, daß sie eine heiße Kugel und sehr viel größer als die Erde ist, daß sie dank der Erdumdrehung jeden Morgen aufgeht und noch bis in die ferne Zukunft aufgehen wird. Ich glaube, daß, wenn irgendein anderer normaler Mensch in mein Zimmer kommt, er dieselben Stühle, Tische, Bücher und Papiere sehen wird, die ich auch sehe, und daß der Tisch, den ich sehe, derselbe ist wie der Tisch, dessen Druck gegen meinen aufgestützten Arm ich spüre.

Es lohnt sich kaum, dies alles ausdrücklich zu sagen, außer wenn ich es mit jemandem zu tun habe, der zweifelt, ob ich überhaupt etwas weiß. Und doch kann man es vernünftigerweise bezweifeln, und wir werden lange und gründlich überlegen müssen, bevor wir sicher sein können, daß wir unsere Aussagen in eine einwandfreie Form gebracht haben.

Um uns die auftauchenden Schwierigkeiten deutlich zu machen, wollen wir unsere Aufmerksamkeit auf den Tisch richten. Dem Auge erscheint er viereckig, braun und glänzend, dem Tastsinn glatt und kühl und hart; wenn ich auf ihn klopfe, klingt es nach Holz. Jedermann, der den Tisch sieht, befühlt und beklopft, wird meiner Beschreibung zustimmen, so daß es auf den ersten Blick aussieht, als ob es gar keine Schwierigkeiten gäbe. Sie fangen erst an, wenn wir genauer zu sein versuchen: Obwohl ich glaube, daß der Tisch »in Wirklichkeit« überall die gleiche Farbe hat, sehen die Stellen, die das Licht reflektieren, viel heller aus als die übrigen, einige Stellen erscheinen infolge des reflektierten Lichtes sogar weiß. Ich weiß, daß andere Stellen das Licht reflektieren werden, wenn ich mich bewege; die scheinbare Verteilung der Farben auf dem Tisch wird sich bei jeder Bewegung, die ich mache, verändern. Es folgt, daß, wenn mehrere Leute den Tisch gleichzeitig betrachten, keine zwei genau dieselbe Farbverteilung sehen werden, weil ihn keine zwei von genau demselben Punkt aus betrachten können, und weil jede Veränderung des Blickpunkts auch eine Verschiebung der reflektierenden Stellen mit sich bringt. Hier kommen wir auf einen Unterschied, der in der Philosophie eine große

René Magritte:
Der Verrat der Bilder
(Das ist keine Pfeife.)

Rolle spielt – den Unterschied zwischen »Erscheinung« und »Wirklichkeit«, zwischen dem, was die Dinge zu sein scheinen, und dem, was sie sind. Der Maler will wissen, wie die Dinge erscheinen; der Praktiker und der Philosoph wollen wissen, was sie sind. Dabei ist der Erkenntnisdrang des Philosophen stärker als der des Praktikers, und überdies hat der Philosoph ein lebhafteres Bewußtsein von den Schwierigkeiten, die der Erfüllung seines Wunsches im Wege stehen. Um auf unseren Tisch zurückzukommen: Wir haben festgestellt, daß es keine Farbe gibt, die vor allen anderen als die Farbe des Tisches oder auch nur eines bestimmten Teils des Tisches gelten kann – er erscheint von verschiedenen Blickpunkten aus in verschiedenen Farben, und es gibt keinen Grund, eine dieser Farben mehr für »seine« Farbe zu halten als die übrigen. Wir wissen außerdem, daß selbst von einem vorgegebenen Blickpunkt aus die Farbe bei künstlichem Licht anders erscheinen wird als bei natürlichem; einem Farbenblinden oder jemandem, der eine blaue Brille trägt, wird sie anders erscheinen als uns, und im Dunkeln wird überhaupt keine Farbe erscheinen, obwohl der Tisch für Gehör und Tastsinn unverändert bleibt. *Diese* Farbe ist also nicht etwas dem Tisch Innewohnendes, sondern etwas, das vom Tisch *und* dem Betrachter *und* der Beleuchtung abhängig ist. Wenn wir unreflektiert von der Farbe des Tisches sprechen, meinen wir nur die Farbe, die einem normalen Beobachter von einem normalen Blickpunkt aus bei normaler Beleuchtung erscheinen wird. Aber die anderen Farben, die unter anderen Verhältnissen erscheinen, haben ein ebenso gutes Recht, für »wirklich« genommen zu werden, und deshalb müssen wir – um den Verdacht der Begünstigung zu vermeiden – leugnen, daß der Tisch, für sich genommen, irgendeine bestimmte Farbe habe.

Mit der Gestalt des Tisches steht es nicht besser. Wir haben alle die Gewohnheit, Urteile über die »wirkliche« Gestalt von Dingen abzugeben, und wir tun das so gedankenlos, daß wir uns einbilden, wir sähen tatsächlich die wirklichen Gestalten. Wenn unser Tisch »in Wirklichkeit« rechtwinklig ist, wird es von fast allen Blickpunkten aus so erscheinen, als ob seine Platte zwei spitze und zwei stumpfe Winkel hätte.

All diese Dinge bemerkt man normalerweise nicht, wenn man einen Tisch betrachtet, weil die Erfahrung uns gelehrt hat, die »wirkliche« Gestalt aus der erscheinenden zu konstruieren, ... Diese »wirkliche« Gestalt ist jedoch nicht das, was wir sehen; sie ist etwas, das von uns aus dem Gesehenen erschlossen worden ist. ..., so daß uns unsere Sinne auch in diesem Falle offenbar nicht die Wahrheit über den Tisch selbst, sondern nur über seine Erscheinung sagen.

---

1. Was bezeichnet Russell als eigentliche Wirklichkeit des Tisches? Stimmst du mit ihm überein? Warum?

2. Stelle den Unterschied von Erscheinung und »Wirklichkeit« am Beispiel des Russellschen Tisches und an anderen Beispielen dar! (z. B. Füller, Telefon, Schule, Pfeife etc.)

3. Denke über Magrittes Bild »Die zwei Geheimnisse« nach! (Bildteil, S. 2) Kannst du dir Bilder von Bildern von Bildern vorstellen? Welche? (Vgl. auch die Karikatur S. 16 unten!)

4. Deute Magrittes Bilder »Die zwei Geheimnisse« (Bildteil, S. 2) und »Der Verrat der Bilder« (S. 23) auch im Zusammenhang mit Platons Höhlengleichnis (S. 10 f.)!

5. Vergleiche diese zwei Arten von Realität mit denen im folgenden Text!

1.13 Robert M. Pirsig: Das romantische und das klassische Motorrad

Pirsig beschreibt eine Motorradfahrt quer durch den amerikanischen Kontinent mit seinem Sohn und einem befreundeten Künstlerehepaar. Er ist Verfasser technischer Gebrauchsanweisungen und repariert und wartet sein Motorrad selbst. Doch der Schlagzeuger John und die Malerin Sylvia haben eine andere Beziehung zu ihrem Motorrad, die ihn nachdenklich macht.

Womit wir es hier zu tun haben, ist der Konflikt zwischen zwei verschiedenen Realitätsauffassungen. Die Welt, wie man sie vor Augen hat, genau hier und genau jetzt, ist Realität, ganz gleich, was die Wissenschaftler dazu sagen. So sieht es John. Aber die Welt, wie sie sich in ihren wissenschaftlichen Entdeckungen offenbart, ist ebenfalls Realität, ganz gleich, wie sie nach außen hin erscheint, und die Leute mit Johns Anschauung werden schon ein bißchen mehr tun müssen, als diese andere Welt einfach zu ignorieren, wenn sie bei ihrer Realitätsauffassung bleiben wollen. John wird das spätestens merken, wenn ihm seine Unterbrecherkontakte verschmoren.

Einer klassischen Anschauung stellt sich die Welt primär als unmittelbar wahrnehmbare äußere Erscheinung dar. Würde man einem Romantiker eine Maschine oder eine technische Zeichnung oder einen elektronischen Schaltplan zeigen, würde er höchstwahrscheinlich nicht viel Interessantes darin sehen. Es hat für ihn keine Anziehungskraft, weil die Realität, die er sieht, Oberfläche ist. Langweilige, komplizierte Ansammlungen von Namen, Linien und Zahlen. Nichts Interessantes. Würde man jedoch dieselbe Blaupause oder denselben Schaltplan einem klassischen Menschen zeigen oder ihm dieselbe Beschreibung geben, sähe er sich wahrscheinlich die Sache an und wäre dann davon fasziniert, weil er sehen würde, daß hinter den Linien und Formen und Symbolen eine ungeheure Fülle innerer Form liegt. Die romantische Anschauungsweise ist vorwiegend durch Inspiration und Phantasie bedingt, kreativ und intuitiv.

Die klassische Anschauungsweise beruht hingegen auf der Vernunft und auf Gesetzen – die ihrerseits innere Formen von Denken und Verhalten darstellen. Motorradfahren ist romantisch, Motorradwartung hingegen rein klassisch.

Und um eine umfassendere Vorstellung davon zu vermitteln, worum es sich hierbei handelt, möchte ich jetzt diese analytische Vorgehensweise auf sie selbst anwenden – also die Analyse selbst analysieren. Dazu möchte ich zuerst ein ausführliches Beispiel für diese Methode bringen und sie dann zum Zweck der Analyse zergliedern. Das Motorrad ist dafür ein idealer Gegenstand, denn das Motorrad selbst wurde von klassischen Geistern erfunden.

Also dann: Ein Motorrad kann für Zwecke der klassischen rationalen Analyse nach den Baugruppen, aus denen es besteht, und nach seinen Funktionen unterteilt werden.

Teilt man es nach den Baugruppen auf, aus denen es besteht, kann man zunächst die grundlegende Unterscheidung zwischen Triebwerk und Fahrwerk treffen.

Das Triebwerk besteht aus dem Motor und dem Kraftübertragungssystem. Den Motor wollen wir uns als erstes ansehen.

Der Motor besteht aus einem Gehäuse, in dem ein Krafterzeugungssystem, eine Treibstoff-Luft-Anlage, eine Zündanlage, ein Rückkopplungssystem und ein Schmiersystem untergebracht sind.

Das Krafterzeugungssystem besteht aus Zylindern, Kolben, Pleuelstangen, einer Kurbelwelle und einer Schwungmasse.

Die Treibstoff-Luft-Anlage, die einen Bestandteil des Motors bildet, besteht aus einem Benzintank mit Filter, einem Luftfilter, einem Vergaser, Ventilen und Auspuffrohren.

Die Zündanlage besteht aus einem Wechselstromgenerator, einem Gleichrichter, einer Batterie, einer Zündspule und Zündkerzen.

Das Rückkopplungssystem besteht aus einer Steuerkette, einer Nockenwelle, Kipphebeln und einem Verteiler.

Das Schmiersystem besteht aus einer Ölpumpe und Kanälen, durch die das Öl im ganzen Motorblock verteilt wird.

1.
Was nennt Pirsig »klassisch«, was »romantisch«?
Vergleiche mit Russells Begriffen im Text 1.12 und erläutere sie am Beispiel des Motorrads!
2.
Beschreibe die zwei Sichtweisen der Wirklichkeit nach Pirsig!
Welche hältst du für das Erfassen von Wirklichkeit für wichtiger?
3.
Kannst du das Prinzip eines technischen Gerätes, z. B. eines Kühlschranks, erklären?
4.
Mache dir klar, was du an deiner Umwelt verstehst und was nicht!
Sokrates sagte einige Jahrhunderte vor Christus: »Ich weiß, daß ich nichts weiß!«
Denke darüber nach! Glaubst du, daß wir heute klüger sind?
5.
Welche Bedeutung haben die Begriffe »äußere Erscheinung« und »innere Wirklichkeit« für Wissenschaft und Forschung?

Szene aus dem Film »Easy Rider«

Das Kraftübertragungssystem, das dem Motor angeschlossen ist, besteht aus einer Kupplung, einem Getriebe und einer Kette. Das Fahrwerk, das das Triebwerk trägt, besteht aus einem Rahmen mit Fußrasten, Sattel und Schutzblechen, einer Lenkvorrichtung, vorderen und hinteren Stoßdämpfern, Rädern, Bedienungshebeln und Bowdenzügen, einem Scheinwerfer und Leuchten sowie einem Tachometer und einem Kilometerzähler.
Das ist ein Motorrad, wenn man es in seine Bestandteile zerlegt betrachtet. Um zu erfahren, wofür die Teile da sind, muß man es nach seinen Funktionen aufteilen.
Man kann bei einem Motorrad normale Lauffunktionen und spezielle, vom Fahrer gesteuerte Funktionen unterscheiden. Die normalen Lauffunktionen lassen sich aufteilen in Funktionen während des Ansaughubes, Funktionen während des Verdichtungshubes, Funktionen während des Arbeitshubes und Funktionen während des Ausstoßhubes.
Und so weiter. Ich könnte jetzt dazu übergehen, welche Funktionen in der richtigen Reihenfolge während jedes der vier Hübe ablaufen, dann weiter zu den vom Fahrer gesteuerten Funktionen, und das Ganze wäre dann eine sehr kurzgefaßte Beschreibung der inneren Form eines Motorrads.
Diese Beschreibung würde das »Was« des Motorrads – seine Bestandteile – und das »Wie« des Motors – seine Funktionen – umfassen. Sie müßte dringend durch eine »Wo«-Analyse in Form einer Illustration ergänzt werden, ebenso durch eine »Warum«-Analyse in Form der technischen Prinzipien.
Das erste, was einem an dieser Beschreibung auffällt, ist so augenfällig, daß man absichtlich darüber hinwegsehen muß, weil es sonst jede andere Wahrnehmung blockiert. Es ist dies: Sie ist stinklangweilig. Blabla, blabla, blabla, bla, Vergaser, Übersetzung, Verdichtung, blablabla, Kolben, Kerzen, Ansaughub, blabla, blabla und so weiter und so fort. Das ist das romantische Gesicht der klassischen Methode. Langweilig, plump und häßlich. Nur wenige Romantiker gelangen über dieses Stadium hinaus.

1.14 Bertolt Brecht:
Sind die Sterne wirklich da?

GALILEI Eure Hoheit, ich bin glücklich, in Eurer Gegenwart die Herren Eurer Universität mit den Neuerungen bekannt machen zu dürfen.
Cosmo verbeugt sich sehr formell nach allen Seiten, auch vor Andrea.
DER THEOLOGE *das zerbroche Ptolemäische Modell am Boden sehend:* Hier scheint etwas entzweigegangen. – *Cosmo bückt sich rasch und übergibt Andrea höflich das Modell. Inzwischen räumt Galilei verstohlen das andere Modell beiseite.*
GALILEI *am Fernrohr:* Wie Eure Hoheit zweifellos wissen, sind wir Astronomen seit einiger Zeit mit unseren Berechnungen in große Schwierigkeiten gekommen. Wir benützen dafür ein sehr altes System, das sich in Übereinstimmung mit der Philosophie, aber leider nicht mit den Fakten zu befinden scheint. Nach diesem alten System, dem Ptolemäischen, werden die Bewegungen der Gestirne als äußerst verwickelt angenommen. Der Planet Venus zum Beispiel soll eine Bewegung von dieser Art vollführen.

Er zeichnet auf eine Tafel die epyzklische Bahn der Venus nach der ptolemäischen Annahme.

Aber selbst solche schwierigen Bewegungen annehmend, sind wir nicht in der Lage, die Stellung der Gestirne richtig vorauszuberechnen. Wir finden sie nicht an den Orten, wo sie eigentlich sein müßten. Dazu kommen solche Gestirnbewegungen, für welche das Ptolemäische System überhaupt keine Erklärung hat. Bewegungen dieser Art scheinen mir einige von mir neu entdeckte kleine Sterne um den Planeten Jupiter zu vollführen. Ist es den Herren angenehm, mit einer Besichtigung der Jupitertrabanten zu beginnen, der Mediceischen Gestirne?

Szene aus Brechts »Leben des Galilei«: Galileo und Andrea

ANDREA *auf den Hocker vor dem Fernrohr zeigend:* Bitte, sich hier zu setzen.
DER PHILOSOPH Danke, mein Kind. Ich fürchte, das alles ist nicht ganz so einfach. Herr Galilei, bevor wir Ihr berühmtes Rohr applizieren, möchten wir um das Vergnügen eines Disputs bitten. Thema: Können solche Planeten existieren?
DER MATHEMATIKER Eines formalen Disputs.
GALILEI Ich dachte mir, Sie schauen einfach durch das Fernrohr und überzeugen sich?
ANDREA Hier, bitte.
DER MATHEMATIKER Gewiß, gewiß. – Es ist Ihnen natürlich bekannt, daß nach der Ansicht der Alten Sterne nicht möglich sind, die um einen anderen Mittelpunkt als die Erde kreisen, noch solche Sterne, die im Himmel keine Stütze haben?
GALILEI Ja.
DER PHILOSOPH Und, ganz absehend von der Möglichkeit solcher Sterne, die der Mathematiker – *er verbeugt sich gegen den Mathematiker* – zu bezweifeln scheint, möchte ich in aller Bescheidenheit als Philosoph die Frage aufwerfen: sind solche Sterne nötig? Aristotelis divini universum ...
GALILEI Sollten wir nicht in der Umgangssprache fortfahren? Mein Kollege, Herr Federzoni, versteht Latein nicht.
DER PHILOSOPH Ist es von Wichtigkeit, daß er uns versteht?
GALILEI Ja.
DER PHILOSOPH Entschuldigen Sie mich. Ich dachte, er ist Ihr Linsenschleifer.
ANDREA Und ein Gelehrter.
DER PHILOSOPH Danke, mein Kind. Wenn Herr Federzoni darauf besteht ...
GALILEI Ich bestehe darauf.
DER PHILOSOPH Das Argument wird an Glanz verlieren, aber es ist Ihr Haus. – Das Weltbild des göttlichen Aristoteles mit seinen mystisch musizierenden Sphären und kristallenen Gewölben und den Kreisläufen seiner

---

1.
Beschreibe das Mißtrauen der an Buchweisheit gewöhnten traditionellen Gelehrten gegenüber der neuen Erfindung des Fernrohrs!

2.
Aristoteles glaubte, daß um die Erde als Mittelpunkt des Universums Planeten auf beweglichen Kugelschalen – an denen sie befestigt sind – kreisen.
(Vgl. Abb. S. 28!)
Wieso widerlegt Galileis Beobachtung diese Theorie?

3.
Wie kommt man allgemein von der Beobachtung von Erscheinungen (z. B. am Sternenhimmel) zu Vermutungen über die Welt und ihre Gesetzmäßigkeiten?

4.
Wie können wir sicher sein, daß unsere Weltbilder (wirklich) stimmen? Bedenke dabei auch das folgende Kleist-Zitat:
»Wenn alle Menschen statt der Augen grüne Gläser hätten, so würden sie urteilen müssen, die Gegenstände, welche sie dadurch erblicken, sind grün – und nie würden sie entscheiden können, ob ihr Auge ihnen die Dinge zeigt, wie sie sind, oder ob es nicht etwas zu ihnen hinzutut, was nicht ihnen, sondern dem Auge gehört. So ist es mit dem Verstande. Wir können nicht entscheiden, ob das, was wir Wahrheit nennen, wahrhaft Wahrheit ist, oder ob es uns nur so scheint. Ist das letzte, so ist die Wahrheit, die wir hier sammeln, nach dem Tode nicht mehr – und alles Bestreben, ein Eigentum sich zu erwerben, das uns auch in das Grab folgt, ist vergeblich.«

5.
Brillen können wir auch im übertragenen Sinn vor Augen haben.
**Versucht, einen Sachverhalt (Discobesuch, Autofahrt, Krankenbesuch, Weihnachtsfest) durch die Brille des Verliebten, Depressiven, Wissenschaftlers, Bestattungsunternehmers, Werbefachmanns zu beschreiben.
Was stellst du fest?
Was ist der wirkliche Sachverhalt?**

Himmelskörper und dem Schiefenwinkel der Sonnenbahn und den Geheimnissen der Satellitentafeln und dem Sternenreichtum des Katalogs der südlichen Halbkugel und der erleuchtenden Konstruktion des celestialen Globus ist ein Gebäude von solcher Ordnung und Schönheit, daß wir wohl zögern sollten, diese Harmonie zu stören.

GALILEI Wie, wenn Eure Hoheit die sowohl unmöglichen als auch unnötigen Sterne nun durch dieses Fernrohr wahrnehmen würden?

DER MATHEMATIKER Man könnte versucht sein zu antworten, daß Ihr Rohr, etwas zeigend, was nicht sein kann, ein nicht sehr verläßliches Rohr sein müßte, nicht?

GALILEI Was meinen Sie damit?

DER MATHEMATIKER Es wäre doch viel förderlicher, Herr Galilei, wenn Sie uns die Gründe nennten, die Sie zu der Annahme bewegen, daß in der höchsten Sphäre des unveränderlichen Himmels Gestirne freischwebend in Bewegung sein können.

DER PHILOSOPH Gründe, Herr Galilei, Gründe!

GALILEI Die Gründe? Wenn ein Blick auf die Gestirne selber und meine Notierungen das Phänomen zeigen? Mein Herr, der Disput wird abgeschmackt.

DER MATHEMATIKER Wenn man sicher wäre, daß Sie sich nicht noch mehr erregten, könnte man sagen, daß, was in ihrem Rohr ist und was am Himmel ist, zweierlei sein kann.

DER PHILOSOPH Das ist nicht höflicher auszudrücken.

FEDERZONI Sie denken, wir malten die Mediceischen Sterne auf die Linse!

GALILEI Sie werfen mir Betrug vor?

DER PHILOSOPH Aber wie könnten wir das? In Anwesenheit Seiner Hoheit!

DER MATHEMATIKER Ihr Instrument, mag man es nun Ihr Kind, mag man es Ihren Zögling nennen, ist sicher äußerst geschickt gemacht, kein Zweifel!

DER PHILOSOPH Und wir sind vollkommen überzeugt, Herr Galilei, daß weder Sie noch sonst jemand es wagen würde, Sterne mit dem erlauchten Namen des Herrscherhauses zu schmücken, deren Existenz nicht über allen Zweifel erhaben wäre.

Alle verbeugen sich tief vor dem Großherzog.

COSMO *sieht sich nach den Hofdamen um:* Ist etwas nicht in Ordnung mit meinen Sternen?

DIE ÄLTERE HOFDAME *zum Großherzog:* Es ist alles in Ordnung mit den Sternen Eurer Hoheit. Die Herren fragen sich nur, ob sie auch wirklich, wirklich da sind.

*Aristotelisches Sphärenmodell
(Die Erde befindet sich im Mittelpunkt.)*

1.15 Friedrich Nietzsche: Die Begriffslüge

... weil aber der Mensch zugleich aus Not und Langeweile gesellschaftlich und herdenweise existieren will, braucht er einen Friedensschluß und trachtet danach, daß wenigstens das allergrößte *bellum omnium contra omnes* aus seiner Welt verschwinde. Dieser Friedensschluß bringt etwas mit sich, was wie der erste Schritt zur Erlangung jenes rätselhaften Wahrheitstriebes aussieht. Jetzt wird nämlich das fixiert, was von nun an »Wahrheit« sein soll, das heißt, es wird eine gleichmäßig gültige und verbindliche Bezeichnung der Dinge erfunden, und die Gesetzgebung der Sprache gibt auch die ersten Gesetze der Wahrheit.

... wie steht es mit jenen Konventionen der Sprache? Sind sie vielleicht Erzeugnisse der Erkenntnis des Wahrheitssinnes, decken sich die Bezeichnungen und die Dinge? Ist die Sprache der adäquate Ausdruck aller Realitäten? Nur durch die Vergeßlichkeit kann der Mensch je dazu kommen zu wähnen, er besitze eine »Wahrheit« in dem eben bezeichneten Grade. Die verschiedenen Sprachen, nebeneinandergestellt, zeigen, daß es bei den Worten nie auf die Wahrheit, nie auf einen adäquaten Ausdruck ankommt: sonst gäbe es nicht so viele Sprachen. Denken wir besonders noch an die Bildung der Begriffe. Jedes Wort wird sofort dadurch Begriff, daß es eben nicht für das einmalige ganz und gar individualisierte Urerlebnis, dem es sein Entstehen verdankt, etwa als Erinnerung dienen soll, sondern zugleich für zahllose, mehr oder weniger ähnliche, das heißt streng genommen niemals gleiche, also auf lauter ungleiche Fälle passen muß. Jeder Begriff entsteht durch Gleichsetzen des Nichtgleichen.

... die Wahrheiten sind Illusionen, von denen man vergessen hat, daß sie welche sind, Metaphern, die abgenutzt und sinnlich kraftlos geworden sind, Münzen, die ihr Bild verloren haben und nun als Metall, nicht mehr als Münzen, in Betracht kommen.

Nun vergißt freilich der Mensch, daß es so mit ihm steht: er lügt also in der bezeichneten Weise unbewußt und nach hundertjährigen Gewöhnungen – und kommt eben durch diese Unbewußtheit, eben durch dies Vergessen zum Gefühl der Wahrheit. Man darf hier den Menschen wohl bewundern als ein gewaltiges Baugenie, dem auf beweglichen Fundamenten und gleichsam auf fließendem Wasser das Auftürmen eines unendlich komplizierten Begriffsdomes gelingt ...

Als Baugenie hebt sich solchermaßen der Mensch weit über die Biene: diese baut aus Wachs, das sie aus der Natur zusammenholt, er aus dem weit zarteren Stoff der Begriffe, die er erst aus sich fabrizieren muß. Nur durch das Vergessen jener primitiven Metapherwelt, nur durch das Hart- und Starrwerden einer ursprünglichen, in hitziger Flüssigkeit aus dem Urvermögen menschlicher Phantasie hervorströmenden Bildermasse, nur durch den unbesiegbaren Glauben, diese Sonne, dieses Fenster, dieser Tisch sei eine Wahrheit an sich, kurz nur dadurch, daß der Mensch sich als Subjekt, und zwar als künstlerisch schaffendes Subjekt, vergißt, lebt er mit einiger Ruhe, Sicherheit und Konsequenz; wenn er einen Augenblick nur aus den Gefängniswänden dieses Glaubens herauskönnte, so wäre es sofort mit seinem »Selbstbewußtsein« vorbei.

1.
Wie erklärt sich Nietzsche die Erfindung einer einheitlichen und verbindlichen Sprache?
2.
Wieso bezweifelt er, daß die Sprache die Realität angemessen ausdrücken kann?
3.
Wie entsteht ein Begriff (z. B. »Baum«, »Fluß«, »Freund«)?
4.
Welche Beziehung hat das starre Begriffsbild nach Nietzsche zur lebendigen Wirklichkeit?
5.
Beschreibe die Aussage der drei Bilder (Bildteil, S. 1/2 und Titel) von René Margritte »So lebt der Mensch« und »Die Schlüssel zur Freiheit«. Vergleiche mit Nietzsches Position!
6.
Welche Bilder machst du dir von deiner Umwelt und von deinen Mitmenschen? (Denke z. B. über die Begriffe »Säufer«, »Faulpelz«, »Streber«, »Bonze« nach!)
7.
Wo sind die Grenzen von Urteil und Vorurteil? Wie kannst du sie erkennen?

Karl R. Popper:
Erkenntnis als Kübel oder als Scheinwerfer?

1.16

Ich beginne mit einer kurzen Charakterisierung der zu kritisierenden Auffassung, die ich gewöhnlich als »Kübeltheorie der Wissenschaft« (oder »Kübeltheorie des menschlichen Geistes«) bezeichne.

Diese Auffassung geht von der sehr einleuchtenden Feststellung aus, daß wir zunächst einmal Wahrnehmungen haben müssen, bevor wir über die Welt etwas wissen können und etwas aussagen können. Daraus wird

1.
Welche zwei Auffassungen vom Vorgang des Erkennens stellt Popper gegenüber?
2.
Welche Rolle spielt das Denken jeweils dabei?

3.
Weshalb vergleicht Popper den Erkenntnisvorgang mit der Gerichtetheit eines Scheinwerfers?

4.
Welche Rolle spielt dabei der »Erwartungshorizont«, und wie kommt er zustande?

5.
Wieso läßt sich Poppers Vorstellung vom Erkenntnisprozeß für Alltag *und* Wissenschaft verwenden?

6.
Mit welchen Beispielen könntest du Poppers These von der selektiven Wahrnehmung (was bedeutet das?) belegen?

7.
*Auch die Sprache kann ein »Scheinwerfer« des erkennenden Bewußtseins sein und einige Dinge ausgeblendet im Dunkeln lassen, während andere hell und deutlich hervorgehoben werden. So z. B. gibt es im Arabischen tatsächlich 5477 Begriffe für »Kamel« (nachzulesen bei Cassirer, Philosophie der symbolischen Formen, Band I, S. 264), und: »Eskimos erkennen sechzehn verschiedene Formen von Eis, die so unterschiedlich für sie sind wie für uns Bäume und Sträucher. Hindus andererseits verwenden denselben Begriff für Schnee und Eis.
Creek- und Natchez-Indianer können Gelb nicht von Grün unterscheiden.
Gleicherweise machen die Choctaw, die Tunica, die Pueblo-Indianer Keresias und viele andere Stämme keinen terminologischen Unterschied zwischen Gelb und Grün. Die Hopis haben kein Wort für Zeit.« (Pirsig, Lila)*
Welche Rolle spielt die Sprache beim Erfassen von Wirklichkeit?

8.
Wieso sind Erfahrungshintergründe relativ? Welche Erwartungshorizonte ergeben sich aus Vorerfahrungen? Spielen sie eine Rolle bei Urteil und Vorurteil? Suche Beispiele!

geschlossen, daß unser Wissen oder unsere Erfahrung entweder aus Wahrnehmungen besteht oder doch wenigstens aus verarbeiteten, geordneten und klassifizierten Wahrnehmungen.
Ich glaube, daß alle diese Ansichten dem tatsächlichen Prozeß der Erfahrungsbildung und dem tatsächlichen Verfahren der Forschung in keiner Weise gerecht werden.
In der Wissenschaft spielt nicht so sehr die Wahrnehmung, wohl aber die *Beobachtung* eine große Rolle. Eine Beobachtung aber ist ein Vorgang, in dem wir uns äußerst *aktiv* verhalten. In der Beobachtung haben wir es mit einer Wahrnehmung zu tun, die planmäßig vorbereitet ist, die wir nicht »haben« (wie eine Sinneswahrnehmung), sondern »machen«, wie die deutsche Sprache ganz richtig sagt. Der Beobachtung geht ein Interesse voraus, eine Frage, ein Problem.
In diesem Sinne können wir geradezu behaupten, daß der Beobachtung die Frage, die Hypothese, oder wie wir es nennen mögen, aber jedenfalls ein Interesse, also etwas Theoretisches (oder Spekulatives), vorausgeht. Beobachtungen sind immer selektiv, setzen also etwas wie ein Selektionsprinzip voraus.
Beobachtung setzt immer bereits Erwartungen voraus.
In jedem Augenblick unserer vorwissenschaftlichen oder wissenschaftlichen Entwicklung besitzen wir etwas, was ich gewöhnlich als einen »Erwartungshorizont« bezeichne; das heißt, der Inbegriff aller Erwartungen, ob sie nun unbewußt oder bewußt oder vielleicht sogar sprachlich formuliert vorliegen. Ein solcher Erwartungshorizont ist bei Tieren oder beim Säugling in gleicher Weise vorhanden, wenn auch viel weniger bewußt als beim Wissenschaftler, bei dem er zum erheblichen Teil aus sprachlich formulierten Theorien oder Hypothesen besteht.
Natürlich sind die verschiedenen Erwartungen ihrem Inhalte nach auch stark unterschieden. In allen diesen Fällen spielt aber der Erwartungshorizont die Rolle eines Bezugssystems oder eines Rahmens, der den Erlebnissen, Handlungen, Beobachtungen usw. erst eine Bedeutung verleiht, jeder Be-obachtung gehen Erwartungen oder Hypothesen voraus, nämlich jene, die den Erwartungshorizont konstituieren, der erst jene Beobachtungen bedeutsam macht und ihnen damit den Rang von Beobachtungen gibt.
Die Frage, was zuerst kommt, die Hypothese oder die Beobachtung, erinnert natürlich an die Frage, was zuerst kommt, die Henne oder das Ei. Aber sie ist lösbar. Die Kübeltheorie läßt natürlich die Beobachtung der Hypothese immer vorausgehen (ganz wie das Ei, ein einzelliger Organismus, der Henne vorausgeht), da sie diese als eine Art von Resultat auffaßt, das aus den Beobachtungen durch Generalisation oder Assoziation oder Klassifikation entsteht. Im Gegensatz dazu werden wir sagen, daß die Hypothese oder Erwartung oder Theorie, oder wie wir es nennen wollen, der Beobachtung vorausgeht.
Ich bezeichne diese Ansicht als die »Scheinwerfertheorie«, im Gegensatz zur »Kübeltheorie«. In dieser Hinsicht ist also die Wissenschaft durchaus die Fortsetzung der vorwissenschaftlichen Arbeit an den Erwartungshorizonten. Sie beginnt niemals mit nichts, sie kann niemals als voraussetzungsfrei bezeichnet werden, sondern sie setzt in jedem Moment einen Erwartungshorizont voraus – den Erwartungshorizont von gestern, sozusagen. Sie baut auf der Wissenschaft von gestern auf (und ist damit das Ergebnis des Scheinwerfers von gestern), diese wieder auf der Wissenschaft von vorgestern, usw.; und die älteste Wissenschaft baut auf vorwissenschaftlichen Mythen auf, und diese schließlich auf älteren Erwartungen.

9.
Asterix und Obelix
(in »Die große Überfahrt«)
landen als Schiffbrüchige in der
»Neuen Welt«, meinen aber,
im heimischen »Aremorica« zu
sein.
Ein unbekannter Vogel (Truthahn)
wird nach der Form der Laute
benannt, die er von sich gibt.
Ein Indianer ist dann ein Römer,
der sich mit Truthahnfedern
getarnt hat.
Die Wirklichkeit wird also in
den Begriffen gedeutet,
die der bisherigen Erfahrung
entsprechen.
Die tatsächliche Wirklichkeit
ihrer Situation erfassen beide
nicht.

**Sind dir ähnliche Beispiele
bekannt?
Sind Erwartungshorizonte
auch im Alltag prägend für
das, was man als Wirklichkeit
aufnimmt
(z. B. politische Sendungen
vor Wahlen)?
Erläutere!**

1.17 Annegret Stopczyk:
Gestalten des Bewußtseins *(Hörspiel)*
Begegnungen an einem frühen Morgen auf einem leeren Platz

Erzähler: Es soll eine Gefahr dargestellt werden.
Aus jedem Menschen spricht ein Bewußtsein, eine innere Überzeugung von sich und der Welt.
In diesem Hörstück treten Gestalten des Bewußtseins auf. Man kann sie daran erkennen, was sie sagen.
Frau Jedermann Frau Jedermann.
Der wertfreie Wissenschaftler Der wertfreie Wissenschaftler.
Der Progressive Der Progressive.
Der Arbeiter Der Arbeiter.
Der Pastor Der Pastor.
Die Feministin Die Feministin.
Der Moralist Der Moralist
Einer, der kurzen Prozeß macht Einer, der kurzen Prozeß macht.
Erzähler Und es kommt einer vor, der nichts sagt, aber handelt.
Die einfache Wirklichkeit wartet darauf, erkannt zu werden.
Es war einmal ein Mensch. Es war noch früher Morgen, da kam er an einen Platz. Die Sonne war gerade aufgegangen, und einige Fenster waren geöffnet. Aber noch kein Mensch war außer ihm zu sehen.
Leer war der Platz – in utopischer Klarheit.
Der Mensch setzte sich vorsichtig in die Mitte des Platzes und schaute in die Runde. Da sah er, wie sich ein Fenster öffnete. Ein Frauenkopf zeigte sich, herausgestreckt aus einem weißen Nachthemd.
Frau Jedermann *(gähnt)* Ein schöner Morgen! Was will denn der da?
Was macht denn der schon so früh am Morgen? Was glotzt der mich so an? Bin ich etwa eine Dirne, die man so anstarren kann? *(lauter)* He, was sitzen Sie da herum? Haben Sie nichts Besseres zu tun, als anständige Leute anzustarren? *(wieder zu sich)* Unverschämt!
Erzähler Aber der Mensch bewegte sich nicht. Er lächelte der Frau freundlich schweigend zu.
Frau Jedermann *(verärgert)* So ein Lümmel!
(Fenster öffnet sich)
Professor Guten Morgen, Frau Jedermann! Was gibt's denn?
Kommentarstimme *(aus dem Hintergrund)* ... fragte der wertfreie Wissenschaftler ...
Professor Worüber müssen Sie sich denn schon so früh am Morgen aufregen?
Frau Jedermann Gucken Sie sich das an, Herr Professor. Dieser unverschämte Kerl da unten! Taxiert mich mit seinen Blicken, als ob er was von mir wollte! Un-er-zo-gen!
Professor Ach, Sie kennen ihn nicht?
Frau Jedermann Nein, woher denn? Das wär' doch wohl ...
Professor In der Tat! Ein interessantes Phänomen!
(Ein weiteres Fenster öffnet sich.)
Progressiver Was ist denn hier los?
Kommentarstimme ... fragte der Progressive ...
Progressiver Warum dieser Krach am frühen Morgen? Wer sozialisiert sich denn hier auf meine Kosten?

Professor Dort unten sitzt ein Mensch und starrt uns an.
Frau Jedermann Also, sowas!
Progressiver He, Sie da! Merken Sie nicht, daß Sie auf Ihre gesellschaftlich-soziale Umwelt feindlich wirken?
Erzähler Und so öffneten sich nach und nach immer mehr Fenster, und die Leute empörten sich, denn sie waren angesehene Leute, und keiner wollte sich von einem Fremden einfach so anstarren lassen. Überhaupt, was wollte der Mensch da? Doch der saß nur da und lächelte freundlich. Ein Pastor kam um die Ecke. Er hatte gerade die Morgenandacht gehalten. Er blieb vor dem Menschen stehen, wunderte sich über die vielen geöffneten Fenster und die erregten Stimmen.
Pastor Grüß Gott, junger Mann! *(Stille)*
Pastor *(lauter)* Grüß Gott!
(Stille)
Pastor: Wollen Sie den Gruß nicht erwidern, mein Sohn?
Frau Jedermann Da sehen Sie's. Nicht einmal den Pastor grüßt er! Sturer Mensch!
Progressiver Wir müssen uns bemühen, ihn zu integrieren.
Kommentarstimme ... meinte der Progressive ...
Progressiver Sein Verhalten muß aus seiner Sozialisation zu erklären sein.
Professor Sehr merkwürdiges Phänomen ...
Kommentarstimme ... wunderte sich der Professor. Und ein Arbeiter, der gerade auf dem Weg von der Nachtschicht vorbeikam, blieb stehen.
Arbeiter Mal wieder einer von denen, die den ganzen Tag blaumachen. Unsereins malocht den ganzen Tag und ist kaputt, wenn er nach Hause kommt, und so einer ...
Frau Jedermann Das ist eine Beleidigung.
Arbeiter Nischt wie malochen ...
Erzähler Immer mehr Menschen kamen hinzu. Ein ganzer Menschenhaufen stand um den Menschen herum. Viele guckten allerdings nur auf den einen Menschen. Dessen freundliches Lächeln hatte etwas nachgelassen. Aber er saß da wie zuvor und rührte sich nicht. *(Gemurmel)*
Erzähler Eine sehr selbstbewußte Frau in Latzhose richtete das Wort an den Menschen.
Feministin Warum antwortest Du nicht? *(Schweigen)*
Feministin Glaubst Du, Du bist mehr wert, nur weil Du ein Mann bist? Bist wohl zu fein, einer Frau zu antworten, was? Wir Frauen haben das gleiche Recht wie Ihr Männer!
Moralist Was ist das nur für eine Mensch!
Kommentarstimme ... bemerkte einer, der sich auf seine Moral viel zugute hielt ...
Moralist Wissen Sie nicht, was Ihre Pflicht ist? Was sich gehört? So ein Verhalten ist unmoralisch!
Kommentarstimme Das war dem Progressiven zu strikt. Er beschwichtigte:
Progressiver Nun, nun ... jeder ist zu ändern. Er hat eben noch nicht den notwendigen Bewußtseinsstand. Ein Opfer der sozio-ökonomischen Verhältnisse.
Frau Jedermann *(zickig)* Er will nicht hören! Also unsereins ...
Pastor Das Gebot der Nächstenliebe gilt auch für Dich, mein Sohn. Liebe Deinen Nächsten, dann sollst Du aufgehen in die Christenheit.
Moralist: Liebe die ganze Menschheit! Liebe die Idee des vollkommenen Menschen!

33

KOMMENTARSTIMME Das forderte der Moralist.
ERZÄHLER Immer mehr und immer heftiger redeten sie auf den Menschen ein. Frau Jedermann, der wertfreie Wissenschaftler, der Progressive, der Pastor, der Arbeiter, die Feministin, der Moralist. Sie alle versuchten, ihn aus seiner Unfreiheit zu befreien.
(Geräuschkulisse: Du mußt, du mußt, du mußt ...)
PROGRESSIVER Du mußt Dich politisieren.
MORALIST Du mußt die Werte erhalten.
PASTOR Du mußt Dich um die Armen und Schwachen kümmern.
FEMINISTIN Du mußt dein chauvinistisches Bewußtsein aufgeben.
FRAU JEDERMANN Da könnte ja jeder kommen.
PROFESSOR Man müßte das genauer hinterfragen.
PROGRESSIVER Die Gesellschaft geht auch Dich etwas an! Sei gesellschaftsrelevant!
MORALIST Unsere Kultur bricht zusammen!
PASTOR Du mußt das Elend verhindern. Nur dann wirst Du in Gottes Himmelreich eingehen.
FEMINISTIN Die Knechtschaft der Frau durch den Mann muß aufgehoben werden.
PROGRESSIVER Du mußt handeln. Du mußt die Gesellschaft verändern!
ARBEITER Geh Du erst mal auf Arbeit! Jede zweite Woche Nachtschicht!
MORALIST Du mußt Dich bessern. Du mußt wollen, daß die Maxime Deines Handelns zum allgemeinen Gesetz erhoben werden kann.
FRAU JEDERMANN Keiner kann sich raushalten. Das geht uns alle an!
PROFESSOR Ein ganz neuer theoretischer Aspekt! Eröffnet neue Perspektiven. Sollte man mal erforschen.
MORALIST Auch Du mußt Dich in das Wertesystem einfügen.
PASTOR Strebe nach dem Heil!

MORALIST Strebe nach dem Ganzen!
PROGRESSIVER Strebe nach dem gesellschaftlichen Fortschritt!
FEMINISTIN Strebe nach der Emanzipation der Geschlechter!
FRAU JEDERMANN Zieh Dich erst mal ordentlich an!

---

1. Setzt das Hörspiel in ein szenisches Spiel um und erfindet weitere Rollen dazu, z. B. einen Ausländerfeind, einen Lehrer, einen Drogensüchtigen! Spielt erneut mit vertauschten Rollen! Wie habt ihr euch dabei gefühlt?

2. Diskutiert mit euren Zuschauern, warum sich die einzelnen Personen so verhalten! Haltet ihr das Geschehen für realistisch?

3. Wieso wird das Verhalten des Taubstummen von allen anders interpretiert? *(Vielleicht ist er auch im übertragenen Sinn taub und stumm, d. h., er versteht die anderen nicht und weiß auf ihr Verhalten – »sprachlos« – nichts zu sagen.)* Welche Haltung nehmen sie ihm gegenüber ein?

4. Wieso weicht jede der Interpretationen der vorgeblichen Wirklichkeit von der tatsächlichen Wirklichkeit ab?

5. Diskutiert den Zusammenhang der Begriffe Erkenntnis und Toleranz in bezug auf Urteile und Vorurteile! Welche deiner Urteile kannst du hinterfragen?

6. Vergleiche die Aussage der nebenstehenden Karikatur mit der Aussage des Hörspiels. Fallen dir weitere Sachverhalte ein, die damit angesprochen werden?

ALLE Wir fordern Dich auf …!
(Straßengeräusche)
FRAU JEDERMANN Der hört einfach nicht!
ALLE *(durcheinander)* Unerhört! Arrogant! Verbockt! Schwein! Dummkopf! Noch nie dagewesen! Das darf ja wohl nicht wahr sein.
ERZÄHLER *(über die Geräuschkulisse)* Da drängt sich einer durch die Menge, der schon eine kriminelle Vergangenheit hat und der selten lange fackelt. Man läßt ihn durch, denn er ist ziemlich kräftig.
EINER, DER KURZEN PROZESS MACHT Einfach eine reinhauen!
FRAU JEDERMANN Sowas lebt unter uns?!
EINER, DER KURZEN PROZEß MACHT Kopf ab, Rübe runter.
ARBEITER Bei Adolf kam so was ins KZ!
ALLE *(durcheinander)* Man muß was tun! So geht's ja nicht! Endlich Konsequenzen ziehen! Kann doch nicht jeder tun, was er will! Wir müssen uns schließlich auch anpassen! Tut denn keiner was? Man müßte die Polizei holen! Nicht immer nach dem Ordnungshüter rufen! Selber handeln! Schluß jetzt!
FEMINISTIN Er zieht ein Messer!
PROFESSOR *(spricht langsam beobachtend)* Er sticht zu!
(Schrei! Geräusche eskalieren mit einem Sirenengeheul und brechen dann abrupt ab. Einen Moment lang Pause.)
ERZÄHLER Plötzlich war der Platz wieder leer. Alle Fensterläden geschlossen. Nur ein Mensch lag da – erstochen. Sein bereitwilliges freundliches Lächeln war erstorben. Am nächsten Morgen konnten die Leute lesen, was in der Zeitung stand: Am gestrigen Morgen wurde ein Mensch auf dem Platz tot aufgefunden. Durch erfolgreiche Ermittlungen der Polizei konnte seine Identität geklärt werden. Ein Tatmotiv lag nicht vor. Der Mensch war von Geburt an taub und stumm.

Thomas Nagel: Woher wissen wir etwas? 1.18

Wenn man recht darüber nachdenkt, so kann man sich nur über das Innere seines eigenen Bewußtseins ganz sicher sein.
Was auch immer man glaubt – ob's Sonne, Mond und Sterne, das Haus oder das Viertel betrifft, in dem man wohnt, oder die Weltgeschichte, die Wissenschaft, andere Leute, ja sogar die Existenz des eigenen Körpers –, es gründet sich auf die eigenen Erlebnisse und Gedanken, Gefühle und Sinneseindrücke. Das ist alles, wonach man sich unmittelbar richtet, ob man das Buch in seinen Händen betrachtet, oder den Boden unter seinen Füßen spürt oder sich daran erinnert, daß Theodor Heuss der erste Bundespräsident war, oder daß Wasser H_2O ist. Alles andere ist weiter von uns weg als unsere inneren Erlebnisse und Gedanken und erreicht uns nur durch sie.
Für gewöhnlich zweifeln wir nicht an der Existenz des Bodens unter unseren Füßen oder des Baumes draußen vor dem Fenster oder unserer eigenen Zähne. Ja, die meiste Zeit denken wir noch nicht einmal an die psychischen Zustände, die uns diese Dinge wahrnehmen lassen, sondern scheinen die Welt direkt wahrzunehmen. Woher wissen wir jedoch, ob es ihre Dinge auch wirklich gibt? Wäre es denn anders für uns, wenn sie *nur* in unserem Bewußtsein existierten – wenn all das, was wir dort draußen für die wirkliche Welt hielten, nichts als eine gigantische Halluzination oder ein Traum wäre, aus dem wir niemals aufwachen werden? Verhielte es sich allerdings so, dann *könnten* wir hier überhaupt nicht wie aus einem Traum aufwachen, denn es

würde nichts anderes bedeuten, als daß es eine »wirkliche« Welt, in die man aufwachen könnte, gar nicht gäbe. Insofern wäre dies eigentlich weder wie ein gewöhnlicher Traum, noch wie eine normale Halluzination. In der Regel denken wir uns Träume so, daß sie sich im Bewußtsein von Menschen ereignen, die tatsächlich in wirklichen Kissen liegen und sich in wirklichen Häusern befinden, auch wenn sie im Traum von einem wildgewordenen Rasenmäher durch die Straßen von Bad Kissingen gejagt werden. Und wir nehmen überdies an, daß gewöhnliche Träume von den Vorgängen abhängig sind, die sich, während er schläft, im Gehirn des Schlafenden abspielen.

Chas Addams

1. Was scheint für Nagel sicher zu sein?
2. Wie beurteilt er Innen- und Außenwelt?
3. Diskutiert in diesem Zusammenhang über Dionne Farris' Song »Reality« (Ende des Buches)! Welche philosophische Haltung kommt darin zum Ausdruck?

Könnten aber nicht unsere Erlebnisse insgesamt einem gigantischen Traum gleichen, außerhalb dessen es eine Außenwelt gar nicht gibt? Wie können wir denn wissen, daß es sich nicht genau so verhält? Wären alle unsere Erlebnisse ein Traum und dort draußen *nichts*, so wäre das gesamte Material, das man herbeizitieren möchte, um sich zu beweisen, daß es eine Außenwelt gibt, ein Teil dieses Traumes. Wir würden vielleicht auf den Tisch klopfen oder uns kneifen, und wir würden das Klopfen hören und das Kneifen spüren; all das würde jedoch schon wieder etwas sein, das wie alles übrige in unserem Bewußtsein vor sich geht. Es ist zwecklos. Wollen wir herausfinden, ob die Inhalte unseres Bewußtseins uns überhaupt darüber unterrichten, was sich außerhalb dieses Bewußtseins befindet, so können wir uns zur Beantwortung dieser Frage nicht darauf stützen, wie uns die Dinge – innerlich – *erscheinen*.

Worauf soll man sich aber dann noch stützen? Jegliches Beweismaterial, ganz gleich wofür, muß durch unser Bewußtsein hindurch – sei's in Gestalt unserer Wahrnehmungen, sei's in Form von Berichten in Büchern, von Aussagen anderer oder von Mitteilungen unseres Gedächtnisses –, und es läßt sich ohne weiteres mit allem, dessen wir uns bewußt werden, vereinbaren, daß außer unseren Bewußtseinsinhalten *überhaupt nichts* existiert.

So ist es sogar möglich, daß wir einen Körper oder ein Gehirn gar nicht haben – schließlich kommt es zu unserem Glauben hieran gleichfalls nur durch das Zeugnis unserer Sinne. Wir haben unser Gehirn nie gesehen – wir nehmen ganz einfach an, daß jeder eines hat –, doch selbst wenn wir es gesehen hätten, oder es zu sehen geglaubt hätten, so wäre dies nichts anderes gewesen, als eine weitere visuelle Wahrnehmung. Vielleicht sind wir selbst, das Subjekt der Erfahrung, das einzige, was es gibt, und eine physikalische Welt existiert überhaupt nicht – es gibt keine Sterne, keine Erde, keine menschlichen Körper. Vielleicht gibt es noch nicht einmal den Raum. Wollte man das Argument anbringen, daß es eine körperliche Außenwelt deshalb geben muß, weil wir die Häuser, Menschen oder Sterne nicht sehen würden, wenn es draußen nicht etwas gäbe, das Licht auf unsere Augen reflektiert und unsere Gesichtswahrnehmung verursacht, so wäre die Antwort klar: Woher weiß man wiederum *dies*? Ist dies nicht erneut eine Aussage über die Außenwelt und unsere Beziehung zu ihr, die sich daher auf das Zeugnis unserer Sinne gründen muß? *Man kann sich jedoch auf diese besonderen Informationen darüber, auf welche Weise visuelle Wahrnehmungen verursacht werden, nur dann stützen, wenn man sich bereits grundsätzlich darauf verlassen kann, daß uns die Inhalte unseres Bewußtseins über die Außenwelt unterrichten. Und genau das wurde oben in Frage gestellt.* Versucht man die Verläßlichkeit seiner Eindrücke im Rückgang auf seine Eindrücke zu beweisen, so argumentiert man im Kreis und gelangt nirgendwohin.

4. _____
Denke über deine Traumerfahrungen nach! Unterscheiden sie sich von deinen anderen Erfahrungen? Wieso bist du sicher, daß du jetzt nicht träumst?

5. _____
Warum bist du überzeugt von der Wirklichkeit deiner Welt? Was gehört zu dieser Welt? Was ist für dich wirklich?

6. _____
Wieso bist du sicher, daß das, was die vorstehende Karikatur zeigt, nicht sein kann (außer im Traum)?

7. _____
Diskutiert die Aussage: »Alles ist relativ.«!

8. _____
Diskutiert Wittgensteins Frage (aus einer Diskussion): »Ist der Ofen weg, wenn ich mich umdrehe? Existieren die Dinge in den Wahrnehmungspausen?«

Karl R. Popper:
Eine Entschuldigung für die Philosophie

1.19

Nach meiner Auffassung ist der größte Skandal der Philosophie, daß, während um uns herum die Natur – und nicht nur sie – zugrunde geht, die Philosophen weiter darüber reden – manchmal gescheit, manchmal nicht –, ob diese Welt existiert. Unter diesen Umständen muß man sich entschuldigen, wenn man Philosoph ist, besonders wenn man (wie ich es, wenn auch nur nebenbei, vorhabe) etwas ausspricht, was eine Trivialität sein sollte, nämlich den *Realismus*, die These, daß die Welt wirklich ist. Welche Entschuldigung habe ich?

Folgende: Wir haben alle unsere Philosophien, ob wir dessen gewahr werden oder nicht, und die taugen nicht viel. Aber ihre Auswirkungen auf unser Handeln und unser Leben sind oft verheerend. Deshalb ist der Versuch notwendig, unsere Philosophien durch Kritik zu verbessern. Das ist meine einzige Entschuldigung dafür, daß es überhaupt noch Philosophie gibt. Wissenschaft, Philosophie, rationales Denken müssen alle beim Alltagsverstand anfangen. Nicht, als ob der Alltagsverstand ein sicherer Ausgangspunkt wäre: der Ausdruck »Alltagsverstand« ist sehr unscharf, einfach deshalb, weil er etwas Undeutliches und Wechselndes bezeichnet – die Instinkte oder Meinungen vieler Menschen, die oft brauchbar oder wahr, oft abwegig oder falsch sind. Wie kann etwas so Unscharfes und Unsicheres wie der Alltagsverstand einen Ausgangspunkt abgeben? Meine Antwort ist: weil wir kein

»Es muß stimmen! Ich habe zwei Zeugen.«

1.
Welches ist nach Popper die Aufgabe und Existenzberechtigung der Philosophie?

2.
Wieso kann man – auf unsicheren Fundamenten bauend – nach Popper trotzdem vorankommen?

3.
Welche Bedeutung hat es für die Wirklichkeit der Wirklichkeit (vgl. Nagel, S. 35), daß Theorien es gestatten, Vorhersagen über künftige Ereignisse zu machen (z. B. Sonnenfinsternisse), die dann auch wirklich eintreffen?

4.
»Der Verrückte, der sich für ein Rührei hält, ist nicht deshalb im Unrecht, weil er in der Minderzahl ist.« (Karl R. Popper)
Wenn wir uns das alle einbilden, wird es dann wahr?
Ist wahre Wirklichkeit eine Sache von Mehrheitsbeschlüssen?
(vgl. obenstehende Karikatur)

5.
Wieso kann das Denken die Bilder, die wir uns von der Welt und unserer Wirklichkeit machen, verbessern?
Versucht in Referaten darzustellen, was die einzelnen Schulfächer zu dieser Entwicklung beitragen können!
Was könnt ihr selbst dazu beisteuern?
Entwerft eine Wandzeitung oder Collagen zu diesem Thema!

sicheres System auf dieser »Grundlage« aufbauen wollen. Jede einzelne der vielen Annahmen des Alltagsverstands – man könnte sie unser Alltags-Hintergrundwissen nennen – läßt sich jederzeit in Frage stellen und kritisieren; oft wird eine mit Erfolg kritisiert und fallengelassen (zum Beispiel die Theorie, die Erde sei flach). In solchen Fällen wird entweder der Alltagsverstand verändert, oder er wird verdrängt durch eine Theorie, die manchen Leuten noch für kürzere oder längere Zeit mehr oder weniger »verrückt« vorkommt. Ist eine solche Theorie nur nach einem langen Studium zu verstehen, so wird sie vielleicht nie in den Alltagsverstand übernommen. Doch auch dann können wir verlangen, man müsse versuchen, dem Ideal möglichst nahezukommen: *alle Wissenschaft und Philosophie ist aufgeklärter Alltagsverstand.*
Wir fangen also an einem undeutlichen Ausgangspunkt an und bauen auf unsichere Fundamente. Aber wir können vorankommen: manchmal lehrt uns Kritik, daß wir unrecht hatten; wir können aus der Erkenntnis unserer Fehler lernen. Das genügt schon: sobald wir konkurrierende Theorien haben, gibt es ein weites Betätigungsfeld für kritische oder rationale Diskussion: wir untersuchen die Konsequenzen der Theorien, und wir suchen besonders nach ihren schwachen Punkten – das heißt, nach Konsequenzen, die wir für falsch halten. Diese kritische oder rationale Diskussion führt manchmal zur klaren Niederlage einer Theorie; öfter legt sie nur die Schwächen beider Theorien bloß und fordert damit zur Aufstellung einer weiteren Theorie auf.
Das Grundproblem der Erkenntnistheorie ist die Klärung und Untersuchung dieses Vorgangs, durch den, wie ich behaupte, unsere Theorien sich entwickeln und verbessern können.

Entfremdung

2
Bin ich *wirklich* ich selbst?

Das Bemühen um Erkenntnis schließt auch das um Selbsterkenntnis ein. Wir leben in einer Gesellschaft, die uns bestimmte Rollen zuweist, in der wir bestimmte Aufgaben zu erfüllen haben und mit anderen Menschen umgehen müssen. Darum sagt Rousseau: »Der Mensch ist frei geboren, doch überall liegt er in Ketten.« Wir sehen uns genötigt, so zu sein, wie man es von uns erwartet und können oft nicht das tun oder sein, was wir wirklich tun oder sein wollen. Da wir nicht allein leben können, sind wir notwendigerweise Anpassungszwängen ausgesetzt. Wir arbeiten, wie man es von uns erwartet, auch wenn wir uns mit dieser Arbeit nicht identifizieren können oder sie als sinnlos empfinden. Wir tragen Masken voreinander, hinter denen wir uns auch verstecken können. Wenn wir uns einmal ohne Maske gegenüberstehen, können wir uns fremd sein, da wir so an die Konventionen unserer Rollen gewöhnt sind.

Was sind unsere wirklich eigenen Bedürfnisse, nicht die, die uns durch Werbung und als Konsumzwang aufgenötigt werden? Wir können uns selbst fremd bleiben, neben uns selbst existieren, ohne unsere eigenen Bedürfnisse kennenzulernen, in einem fremdbestimmten Leben, in dem wir künstlich erzeugte Bedürfnisse ständig zu befriedigen suchen. Das, was MAN tut oder sagt, bestimmt dann unser Denken, und wir vergnügen uns, erleben oder reisen, wie MAN es tut. Da wir so keinen Kontakt zu unserem Ich herstellen können, nicht aus dem Zentrum unserer Person heraus leben, da wir uns nicht kennenlernen, uns den Weg zu unserem Ich verbauen oder ihn verbauen lassen, bleiben wir uns selbst fremd.

Wir führen nicht das Leben, das wir führen wollen (oder führen sollten?), und vielleicht haben wir über ein Gefühl des Unzufriedenseins hinaus noch nicht einmal eine Vorstellung davon, daß es auch anders sein könnte. Menschen, die sich selbst fremd sind, sind auch nicht in der Lage, eine Vorstellung vom Sinn ihres Menschseins zu entwickeln. Sie bleiben sich auch untereinander fremd, können sich in ihrer Individualität nicht erfassen, da sie keinen Zugang zu ihrer eigenen Besonderheit haben.

Das Leben im MAN ist zwar bequem, da es, wie Heidegger sagt, von Verantwortung entlastet. Doch ein Mensch, der neben sich selbst herlebt und nicht über sich selbst und seine Wünsche an das Leben nachdenkt, wird nie aus sich selbst heraus handeln können.

Wenn er sich von den gesellschaftlichen Zwängen und Rollenerwartungen, von Medien und Werbung manipulieren läßt, wird er zum Objekt, »verdinglicht«, wie Marcuse sagt, und verlernt das eigene Denken. Den Weg zum eigenen Selbst zu suchen bedeutet also, sich seiner Abhängigkeiten und ihrer Notwendigkeit bewußt zu werden, um sich dann so weit wie möglich von ihnen lösen zu können.

Das ist ein erster Schritt aus einer entfremdeten Existenz zu unserem eigentlichen Sein, in dem wir wirklich Verantwortung für uns selbst tragen können. Neugierig können wir es dann wagen, uns selbst ins Gesicht zu sehen, wie es Gisela Breitling in ihrem Bild »Alice hinter den Spiegeln« (Bildteil, S. 5) darstellt.

2.1 Friedrich Nietzsche:
Jeder ist sich selbst der Fernste

M. C. Escher:
Hand mit spiegelnder Kugel

Wir sind uns unbekannt, wir Erkennenden, wir selbst uns selbst: das hat einen guten Grund. Wir haben nie nach uns gesucht, – wie sollte das geschehen, daß wir eines Tages uns *fänden*? Mit Recht hat man gesagt: »wo euer Schatz ist, da ist auch euer Herz«; *unser* Schatz ist, wo die Bienenkörbe unserer Erkenntnis stehen. Wir sind immer dazu unterwegs, als geborene Flügeltiere und Honigsammler des Geistes, wir kümmern uns von Herzen eigentlich nur um Eins – etwas »heimzubringen«. Was das Leben sonst, die sogenannten »Erlebnisse« angeht, – wer von uns hat dafür auch nur Ernst genug? Oder Zeit genug? Bei solchen Sachen waren wir, fürchte ich, nie recht »bei der Sache«: wir haben eben unser Herz nicht dort – und nicht einmal unser Ohr! Vielmehr wie ein Göttlich-Zerstreuter und In-sich-Versenkter, dem die Glocke eben mit aller Macht ihre zwölf Schläge des Mittags ins Ohr gedröhnt hat, mit einem Male aufwacht und sich fragt, »was hat es da eigentlich geschlagen?«, so reiben auch wir uns mitunter *hinterdrein* die Ohren und fragen, ganz erstaunt, ganz betreten, »was haben wir da eigentlich erlebt?« mehr noch, »wer *sind* wir eigentlich?« und zählen nach, hinterdrein, wie gesagt, alle die zitternden zwölf Glockenschläge unseres Erlebnisses, unseres Lebens, unseres *Seins* – ach! und verzählen uns dabei ... Wir bleiben uns eben notwendig fremd, wir verstehn uns nicht, wir *müssen* uns verwechseln, für uns heißt der Satz in alle Ewigkeit »Jeder ist sich selbst der Fernste«, – für uns sind wir keine »Erkennenden« ...

1. Welche Auffassung vertritt Nietzsche in bezug auf Selbsterkenntnis?
2. Welche Hindernisse stehen ihr nach Nietzsche entgegen?
3. Bist du seiner Meinung?
4. Wieso können Bilder und auch Selbstbildnisse verzerrt sein (vgl. nebenstehendes Bild)? Wieso sind Fotos von dir selber dir oft fremder als dein Spiegelbild? Erkennst du dich selbst in deinem Spiegelbild? (Vgl. Breitlings »Alice hinter den Spiegeln« im Bildteil, S. 5!) Wie spiegeln dir andere dein Bild zurück?

2.2 Robert M. Pirsig:
Menschen als Spiegel

Jeder Mensch, dem du begegnest, ist ein anderer Spiegel. Und da du selbst ein Mensch wie sie bist, bist du vielleicht auch nur ein Spiegel, und du wirst nie wissen, ob die Art, in der du dich selbst siehst, nicht nur eine Verzerrung ist. Vielleicht ist alles, was du je siehst, nichts als Spiegelung. Vielleicht sind Spiegel alles, was du je zu sehen bekommst. Zuerst die Spiegel deiner Eltern, dann die deiner Freunde und Lehrer, dann die deiner Chefs und dann die der Amtsträger, der Priester und Geistlichen, vielleicht auch des Schriftstellers und Maler, denen du begegnest. Es ist ihr Beruf, Spiegel hochzuhalten.
Aber was alle diese Spiegel ausrichtet, ist die Kultur: der Riese, die Götter. Und wenn du versuchst, dich gegen diese Kultur zu stellen, beginnt sie, Bilder

1. Akzeptierst du die Bilder, die andere von dir haben? Versteckst du dich dahinter? Warum? (Vgl. noch einmal Breitlings Bild im Bildteil, S. 5!)
2. In Eugene O'Neills Stück »Der große Gott Brown« verstecken sich die Menschen hinter Masken und erkennen sich ohne diese Masken nicht.

zu spiegeln, die dich zerstören, oder entzieht dir die Spiegel und zerstört dich dadurch. Phaidros erkannte, daß Ruhm zu einer Art Spiegelnarkose führen kann, bei der man immer mehr Spiegelbilder braucht, um sich selbst bestätigen zu können. Die Spiegel beginnen dein Leben zu bestimmen, und bald weißt du nicht mehr, *wer* du bist. Dann beherrscht die Kultur dich, und wenn sie dir die Spiegel fortnimmt und die Öffentlichkeit dich vergißt, beginnen sich Entzugserscheinungen bemerkbar zu machen. Und dann sitzt du da, in der Zen-Hölle des Ruhms ...
Hemingway mit seinen Depressionen und Presley, vollgepumpt mit verschreibungspflichtigen Tabletten. Die unendlich traurige Vermarktung Marilyn Monroes. Oder Dutzender anderer. Offensichtlich war es der Ruhm, der das anrichtete, die Spiegel der »Götter«.

Versucht, das Stück in eigene Worte umzusetzen, spielt und diskutiert es danach!
3.
Tauscht die Rollen und berichtet von den unterschiedlichen Gefühlen beim Spielen! Welche Masken oder Rollen erkennst du in deinem Leben? Fühlst du dich davon abhängig?

Hermann Hesse:
Der Wolf im Spiegel

2.3

Zu Tode erschrocken lief ich durch den Korridor, an den Türen vorbei, stand plötzlich dem riesigen Spiegel gegenüber, blickte hinein. Im Spiegel stand, hoch wie ich, ein riesiger schöner Wolf, stand still, blitzte scheu aus unruhigen Augen. Flackernd blinzelte er mich an, lachte ein wenig, daß die Lefzen sich einen Augenblick trennten und die rote Zunge zu sehen war ...
Nochmals blickte ich in den Spiegel. Ich war toll gewesen. Kein Wolf stand hinter dem hohen Glas und rollte die Zunge im Maul. Im Spiegel stand ich, stand Harry, mit grauem Gesicht, von allen Spielen verlassen, von allen Lastern ermüdet, scheußlich bleich, aber immerhin ein Mensch, immerhin jemand, mit dem man reden konnte.
»Harry«, sagte ich, »was tust du da?«
»Nichts«, sagte der Spiegel, »ich warte nur. Ich warte auf den Tod.«

Francisco de Goya:
Galan und Affe

1.
Welcher Täuschung unterliegt der »Steppenwolf« Harry? Hast du dich im Traum schon in ein Tier verwandelt?
2.
Welches Tier wärst du gerne und weshalb?
Überlege, welche Aussage über deine Existenz darin liegt!
3.
Versuche anhand des Bildes, Goyas Wertung eines »Galans« zu erklären!

Ernst Bloch:
Was einem heute der Spiegel erzählt

2.4

Schlank sein
Keinen Blick auf sich werfen, das ist etwas. Aber für den kleinen angestellten Mann heißt es gewöhnlich nur, zu Ende zu sein. Ist er das noch nicht und will er nicht dazu kommen, dann muß sich der Bewerber als adrett bewußt sein und als so bekleidet.
Zum Ankleiden gehört ein Spiegel, mit den Augen seines Herrn sieht sich der Bedrohte an. Mit den Augen, wie der Boß ihn wünscht, wenn er auf seine

Angestellten sich verlassen will. Zwar glaubt der Gespiegelte sich zu sehen, wie er sich selber zu sehen, selber zu sein wünscht, ja, auch der notgedrungen Gespiegelte glaubt das, kurz vor seinem Auftritt unter Menschen, im Geschäft. Das Gesicht legt sich nun so glatt wie möglich, der Angestellte will so schlank, so faltenlos sein wie sein Kleid und hält sich danach. Er setzt sich damit in Vorteil, aber in jenen, den die wirklichen Herrn von dem kleinen Mann haben. Also wirft ihn das Glas nicht einmal zurück, wie er sich selber wünscht, sondern eben wie er gewünscht wird. Dergleichen ist genormt gleich den Handschuhen im Laden, gleich dem Ladenlächeln des Verkäufers, das zum allgemeinen und vorgeschriebenen geworden ist. Unter Angst und Öde lächeln, das ist jetzt das amerikanische Zeichen der Herren, die keine sind. Gewollt ist damit, sie sollen sich gleichen wie ein Ei dem anderen, und lauter Hühner kriechen aus.

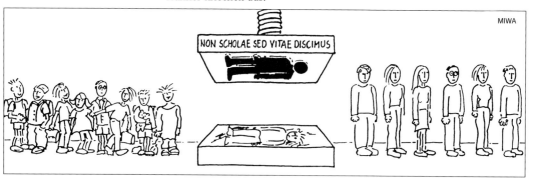

Stark im Ducken

Wer sich zum Kauf anbietet, hat zu gefallen. Das Mädchen, wie es sein soll, der junge Mann, wie er sich halten soll, sie werden deshalb auch draußen vorgeführt. Wie die herrschende Schicht das braucht, bei Strafe ihres Untergangs.

Das Weibliche an der angestellten Person besteht aus Rosa, das Männliche aus Wachs (muß aber patent sein). Beide ganz dabeizuhalten, dazu also hängt ein Spiegel auch auf der Straße, in jeder Öffentlichkeit, es hängen ihrer viele, auf Schritt und Tritt. Die Auslage spiegelt und vermehrt dadurch, was im Käufer vorgehen sollte, was er kleinbürgerlich sein möchte, damit er kauft. Der übliche Lese- und Filmstoff des Westens liefert viele solche Bilder des erwünschten Wohlverhaltens, des fruchtlosen Scheins. Betrügerische Wegweiser sind hier aufgestellt: zum tanzenden Arbeitstier, zur Reise des Angeketteten, zur Glanzehe des Verschnittenen. Alles in der Art Lüge, die süß und wiederum unmöglich genug sein muß, um zu berauschen und doch im Geschirr zu halten. Ein wirklicher Ausweg aus der Öde scheint der Sport; echte Wünsche fühlen sich hier im Start; Wettbewerb, für kleine Leute fast ausgestorben, hat Zuflucht. Aber das Feld ist schmal, das Vorwärtskommen Spielform, der Ernst bleibt unbewegt, der Schwimmer verbessert Rekorde nur im Wasser, der Boß aber im Profit. Freilich: ganz andere Spitzenleistungen kämen heraus, würde der Erste im Dulden, der Starke im Ducken, der Champion im Herunterschlucken, in guter Miene zum bösen Spiel ausgezeichnet. Der Boxer steht im Ring, gibt Saures, aber der beste Nehmer steht vor den Seilen, als Zuschauer. Ist der wahre Meister im Empfang von Kinnhaken, im Aufstehen, wenn die Glocke tönt. So vor allem gefällt er denen, die das getäuschte Stehaufmännchen bei der Stange halten.

---

1. Wie sieht Bloch den »Vorschein« des normalen Bürgers?
2. Welche Rolle spielen gesellschaftliche Zwänge dabei?
3. Welche seiner Aussagen hältst du für ironisch, welche für zynisch? Stimmst du ihm zu? Begründe!

Karl Marx:
Die entfremdete Arbeit

2.5

Worin besteht nun die Entäußerung der Arbeit?
Erstens, daß die Arbeit dem Arbeiter äußerlich ist, d.h. nicht zu seinem Wesen gehört, daß er sich daher in seiner Arbeit nicht bejaht, sondern verneint, nicht wohl, sondern unglücklich fühlt, keine freie physische und geistige Energie entwickelt, sondern eine Physis abkasteit und seinen Geist ruiniert. Der Arbeiter fühlt sich daher erst außer der Arbeit bei sich und in der Arbeit außer sich. Zu Hause ist er, wenn er nicht arbeitet, und wenn er arbeitet, ist er nicht zu Hause. Seine Arbeit ist daher nicht freiwillig, sondern gezwungen, Zwangsarbeit. Sie ist daher nicht die Befriedigung eines Bedürfnisses, sondern sie ist nur ein Mittel, um Bedürfnisse außer ihr zu befriedigen. Ihre Fremdheit tritt darin rein hervor, daß, sobald kein physischer oder sonstiger Zwang existiert, die Arbeit als eine Pest geflohen wird. Die äußerliche Arbeit, die Arbeit, in welcher der Mensch sich entäußert, ist eine Arbeit der Selbstaufopferung, der Kasteiung. Endlich erscheint die Äußerlichkeit der Arbeit für den Arbeiter darin, daß sie nicht sein eigen, sondern eines anderen ist, daß sie ihm nicht gehört, daß er in ihr nicht sich selbst, sondern einem anderen angehört. Sie gehört einem anderen, sie ist der Verlust seiner selbst. Es kommt daher zum Resultat, daß der Mensch (der Arbeiter) nur mehr in seinen tierischen Funktionen, Essen, Trinken und Zeugen, höchstens noch Wohnung, Schmuck etc., sich als freitätig fühlt und in seinen menschlichen Funktionen nur mehr als Tier. Das Tierische wird das Menschliche und das Menschliche das Tierische.

Ivan Steiger

1. Seht Euch Charlie Chaplins Film »Moderne Zeiten« an! Wie hat der genormte Mensch hier auszusehen?
2. Welches sind die Anforderungen der Arbeitswelt im Film? Wie wirkt die Art der Arbeit auf den Menschen zurück?
3. Informiere dich über den Mythos des Sisyphos! Beurteile den Sinn seiner Arbeit! Findest du Bezüge zu deinen eigenen Erfahrungen?
4. Wie sieht Marx die Rolle der Arbeit im menschlichen Leben?
5. Welche Formen fremdbestimmter Arbeit kennst du, welche Formen von Arbeit aus Eigeninteresse?
6. Kennst du Menschen, die in ihrer Arbeit aufgehen und sich mit ihr identifizieren?
7. Welche Zwänge siehst du im Arbeitsleben? In deinem Leben? Wovon bist du abhängig, wovon willst du nicht abhängig sein? (Vgl. nebenstehende Karikatur!)

Martin Buber:
Das vergebliche Suchen

2.6

Rabbi Chanoch erzählte: »Es gab einmal einen Toren, den man den Golem nannte, so töricht war er. Am Morgen beim Aufstehen fiel es ihm immer so schwer, seine Kleider zusammenzusuchen, daß er am Abend, dran denkend, oft Scheu trug, schlafen zu gehen. Eines Abends faßte er sich schließlich ein Herz, nahm Zettel und Stift zur Hand und verzeichnete beim Auskleiden, wo er jedes Stück hinlegte. Am Morgen zog er wohlgemut den Zettel hervor und las: »Die Mütze« – hier war sie, er setzte sie auf, »die Hosen«, da lagen sie, er fuhr hinein, und so fort, bis er alles anhatte.
»Ja aber, wo bin ich denn?« fragte er sich nun ganz bang, »wo bin ich geblieben?« Umsonst suchte und suchte er, er konnte sich nicht finden. – »So geht es uns«, sagte der Rabbi.

1. Welche Beziehung siehst du zwischen deiner Kleidung und deiner Identität?
2. Welche Einflüsse wirken auf dich, wenn du deine Kleidung auswählst?
3. Kannst du dir dein Ich unabhängig von äußeren Einflüssen vorstellen? (Vgl. obenstehende Karikatur!)

2.7 Christian Garve: Mode und Identität

1.
Wie beurteilst du Garves Wertung von Moden (Kleidung, Wohnung, Lebensart)? Hältst du es für möglich, daß man einen individuellen Geschmack entwickeln kann? Beobachte im Kreis deiner Freunde!

2.
Kannst du deine Identität unabhängig von Moden definieren?

3.
»Auf sich selbst hören zu können, ist eine Vorbedingung dafür, daß man auf andere hören kann; bei sich selbst zu Hause zu sein ist die notwendige Voraussetzung, damit man sich zu anderen in Beziehung setzen kann.«
Diskutiert dieses Zitat von Erich Fromm und überlegt, ob und wie ihr euch helfen könnt, es umzusetzen! Wie kann man lernen, wirklich »bei sich« zu sein? Denkt über Magrittes Bild »Die Liebenden« (Bildteil, S. 3) nach.

In jeder enger verbundenen Gesellschaft entsteht unter den Gliedern derselben außer der Gleichförmigkeit, welche die Natur hervorgebracht hat ... auch noch eine neue, durch Nachahmung. Diese Nachahmung ist zum Teil unwillkürlich. Personen, die täglich miteinander umgehen, nähern sich einander unvermerkt. Jeder verliert gewisse Eigenheiten, und nimmt einige Eigenschaften anderer an. So vereinigen sich alle zuletzt in gewissen mittleren und gemischten Charakterzügen, wodurch eben die Sitten dieser Gesellschaft bestimmt werden. Eine andere Art der Nachahmung ist absichtlich. Viele bemühen sich, einem, den sie für vortrefflich halten, ähnlich zu werden, weil sie dadurch ihren eigenen Wert zu erhöhen hoffen. Demzufolge können wir die Mode so erklären, daß sie die zu jeder Zeit herrschende Meinung von dem Schönen und Anständigen in kleineren Sachen ist, ...

Daß es Moden unter den Menschen gibt, ist eine Folge ihrer geselligen Natur. Sie wollen einander gleichförmig sein: weil sie miteinander verbunden sein wollen. Jede in die Augen fallende Unähnlichkeit in Kleidung, Wohnung und Lebensart ist ein Abstand, der die Zuneigung verhindert und der vertraulichen Mitteilung der Ideen im Wege steht. – Wenn Menschen einander einmal so nahe sind, daß sie miteinander gemeinschaftlich handeln oder sich in Gesellschaft miteinander vergnügen: so ist es ebensowohl eine natürliche Folge ihrer Gesinnung gegeneinander als eine unwillkürliche Wirkung ihres Beisammenseins, daß sie einander ähnlich zu werden streben. Und diese Gleichförmigkeit, wenn sie in einer Gesellschaft einmal erreicht ist, wird für jedes neue Glied, das in dieselbe aufgenommen werden oder in ihr mit Ehren und Vergnügen auftreten will, eine Regel.

2.8 Erich Fromm: Entfremdung – Vom Alten Testament bis zur Gegenwart

Mit Entfremdung ist eine Erlebnisweise gemeint, bei der der Mensch sich selbst als einen Fremden empfindet. Er ist, so könnte man sagen, sich selbst entfremdet. Er erlebt sich nicht selber als den Mittelpunkt seiner Welt, als den Urheber seiner eigenen Taten – vielmehr sind seine Handlungen und ihre Folgen seine Herren geworden, denen er gehorsam ist. Die entfremdete Person ist außer Fühlung mit sich selbst und ebenso mit allen andern Menschen. Sie erlebt sich und andre, wie man Dinge erlebt, mit den Sinnen und mit dem Verstand, aber zugleich ohne eine fruchtbare Beziehung zu sich selber oder zur Umwelt. Nun ist zwar dieser Gebrauch des Wortes »Entfremdung« neueren Datums, aber der zugrunde liegende Begriff ist weit älter.

Der Mensch verwendet seine Energie, sein künstlerisches Können daran, ein Idol zu bilden, und dann betet er diesen Abgott an, der doch nichts andres ist als das Gebilde seiner Hände. Seine Lebenskräfte sind in ein »Ding« eingeströmt, und dieses Ding, zum Idol geworden, wird nicht als das Ergebnis der eigenen, schöpferischen Anstrengung erlebt, sondern als etwas außer ihm, dem Menschen, als über ihm, ja gegen ihn. Er empfindet sich nicht selber als eine Mitte, von der lebendige Taten der Liebe und der Vernunft ausstrahlen. Er wird ein Ding, sein Nächster wird ihm ein Ding, wie seine Götter Dinge sind. Wir können von Abgötterei oder Entfremdung nicht nur in der

Beziehung zu andern sprechen: vielmehr gibt es das auch in der Beziehung zum eigenen Ich, wenn ein Mensch irrationalen Leidenschaften unterworfen ist. Wenn jemand hauptsächlich durch Machtbegierde angetrieben ist, dann empfindet er sich selber nicht mehr in der Fülle und der Begrenzung eines menschlichen Wesens: er wird der Sklave eines Teil-Strebens seines Innern, das er auf äußere Ziele richtet, von denen er »besessen« ist.

Ein Mensch, der sich ausschließlich seiner Geldsucht hingibt, wird von ihr »besessen«: das Geld ist zum Götzen geworden.

In diesem Sinne ist der Neurotiker eine sich selbst entfremdete Person. Seine Handlungen sind nicht wirklich die seinen: er lebt in der Illusion, das zu tun, was er will; in Wahrheit wird er angetrieben von Kräften, die sich von seinem Selbst getrennt haben und hinter seinem Rücken arbeiten. Er ist sich selber ein Fremder, genau wie sein Nächster ihm fremd ist. Er erlebt den andern und sich selbst nicht als die, die sie in Wirklichkeit sind, sondern verzerrt durch die unbewußt wirkenden Kräfte. Der Geisteskranke ist der *absolut sich selbst entfremdete Mensch*. Er hat sein Ich als Mittelpunkt seiner Erfahrungen völlig verloren und damit das Gefühl seiner selbst.

Die Entfremdung, wie wir sie in der modernen Gesellschaft finden, ist beinahe total. Sie durchdringt die Beziehung des Menschen zu seiner Arbeit, zu den Dingen, die er verbraucht, zu seinen Mitmenschen und zu sich selbst. Der Mensch hat eine Welt von Dingen aus Menschenhand geschaffen, wie es sie niemals vorher gegeben hat. Er hat eine komplizierte Gesellschaftsmaschinerie errichtet, um den von ihm aufgebauten technischen Apparat zu verwalten. Dennoch steht diese, seine eigene Schöpfung hoch über ihm. Er empfindet sich nicht als ihren Urheber und Mittelpunkt, sondern als den Diener eines Golem, den seine Hände erschaffen haben. Je gewaltiger und riesenhafter die Mächte sind, die er entfesselt, desto ohnmächtiger fühlt er sich selbst als menschliches Wesen. Seine eigene Schöpfung besitzt ihn, während er den Besitz seiner selbst verloren hat. Er hat sich ein goldenes Kalb geschaffen und sagt: »Dies sind die Götter, die euch aus Ägypten geführt haben.«

Das Leben wird erdrosselt: Verlangen nach Selbstkontrolle, schöpferisches Tun, Wißbegier und unabhängiges Denken werden erstickt, und das Ergebnis – das unvermeidliche Ergebnis – ist Flucht oder Kampf auf seiten des Arbeiters, Abstumpfung oder Zerstörungsdrang – psychische Regression.«

Aber abgesehen von der Methode des Erwerbs, wie gebrauchen wir die Dinge, nachdem wir sie erworben haben? Für manches geben wir uns nicht einmal den Anschein, als machten wir Gebrauch davon. Wir erwerben sie, um sie zu *haben*. Wir sind befriedigt von nutzlosem Besitz. Das kostbare Porzellan-Service oder die Kristallvase, die wir nie gebrauchen, aus Furcht, sie könnten zerbrechen; das Herrenhaus mit soundsovielen unbewohnten Zimmern; die unnötigen Wagen oder die zu große Dienerschaft wie die häßlichen Souvenir- »Nippessachen« in den Familien des unteren Mittelstands – all die sind Beispiele für die Freude am Besitz als solchem ohne Gebrauch. Dies ändert jedoch nichts an der Tatsache, daß auch bei der Freude an den Dingen

1.
Welche Bedeutung hat der Begriff »Entfremdung« bei Fromm?
Wie beschreibt er Gesellschaften, von der des Alten Testaments bis hin zur Gegenwart?
2.
Welche »Idole« hat unsere Gesellschaft deiner Meinung nach?
Wie beurteilst du sie?

1. Wie sieht Fromm den Prozeß der Arbeit? (Vgl. mit Marx, S. 43!)
2. Welche entfremdete Beziehung zu den Dingen haben wir seiner Meinung nach?
3. Weshalb brauchen wir welche Produkte? (Vgl. mit deiner Lebenswelt!)
4. Wieso haben wir uns unseren Lebensgrundlagen entfremdet?
5. Wie gebrauchen wir die Dinge, die uns umgeben? Weshalb wird der Mensch nach Fromms Ansicht »gebrauchshungrig«?
6. Gibst du Fromm recht? Begründe deine Antwort!
7. »Arm im Geiste werden« (vgl. Bergpredigt) und Loslösung vom »kleinen Ich« im Nirwana (im Buddhismus) sind nach Fromm (»Haben oder Sein«) wesentliche Formen, gegen das »Habenwollen« zu sich selbst zu gelangen. Wie beurteilst du diese Gebote? Hältst du sie für praktikabel?

Differenz von Sein und Sollen

zum wirklichen Gebrauch die Befriedigung des Prestige-Bedürfnisses ein wesentlicher Faktor ist. Der Wagen, der Kühlschrank, der Fernsehapparat sind für praktischen Gebrauch da, aber auch zur Hebung des Ansehens der Besitzer. Sie sprechen für ihren gesellschaftlichen Rang. Welchen Nutzen ziehen wir aus den Dingen, die wir erwerben?

Beginnen wir mit Essen und Trinken. Wir wählen Brot ohne Geschmack und ohne Nährwert, weil es unsere Vorstellung von Reichtum und Vornehmheit befriedigt, so weiß und »frisch« wie es ist. Tatsächlich verzehren wir ein Phantasieprodukt und haben darüber den Kontakt mit der Eßware verloren. Unser Gaumen, unser Körper werden aus dem Akt des Verbrauchs, der sie in erster Linie angeht, ausgeschaltet. Wir trinken Etiketten. Mit der Flasche Coca-Cola nehmen wir das Bild des hübschen Jungen oder Mädchens ein, die wir auf dem Werbeplakat trinken sehen, oder das Schlagwort »Die erfrischende Pause« oder »Die große amerikanische Gewohnheit«; am allerwenigsten genießen wir mit unserem Gaumen. All dies ist noch schlimmer, wenn wir zu den Dingen kommen, deren ganze Wirklichkeit in der Vorspiegelung besteht, welche die Werbekampagne geschaffen hat, wie die »gesunde« Seife oder Zahnpasta.

Der Prozeß der Konsumtion sollte ein sinnvolles, menschliches, produktives Erlebnis bedeuten. In unserer Gesellschaft ist davon wenig zu spüren. Konsumieren dient lediglich der Befriedigung von künstlich hervorgerufenen Phantasien – ein Vorgang, der unserem wirklichen, konkreten Ich entfremdet ist.

Noch ein anderer Aspekt der Entfremdung von den Dingen, die wir konsumieren, muß erwähnt werden. Wir sind umgeben von Gegenständen, deren Natur und Herkunft uns unbekannt ist. Telephon, Radio, Grammophon und alle anderen komplizierten Apparate sind für uns fast ebenso geheimnisvoll, wie sie es für einen Menschen aus einer primitiven Kultur wären. Wir verstehen sie zu benutzen, das will sagen, wir wissen, welchen Knopf wir zu drehen haben, aber wir wissen nicht, nach welchem Prinzip sie funktionieren, außer vielleicht auf ganz unbestimmte Weise in Erinnerung an etwas, was wir in der Schule gelernt haben. Sogar Dinge, die nicht auf schwierigen wissenschaftlichen Grundsätzen beruhen, sind uns beinahe ebenso fremd. Wir wissen nicht, wie Brot gebacken, wie Tuch gewoben, wie ein Tisch gezimmert oder Glas hergestellt wird. Wir verbrauchen, wie wir produzieren, ohne die geringste konkrete Beziehung zu den Dingen, mit denen wir es zu tun haben. Wir leben in einer Welt von Sachen, und unsere einzige Beziehung zu ihnen besteht darin, daß wir sie zu manipulieren und zu benutzen verstehen.

Unsere Art des Verbrauchs hat zur Folge, daß wir nie zufrieden sind, denn es ist ja nicht unsere wirkliche, konkrete Person, die ein reales, konkretes Ding verbraucht. So entwickeln wir ein unaufhörliches Verlangen nach mehr Dingen, nach mehr Verbrauch ... Mit der Masse der Gegenstände wächst daher das Reich der fremden Wesen, denen der Mensch

Jean-Jaques Sempé

unterjocht ist, und jedes neue Produkt ist eine neue Potenz des wechselseitigen Betrugs und der wechselseitigen Ausplünderung.
Der Mensch von heute ist fasziniert von der Möglichkeit, immer mehr, immer bessere und vor allem neue Dinge zu kaufen. Er ist verbrauchshungrig. Kaufen und Verbrauchen ist zu einem zwanghaften, irrationalen Ziel geworden, zum Selbstzweck mit nur geringer Beziehung auf die Nützlichkeit oder Erfreulichkeit der gekauften und verbrauchten Dinge. Das neueste Gerät, das jüngste Modell von irgend etwas auf dem Markt ist jedermanns Traum: die wahre Freude am Gebrauch ist im Vergleich dazu sehr geringfügig.
Die entfremdete Haltung dem Verbrauch gegenüber besteht nicht nur hinsichtlich Erwerb und Verbrauch von Waren, sie bestimmt auch weit darüber hinaus die Verwendung unserer Freizeit. In Wirklichkeit ist er nicht frei, »seine« Muße zu gestalten; ihr Verbrauch wird ebenso von der Industrie geprägt wie die Gebrauchsartikel, die er kauft; sein Geschmack wird manipuliert, erwünscht zu sehen und zu hören, was zu wünschen ihm eingeblasen wird. Die Vergnügungsindustrie ist ein Geschäft wie jedes andre, dem Kunden wird suggeriert, was er zu kaufen hat, genau wie bei Kleidern und Schuhen. Der Wert des Vergnügens richtet sich nach dem Erfolg auf dem Markt und nicht nach irgend etwas mit menschlichen Maßen Gemessenem.
Bei jeder produktiven und spontanen Tätigkeit geht etwas in mir vor; während ich lese, eine Landschaft betrachte, mit Freunden rede, und so weiter, und so weiter. Ich bin nach einem solchen Erlebnis nicht derselbe wie vorher. Bei der entfremdeten Form des Vergnügens geschieht nichts in mir; nichts hat sich in mir gewandelt, und alles, was bleibt, ist die Erinnerung, was ich gemacht habe. Eines der markantesten Beispiele für diese Art der »Vergnügen-Konsumtion« ist die Gewohnheit, Blitzaufnahmen zu machen, die einer der verbreitetsten »Zeitvertreibe« geworden ist. Das Schlagwort der Kodak-Gesellschaft: »Drücken Sie auf den Knopf, wir besorgen den Rest«, das seit 1889 so viel geholfen hat, das Photographieren in der ganzen Welt populär zu machen, ist symbolisch. Es war eine der frühesten Formen vom Ansprechen des Druckknopf-Machtgefühls. Du tust nichts, du brauchst nichts davon zu verstehen, alles wird für dich erledigt, du hast nichts zu tun, als auf den Knopf zu drücken. In der Tat ist das Aufnehmen von Snapshots eine der bedeutungsvollsten Ausdrucksformen für die entfremdete visuelle Wahrnehmung geworden, nämlich die des bloßen Verbrauchs. Der »Tourist« mit dem Photoapparat ist ein treffliches Symbol für die entfremdete Beziehung zur Welt. Wer fortwährend damit beschäftigt ist, Bilder aufzunehmen, sieht in Wirklichkeit überhaupt nichts, ausgenommen durch das Medium der Kamera. Sie sieht für ihn, und das Ergebnis seiner »Vergnügungsreise« ist eine Sammlung von Momentaufnahmen, die den Ersatz bilden für das Erlebnis, das er hätte haben können, aber faktisch nicht gehabt hat.
Der Mensch ist nicht nur seiner eigenen Arbeit und den Dingen und Vergnügungen, die er verzehrt, entfremdet: auch den sozialen Kräften, die unsere Gesellschaft und das Leben aller, die ihr angehören, bestimmen, steht er fremd gegenüber. Unser privater Umgang mit den Mitmenschen ist vom Prinzip des

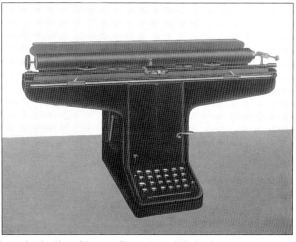

Konrad Klapheck:
Athletisches Selbstbildnis

1.
Nach Marcuse (»Der eindimensionale Mensch«, S. 25) erkennen »die Menschen sich in ihren Waren wieder: sie finden ihre Seele in ihrem Auto, ihrem HiFi-Empfänger, ihrem Küchengerät.« Marcuse bezeichnet diese Art von Entfremdung als »Verdinglichung« des Menschen.
Vergleiche mit Fromms Aussagen! (Vgl. auch mit Klaphecks »Selbstbildnis«!)
2.
Welches Freizeitverhalten beschreibt Fromm? Stimmst du mit ihm überein? Teilst du z. B. seine Wertung des Fotografierens? Denke darüber nach, wie du deine Freizeit gestaltest!
3.
Überprüfe, wie sehr du dich in der Klasse egoistisch oder im Interesse der Gemeinschaft verhältst! Welche Motive leiten dich dabei?

47

Egoismus beherrscht: »Jeder für sich, Gott für uns alle!«, in schreiendem Widerspruch zur christlichen Lehre. Die Motive des Individuums entstammen dem egoistischen Interesse und nicht der Solidarität mit dem Mitmenschen und der Nächstenliebe ...
Und doch ist der Mensch ein soziales Wesen mit einem tiefen Bedürfnis zu teilen, zu helfen, sich als Glied einer Gruppe zu fühlen.

2.9 Hans M. Enzensberger: Eine Theorie des Tourismus

Die Befreiung von der industriellen Welt hat sich selber als Industrie etabliert, die Reise aus der Warenwelt ist ihrerseits zur Ware geworden. Die Normung der Reiseziele beginnt schon mit der Erfindung des Reiseführers. Murrays Red Book von 1836 leitet den Touristenstrom bereits in vorgegebene Kanäle. Dieser Steuerung unterwirft sich der Reisende zunächst noch freiwillig. Er wird durch das Buch zwar psychisch, aber noch nicht physisch konditioniert. Das genormte Grundelement der Reise ist die *sight*, die Sehenswürdigkeit; sie wird nach ihrem Wert durch einen, zwei oder drei Sterne klassifiziert. Nimmt der Tourist mit Hilfe seine Handbuchs das antike Rom als einen Zoo der Geschichte, in dem er den Bestien der Historie gefahrlos und ungestraft ins Auge blicken darf, so wird ihm die Landschaft, wo der Doppelstern seiner Vorschrift sie auszeichnet, zum Gegenstand musealer Betrachtung. Heute arrangiert ihm sein Reisebüro Büffeljagden in Afrika, Tiger-Shikars in Indien und Elchjagen in Lappland. Auf der Photo-Safari zur Etoschapfanne erläutert der Zoologieprofessor die *sights* der Natur, vor den Teilnehmern eines 24tägigen Afrikafluges tanzen Watussis und Lippenpflockneger, kommentiert von rührenden Ethnologen; ihre Zuhörer lauschen andächtig wie dem kunsthistorischen Kollegen in den Uffizien die hurtig eingeflogenen College-Girls.

»Der berühmte Zeus-Tempel. Soll ich wieder alle Apparate auslösen?«

In unseren Tagen übersteigt die Nachfrage nach Sehenswürdigkeiten das Angebot. Hielt sich das vergangene Jahrhundert noch an den Fundus, den Museum und Tiergarten voraussetzen, so produziert das unsere synthetische Sehenswürdigkeiten nach Bedarf. Vom Festival bis zum imitierten Lappenzelt wird für den Touristen, was ihn anzieht, allererst hingestellt. Wie jedes Konsumgut, so mußte auch die Reise in großen Serien hergestellt werden, wollte die Fremdenindustrie ihren Platz auf dem Markt behaupten. Behauptung aber bedeutete Expansion. Der Tourismus krönte seinen Sieg, die Niederlage seine menschlichen Sinns, durch die Erfindung der Gesellschaftsreise.
Der Tourismus, ersonnen, um die Anhänger von der Gesellschaft zu erlösen, nahm sie auf die Reise mit. Von den Gesichtern ihrer Nachbarn lasen die Teilnehmer fortan ab, was zu vergessen ihre Arbeit war. In dem, was mitfuhr, spiegelte sich, was man zurückgelassen hatte. Der Tourismus ist seither das Spiegelbild der Gesellschaft, von der er sich abstößt.
Neben die Sehenswürdigkeit tritt als Reiseziel das soziale Prestige. In der Kalkulation ihres Preises spielt bei der Ware, als welche die Reise aus der Warenwelt zu verhelfen vorgibt, ihr Warenzeichen eine maßgebliche Rolle.

1. Wie beschreibt Enzensberger das Phänomen des modernen Tourismus?
2. Gibst du ihm recht? Begründe!

Wie die Marke eines Parfums dessen Wert steigert, ja halbwegs ausmacht, so der Name ihres Ziels den der Reise. Die Aura, mit welcher Romantik den Weitgereisten umgab, gefriert zum Warenzeichen, das den Fetischcharakter der Tour verbürgt. Im Fetisch des Souvenirs erscheint dieser Charakter leibhaftig. Als Blechschild am Spazierstock, als Zettel auf dem Koffer, als Plakette am Auto, als Zertifikat über Äquator- und Poltaufe versichert es den Touristen gegen den Zweifel am eigenen Erlebnis, der ihn wie Walter Faber* befällt, und gibt ihm ein Beweisstück für seine Rückkehr zur Hand.

Die Trostlosigkeit ist dem Touristen vertraut. Blind greift er nach den heftigsten Mitteln, um die Langeweile zu verscheuchen, obwohl er doch im Grunde von der Vergeblichkeit seiner Flucht weiß, noch ehe er sie unternimmt. Immer schon durchschaut er das betrügerische Wesen einer Freiheit, die ihm von der Stange verkauft wird. Aber er gesteht sich den Betrug, dem er zum Opfer fällt, nicht ein. Seine Enttäuschung läßt er nicht laut werden. Sie fiele nicht auf den Industriellen zurück, der ihn betreut, sondern auf ihn selbst. Der Kreis seiner Bekannten würde dem Touristen das Eingeständnis seiner Niederlage als soziales Versagen ankreiden.

Es ist in der Tat sehr leicht, sich über den Massentourismus unserer Tage lustig zu machen. Gewaltig aber ist die Kraft, welche heute überall auf der Welt die Massen an den Strand ihres kleinen Urlaubsglücks wirft. Die Flut des Tourismus ist eine einzige Fluchtbewegung aus der Wirklichkeit, mit der unsere Gesellschaftsverfassung uns umstellt. Jede Flucht aber, wie töricht, wie ohnmächtig sie sein mag, kritisiert das, wovon sie sich abwendet.

Das Verlangen, aus dem sich der Tourismus speist, ist das nach dem Glück der Freiheit. Noch im Rummel von Capri und Ibiza bezeugt es seine ungebrochene Kraft. Der Tourismus zeigt, daß wir uns daran gewöhnt haben, Freiheit als Massenbetrug hinzunehmen, dem wir uns anvertrauen, obschon wir ihn insgeheim durchschauen. Indem wir auf die Rückfahrkarte in unserer Tasche pochen, gestehen wir ein, daß Freiheit nicht unser Ziel ist, daß wir schon vergessen haben, was sie ist.

*Romanheld in Max Frischs »Homo Faber« (vgl. S. 111 ff.), der als Techniker alles erklären kann

Klaus Pitter

3.
Welche Formen des Reisens hältst du für sinnvoll?

4.
Der Philosoph Seneca sagte: »Aber was hilft das Fliehen? Kann man sich selbst doch nicht entfliehen; das Ich geht überall mit hin, der lästige Begleiter. Nicht an den Orten liegt der Fehler, sondern in uns selbst.«
Hältst du Befreiung vom Alltag für möglich? Wie?

5.
Wie möchtest du gerne reisen?

Fjodor Dostojewski: 2.10
Der Spieler

... Eines weiß ich ganz genau, ich bin nicht geizig. Ich glaube sogar, ich bin ein Verschwender. – Und dennoch, wie zittert und bebt mir das Herz, wenn ich den Croupier rufen höre: trente-et-un, rouge, impair et passe, oder: quatre, noir, pair et manque!

Und mit welcher Gier blicke ich auf den Spieltisch, auf dem Louisdor, Friedrichsdor und Taler liegen, auf diese Goldröllchen, wenn sie, von der Schaufel des Croupiers berührt, zu Haufen zusammensinken, die wie Feuer glühen, oder auf die meterlangen Bänder aus aneinandergereihten Silberstücken, die um das Roulette herumliegen. Bevor ich noch in den Spielsaal eintrete, noch zwei Zimmer vorher, sobald ich nur das Klingen der Goldstücke vernehme – bekomme ich fast Krämpfe.

... die Schweiz! Noch morgen – oh, wenn ich mich doch noch morgen dahin begeben könnte! Um neugeboren zu werden, um aufzuerstehen! Ich muß jenen dort beweisen ... Pauline soll wissen, daß ich noch zu einem Menschen werden kann. Ich brauche nur ... Jetzt ist es übrigens schon zu spät – aber morgen ...

Oh, ich habe eine Vorahnung, und das kann gar nichts anderes bedeuten! Ich habe jetzt fünfzehn Louisdor, und damals begann ich mit fünfzehn Gulden! Wenn man es vorsichtig anfängt ... Bin ich denn wirklich, wirklich schon so ein kleines Kind? Begreife ich denn nicht selber, daß ich ein verlorener Mensch bin? Indes – weshalb kann ich eigentlich nicht aufstehen? Ja, ich brauche nur einmal im Leben zu berechnen und geduldig zu sein – weiter gar nichts! Ich brauche nur einmal Charakter zu beweisen, und dann kann ich in einer Stunde mein ganzes Schicksal ändern! Die Hauptsache – ist Charakter. Ich brauche mich nur darauf zu besinnen, was sich in dieser Hinsicht vor sieben Monaten in Roulettenburg zutrug, bevor ich endgültig alles verspielte. Oh, da bewies ich außerordentliche Entschlossenheit: Ich hatte damals alles verspielt. Als ich den Spielsaal verließ, bemerkte ich plötzlich – in meiner Westentasche noch einen Gulden. »Da habe ich wenigstens so viel, um zu Mittag zu essen!« dachte ich, ich war aber noch nicht hundert Schritte gegangen, da hatte ich es mir anders überlegt und kehrte zurück. Ich setzte diesen Gulden auf manque (diesmal tatsächlich auf manque), und wirklich, es ist ein ganz besonderes Gefühl, wenn man allein in einem fremden Land, fern der Heimat, ohne alle Freunde und ohne zu wissen, ob man heute zu essen haben wird, den letzten Gulden einsetzt, den aller-, allerletzten Gulden! Ich gewann, und als ich zwanzig Minuten später die Spielbank verließ, hatte ich hundertsiebzig Gulden in der Tasche. Das ist Tatsache! Sehen Sie, das kann bisweilen der letzte Gulden bedeuten! Aber wie denn, wenn ich damals kleinmütig geworden wäre, wenn ich mich nicht hätte entschließen können?...

Morgen, morgen wird sich alles wenden!

1. Welche Einstellungen und Gefühle hat der Spieler zu seiner eigenen Sucht?
2. Wie hofft er sie zu überwinden?
3. Inwiefern sind spielsüchtige Menschen von anderen abhängig? Hältst du sie für verantwortungslos?

2.11 Günther Anders:
Sucht nach Dingen?

Unglaubhaft die Zahl der Spielhöllen. Darunter verstehe ich nicht etwa Speakeasies oder Roulette-Kasinos, sondern die jedermann zugänglichen, zu ebener Erde liegenden, ursprünglich wohl als Kaufhallen geplanten Amüsierzentren, in denen, eine neben der anderen aufgereiht, die verchromten Sirenen stehen, die Gespielinnen der japanischen Bevölkerung, die »pachinkos« – kurz: die pinball-Maschinen, und auf den kleinen Mann warten, um diesem gegen Kleingeld gefällig zu sein. Daß sie auf ihn zu warten hätten, ist freilich ungenau, denn arbeitslos sind diese Sirenen nur selten, an Feiertagen niemals, und an schwülen Abenden, an denen der Gedanke an Schlafengehen unmöglich scheint, sind sie sogar stürmisch umworbenes Jagdwild. Abgesehen von jenen Jägern, die eine der Sirenen glücklich am Handgelenk halten, wimmeln die Säle nämlich von zahllosen Spielhungrigen, die nervös umherwandernd, Ausschau halten nach einer vielleicht frei werdenden; und die dann plötzlich (scheinbar aus unerfindlichen Gründen, in Wahrheit aber, weil sie es ihren Konkurrenten mit einem einzigen Blick ansehen, ob diese noch mitten im Spielen sind oder bald aufhören werden) hier oder dort Posto fassen, um die noch warme Metallhand sofort zu ergreifen – in anderen Worten: um sich des Hebels im Moment, in dem dieser losgelassen wird, sofort zu versichern. In Yokohama habe ich einmal von einer Straßenkreuzung aus sieben solcher Lokale zugleich sehen können, und vor jedem der sieben stießen sich die Menschen. Und in dem Tokyoer Vergnügungsviertel, das sich

1. Wie beschreibt Anders, wie Dostojewskij die Spielsucht?
2. Kennst du süchtige Menschen? Hältst du sie für einsam?
3. Wie beschreibt Anders das Verhältnis Mensch – Maschine?
4. Spielst du lieber mit Menschen oder mit Maschinen? Weshalb? Glaubst du, daß Maschinen Menschen ersetzen können oder sollten?

von der Shimbashi-Station zum unteren Ende der Ginza hinzieht, gibt es neben zahllosen Etablissements normaler Größe sogar ein in Glasarchitektur errichtetes warenhausartiges Gebäude, das von Stockwerk zu Stockwerk nichts anderes enthält als solche synthetischen Gespielinnen; es gleicht einem transparenten Ameisenhaufen.

Da stehen sie nun also, die Sirenenjäger, den Hebel in der Hand, die Sprünge und Capricen ihrer Partnerinnen parierend. Von der Umwelt wissen sie nicht das mindeste mehr. Daß sie nicht Ungelernte sind, nicht Passanten, die nur rasch einmal hineinschauen, um ihr Glück zu versuchen, das ist auf den ersten Blick zu erkennen. Denn sie alle reagieren wie Fechter, alle mit jener traumhaften Schnelligkeit, über die nur Routiniers oder Süchtige verfügen. Und daß es zahlreiche Süchtige unter ihnen gibt, Leute, die es einfach physisch nicht über sich bringen, zu Bett zu gehen, ehe sie nicht ihr tägliches Spiel oder ihren täglichen Kampf, oder wie immer man ihre passionierte Tätigkeit nennen will, hinter sich haben, das ist bekannt. Gestern ist es mir z. B. passiert, daß ich einen Spieler (einen Einbeinigen mit Prothese), den ich um sieben Uhr abends versunken spielend vor einem Apparat beobachtet hatte, um Mitternacht vor demselben Apparat wiederentdeckte. Ob er *noch* versunken dastand oder *schon wieder,* weiß ich natürlich nicht. Aber ist es so sicher, daß er es besser wußte?

Warum steht der Mann schon wieder dort? Oder noch? Warum schlägt ihm keine Stunde? Welcher sex appeal zieht ihn in die Arme der verchromten Sirene? Welche magnetische Macht verhindert ihn, sich ihr zu entwinden?

Am nächsten läge natürlich die Antwort: weil er einsam ist, weil eben auch er, wie Hunderttausende oder Millionen anderer Großstädter, auf Ersatzbefriedigung angewiesen ist, weil als Partner-Substitute eben auch Apparate gut genug sind. Aber den Augenzeugen, dem sich das Bild dieser Spieler einmal eingeprägt hat, den befriedigt diese Antwort nicht. Der Grad der Leidenschaft, die Tiefe der Versunkenheit, die Unfähigkeit abzubrechen – all das spricht gegen die Ersatzhypothese. Und das erste, was in die Augen fällt, ist ja, daß die Spieler nach Partnern aus Fleisch und Blut gar nicht mehr Ausschau halten, daß sie den dinglichen Partnerinnen vor den lebendigen den Vorzug geben. Tatsächlich ist die Ersatzhypothese nicht nur falsch, sondern naiv, da sie etwas voraussetzt, was nicht nur nicht mehr den Tatsachen entspricht, sondern diese geradezu auf den Kopf stellt: nämlich daß menschliche Beziehungen primär noch immer Beziehungen zu Menschen seien. Häufig gilt heute umgekehrt die Inversion, das heißt: *daß die Alltagswelt, mit der Menschen zu tun haben, in erster Linie eine Ding- und Apparatewelt ist, in der es auch Mitmenschen gibt; nicht eine Menschenwelt, in der es auch Dinge gibt und Apparate.*

Wenn die Psychologie von dieser Inversion Notiz nähme, dann hätte sie zu prüfen, ob sich nicht unser Seelenleben, auch unser emotionales, namentlich dieses, mehr oder minder auf diese Inversions-Situation umgeschaltet hat. Oder ob es nicht mindestens dabei ist, sich auf diese Inversions-Situation umzuschalten. In anderen Worten: ob nicht heute *ein Großteil unserer emotionalen Energien unseren Apparaten gilt. Erforderlich wäre also eine spezielle, der Sozialpsychologie entsprechende und dieser ebenbürtige psychologische Sonderdisziplin, deren erste Aufgabe darin zu bestehen hätte, unsere Beziehungen zu unserer Ding-, namentlich zu unserer Apparatewelt zu erforschen;* wozu auch die Beziehungen der Dinge zu uns gehören würden – womit freilich nur gemeint sein kann: die Art, in der wir uns von unseren Dingen behandelt vorkommen.

Loriot

2.12 Martin Heidegger:
Die Herrschaft des MAN

Das Belieben der Anderen verfügt über die alltäglichen Seinsmöglichkeiten des Daseins. Diese Anderen sind dabei nicht bestimmte Andere. Im Gegenteil, jeder Andere kann sie vertreten. Entscheidend ist nur die unauffällige, vom Dasein als Mitsein unversehens schon übernommene Herrschaft der Anderen. Man selbst gehört zu den Anderen und verfestigt ihre Macht. »Die Anderen«, die man so nennt, um die eigene wesenhafte Zugehörigkeit zu ihnen zu verdecken, sind die, die im alltäglichen Miteinandersein zunächst und zumeist »da sind«. ... Das Wer ist nicht dieser und nicht jener, nicht man selbst und nicht einige und nicht die Summe Aller. Das »Wer« ist das Neutrum, das MAN. In der Benutzung öffentlicher Verkehrsmittel, in der Verwendung des Nachrichtenwesens (Zeitung) ist jeder Andere wie der Andere. Dieses Miteinandersein löst das eigene Dasein völlig in die Seinsart »der Anderen« auf, so zwar, daß die Anderen in ihrer Unterschiedlichkeit und Ausdrücklichkeit noch mehr verschwinden. In dieser Unauffälligkeit und Nichtfeststellbarkeit entfaltet das MAN seine eigentliche Diktatur. Wir genießen und vergnügen uns, wie man genießt; wir lesen, sehen und urteilen über Literatur und Kunst, wie man sieht und urteilt; wir ziehen uns aber auch vom »großen Haufen« zurück, wie man sich zurückzieht; wir finden »empörend«, was man empörend findet. Das MAN, das kein bestimmtes ist und das Alle, obzwar nicht als Summe,

Werner Heldt:
Aufmarsch der Nullen

sind, schreibt die Seinsart der Alltäglichkeit vor. ... Diese Durchschnittlichkeit in der Vorzeichnung dessen, was gewagt werden kann und darf, wacht über jede sich vordrängende Ausnahme. Jeder Vorrang wird geräuschlos niedergehalten. Alles Ursprüngliche ist über Nacht als längst bekannt geglättet. Alles Erkämpfte wird handlich. Jedes Geheimnis verliert seine Kraft. Die Sorge der Durchschnittlichkeit enthüllt wieder eine wesenhafte Tendenz des Daseins, die wir die Einebnung aller Seinsmöglichkeiten nennen. ...

Das MAN ist überall dabei, doch so, daß es sich auch schon immer davon geschlichen hat, wo das Dasein auf Entscheidung drängt. Weil das MAN jedoch alles Urteilen und Entscheiden vorgibt, nimmt es dem jeweiligen Dasein die Verantwortlichkeit ab. Das MAN kann es sich gleichsam leisten,

1.
Wie beschreibt Heidegger die Herrschaft des MAN im alltäglichen Dasein?
2.
Wieso wird das MAN als Neutrum beschrieben?
3.
Wieso schafft das MAN auch Entlastung?
Was macht es so verführerisch und auch gefährlich? (Vgl. Heldts »Aufmarsch der Nullen«!)
4.
Würdest du Heideggers Beobachtungen bestätigen? Kennst du Beispiele?
5.
Achte darauf, wie oft du »man« sagst, und versuche, statt dessen »ich« oder »wir« zu sagen!

daß »man« sich ständig auf es beruft. Es kann am leichtesten alles verantworten, weil keiner es ist, der für etwas einzustehen braucht. Das MAN »war« es immer und doch kann gesagt werden, »keiner« ist es gewesen. In der Alltäglichkeit des Daseins wird das meiste durch das, von dem wir sagen müssen, keiner war es. Das MAN entlastet so das jeweilige Dasein in seiner Alltäglichkeit. Nicht nur das; mit dieser Seinsentlastung kommt das MAN dem Dasein entgegen, sofern in diesem die Tendenz zum Leichtnehmen und Leichtmachen liegt. Und weil das MAN mit der Seinsentlastung dem jeweiligen Dasein ständig entgegenkommt, behält es und verfestigt es seine hartnäckige Herrschaft. Jeder ist der Andere und Keiner er selbst.

6.
Worin liegt das Beunruhigende der Gestalten in Chiricos Bild? Wieso sind Chiricos Musen beängstigend?
Welche Auffassung von Mensch und Welt wird in dem Bild deutlich?
(Vgl. mit Heideggers Thesen!)
7.
»Ein ausgeblasenes Ei ist leicht, schwimmt immer mit im Strom, ist immer obenauf. Aber es ist auch – leer ...«
Diskutiert dieses Zitat von Dag Hammerskjöld im Hinblick auf Heideggers Text und in bezug auf euer Leben, auch den Alltag in eurer Klasse!

Georgio de Chirico:
Die beunruhigenden Musen

Erich Fromm:
Das Ich als Ding

2.13

Welches ist die *Beziehung des Menschen zu sich selber?* Ich habe diese Beziehung an andrer Stelle als »Markt-Orientierung« dargestellt. Infolge dieser Orientierung erlebt der Mensch sich als ein Ding, das auf dem Markt mit Erfolg eingesetzt wird. Als aktives Wesen, als Träger menschlicher Kräfte erlebt er sich nicht. Sein Ziel ist, sich erfolgreich auf dem Markt zu verkaufen. Das Gefühl seiner selbst schöpft er nicht aus seiner Tätigkeit als liebendes und denkendes Individuum, sondern aus seiner sozio-ökonomischen Rolle. Könnten die Dinge sprechen, so würde eine Schreibmaschine auf die Frage: »Was bist du?« antworten: »Ich bin eine Schreibmaschine«, ein Automobil: »Ich bin ein Automobil« oder, genauer: »Ich bin ein Ford« – »ein Buick« – »ein Cadillac«. Wenn man einen Menschen fragt: »Wer sind Sie?«, so antwortet er: »Ich bin ein Fabrikant« – »ein Beamter« – »ein Arzt« – oder: »Ich bin ein verheirateter Mann« – »der Vater von zwei Kindern« – und seine Antwort hätte ungefähr den gleichen Sinn, wie ihn die des sprechenden *Dinges* haben würde. Er sagt aus, wie er sich erlebt, nicht als Mensch, erfüllt von Liebe, Furcht, Überzeugungen und Zweifeln, sondern als Abstraktion, seiner wahren Natur entfremdet, als jemand, der eine bestimmte Funktion im Gesellschaftssystem erfüllt. Sein Wertgefühl hängt vom Erfolg ab: ob er sich günstig verkaufen kann, ob er mehr aus sich zu machen vermag, als er im Anfang war, kurzum, ob er Erfolg hat. Sein Körper, sein Denkvermögen und seine Seele sind sein Kapital, und seine Lebensaufgabe besteht darin, es günstig anzulegen und einen Gewinn für sich herauszuschlagen. Menschliche Eigenschaften wie

Freundlichkeit, Höflichkeit, Güte werden zu Gebrauchsartikeln, zu »Punkten« auf dem »Persönlichkeits-Paket«, die auf dem Menschenmarkt höhere Preise erzielen helfen. Wenn dem einzelnen die profitable Anlage seines Selbst mißlingt, so hält er *sich* für einen Fehlschlag; glückt sie, dann ist *er* der Erfolgreiche.

Es ist klar, daß die Einschätzung seines eigenen Wertes für ihn immer von Faktoren außerhalb seines Selbst abhängt, eben von dem schwankenden Urteil des Marktes, der über seinen Wert ebenso entscheidet wie über den von Waren. Wie alle Gegenstände, die auf dem Markt nicht gewinnbringend verkauft werden können, ist er, am Tauschwert gemessen, wertlos, mag auch sein Gebrauchswert beträchtlich sein. Die sich selbst entfremdete verkäufliche Persönlichkeit muß ein gut Teil des Gefühls der eigenen Würde verlieren, das so kennzeichnend ist für den Menschen, sogar in primitiven Kulturen. Er muß beinahe alles Gefühl seiner selbst – von sich als einer einmaligen und nicht zu wiederholenden Einheit – einbüßen. Das Ich-Gefühl stammt vom Erlebnis meiner selbst als Subjekt meiner Erfahrungen, meiner Gedanken, meines Gefühlslebens, meiner Entscheidungen, meiner Urteilskraft, meines Tuns. Es setzt voraus, daß es mein Erlebnis, mein eigenes ist, und nicht ein mir entfremdetes. Dinge haben kein Selbst, und Menschen, die zu Dingen geworden sind, haben ihr Selbst verloren.

1. Worin besteht nach Fromm die Beziehung des entfremdeten Menschen zu sich selbst? Worin sieht er seine Lebensaufgabe?
2. Betrachtet Magrittes Bild »Golkonda« (Bildteil, S. 3)!
3. Wie bewertest du die Darstellung der Menschen? Welche Ziele hast du für die nächsten Jahre? Stelle eine Rangfolge auf!

2.14 Johann G. Fichte:
Die Bestimmung des Menschen

Daß ich bestimmt sein sollte, ein Weiser und Guter, oder ein Tor und Lasterhafter, zu sein, daß ich an dieser Bestimmung nichts ändern, von dem ersteren kein Verdienst, und an dem letzteren keine Schuld haben sollte, – dies war es, was mich mit Abscheu und Entsetzen erfüllte.

Jene Freiheit, die gar nicht *meine eigene*, sondern die *einer fremden Kraft* außer mir, und selbst an dieser nur eine bedingte, nur eine halbe Freiheit war, – sie war es, die mir nicht genügte. Ich *selbst*, dasjenige, dessen ich mir als meiner selbst, als meiner Person bewußt bin, und welches in jenem Lehrgebäude als bloße Äußerung eines Höheren erscheint, – ich selbst will selbständig, – nicht an einem anderen, und durch ein anderes, sondern für mich selbst Etwas sein; und will, als solches, selbst der letzte Grund meiner Bestimmungen sein. Den Rang, welchen in jenem Lehrgebäude jede ursprüngliche Naturkraft einnimmt, will ich selbst einnehmen. Welche von beiden Meinungen soll ich ergreifen? Bin ich frei und selbständig, oder bin ich nichts an mir selbst, und lediglich Erscheinung einer fremden Kraft? Das System der Freiheit befriedigt, das entgegengesetzte tötet und vernichtet mein Herz. Kalt und tot dastehen, und dem Wechsel der Begebenheiten nur zusehen, ein träger Spiegel der vorüberfliehenden Gestalten – dieses Dasein ist mir unerträglich, ich verschmähe und verwünsche es. Ich will lieben, ich will mich in Teilnahme verlieren, mich freuen und mich betrüben. Ich will alles aufs beste machen; will mich meiner freuen, wenn ich recht getan habe; will mich über mich betrüben, wenn ich unrecht tat. Es ist in mir ein Trieb zu absoluter, unabhängiger Selbsttätigkeit. Nichts ist mir unausstehlicher, als nur an einem anderen, für ein anderes, und durch ein anderes zu sein: ich will für und durch mich selbst etwas sein und werden. Diesen Trieb fühle ich, sowie ich nur mich selbst wahrnehme; er ist unzertrennlich vereinigt mit dem Bewußtsein meiner selbst.

1. Welche »halbe Freiheit« lehnt Fichte ab?
2. Worin sieht er seine »Bestimmung«?
3. Wie möchtest du dein Leben bestimmen?
4. Versuche deine Lebensziele darzustellen, z. B. in Form eines Bildes, einer Collage oder eines Briefes an dich selbst (den du nach einigen Jahren noch einmal lesen kannst)!

Glück

»Glücklich zu sein, ist das Bestreben eines jeden vernünftigen Wesens«, so formulierte schon Kant. Wir haben also alle ein Lebensziel. Doch worin besteht das Glück für uns? Liegt es im Besitz von viel Geld oder Ansehen, im Genuß guter Musik, in gutem Essen, einer liebevollen Beziehung zu einem anderen Menschen? In Heiratsanzeigen und Reisekatalogen kann man viele Vorstellungen von Glück entdecken, und die Werbung suggeriert uns täglich neue Glücksmöglichkeiten. Doch nur wenn wir anfangen, darüber nachzudenken, was für uns selbst Lebensqualität ausmacht, werden wir erfahren, was uns wirklich gut tut, was uns mit echter Freude erfüllt, was uns ausfüllen kann.

Wird Glücksgefühl von Hormonen gesteuert, ist es also chemisch induzierbar? Setzen psychische Prozesse diese Hormone in Gang? Sind Drogen eine Möglichkeit, sich zum Glück zu verhelfen? Echtes Glück kommt aus uns selbst und kann nur in uns wachsen. Das Aufgehen in einer größeren Einheit, das man gegenüber einem anderen Menschen oder einer Umgebung oder einer besonderen Tätigkeit erleben kann, läßt uns völlig jede Zeit vergessen – so hat es der Psychologe Cziksentmihalyi untersucht –, es erhebt uns über den Alltag. Die Sehnsucht der Menschen nach diesem Erlebnis von Ganzheit kommt sehr gut im Mythos des Aristophanes zum Ausdruck, der sich vorstellte, daß die Götter neidisch auf die Vollkommenheit der Menschen waren und sie in zwei Hälften spalteten, worauf die Menschen seither auf der Suche nach der ihnen fehlenden Hälfte, nach Ganzheit sind. Diese Ganzheit, symbolisiert durch die vollkommene Gestalt der Kugel, die auch in Bewegung ihren Schwerpunkt nicht verändert, macht uns unangreifbar und läßt uns immer in uns selber ruhen.

Schon in der Antike haben sich die Philosophen mit der Frage nach dem Glück beschäftigt, und Senecas Philosophie der Gemütsruhe wird heute streßgeplagten Managern auf Seminaren empfohlen. Offenbar ist es möglich, denkend eine Distanz zum Alltagsgeschehen zu finden, um offen zu werden für wirklich Wesentliches. Doch was kann das sein?

Liegt Glück im möglichst hemmungslosen Genuß oder, da dieser möglicherweise nur wieder abhängig macht, in bewußter Mäßigung? Dies ist eine Frage, die schon in der antiken Philosophie diskutiert wird. »Reich ist, wer arm an Wünschen ist«, meint Sokrates dazu. Ist materieller Reichtum möglicherweise nur Ersatz für inneren Reichtum? Wie können wir einen Weg dahin finden? Cziksentmihalyi meint, daß das Glück uns nicht zufällig von außen begegnet, sondern daß es Strategien gibt, wirkliches Glück zu erreichen. Jemand nämlich, der sich selber Ziele setzt, eine sogenannte »autotelische Persönlichkeit«, und der versucht, diese Ziele zu verwirklichen, wird an diesen Zielen wachsen und ein sinnvolles ausgefülltes Leben führen können, dessen Befriedigung weit über momentanen Genuß hinausgeht. Er wird sein Leben als glücklich bezeichnen können. Doch was sind unsere Ziele, die uns glücklich machen könnten?

3

Was ist *wirklich* gut?

Auf der Suche nach Glück

Fabrikant, Inhaber eines weltweit etablierten Großunternehmens, Anf. 50/178, schlank, eine distinguierte Persönlichkeit mit gelassenem Naturell, Vitalität und Humor, welterfahrener Kosmopolit, liebt das Landleben, die Jagd, aktiver Sportler, Golf, Wintersport, Segeln, ein exponiertes Gesellschaftsleben ebenso wie besinnliche Zweisamkeit, Literatur, moderne Kunst, wünscht adäquate Ehe.

Das Frühstück vor der Pferdekoppel ist schön allein, doch erst im Doppel, wenn zu der Freude, die man findet, ein Partner mit das Glück empfindet, spürt man des Lebens Wertigkeit. So richtig schön ist´s erst zu zweit.
Ich suche drum zu diesem Zweck ein Weib mit Herz am rechten Fleck, die liebt wie ich, sehr die Natur. Klug soll sie sein, fesch die Figur, Wenn die Zeiten einmal schlechter scheinen.
Das ändert sich, kein Grund zum Weinen.
Ich selbst bin fünfundvierzig, schlank, recht ansehnlich und, gottseidank, ein Mensch, den sehr das Leben freut. Nur wär er gerne halt zu zweit.
Ein Brief mit Bild (bestimmt zurück) könnt' sein der Anfang zu dem Glück.

Internationale Unternehmerin, 42/168, schlank, Mitinhaberin eines namhaften Konzerns, eine ausgesprochen schöne und rassige Frau, erstklassige Herkunft und Ausbildung weltweit, mehrsprachig (Franz., Engl. fließend), eine Frau mit tiefem zwischenmenschlichen Verständnis trotz hochkarätigem Luxus und unvergleichlich kultiviertem Ambiente, Golferin, Wintersportlerin, wünscht Ehe.

Hochprozentige Traumfrau aus Adelsfamilie, Vollakademikerin mit bekanntem Namen, 40/173, schlank, Dr. med. mit enorm erfolgreicher Stadtpraxis, elegantem Villenbesitz, eine Frau wie (Mann) sie sucht, fabelhaftes Aussehen, erlesene Eleganz, lebhaftes Temperament, Charme und Geist, absolute Kosmopolitin, mehrsprachig, italophil, perfekte Köchin, Pianistin, Golferin, vermögend, wünscht Ehe.

Stahlindustrieller, Mitte 40/184, schlank, ein blendend aussehender Mann aus ersten Kreisen, Herkunft und namhaftes Renommee, internationaler, exquisiter Lebensstil, passionierter Jäger, Residenzen im In- und Ausland, ein Mann mit Verantwortungsgefühl, Charme und ethischen Wertmaßstäben, kulturhistorisch interessiert, Kunstsammler, wünscht weltoffene, feminine Ehepartnerin.

Glück ist ...

wenn ich beim Gameboy das höchste Level geschafft habe ... *(Gregor, 12)*

wenn ich tanzen kann. Es ist egal mit wem, ich tanz auch allein. Es darf aber nicht zu hell sein, sonst macht mich das nicht so an. Ich steh nicht so auf Rap, eher Rave, aber laut muß es sein, daß einem die Ohren richtig wegdröhnen. *(Sandra, 15)*

die Disco. Keine Erwachsenen! Ich darf nur am Wochenende, aber es ist geil. Du bist mit allem im Takt. Du mußt nicht denken du fühlst die Musik. Je lauter, desto besser! Man kann sich austoben. Wo kann man das schon? *(Silke, 16)*

doch chemisch oder so, das sind doch Hormone, und zur Not muß man halt was nachhelfen, wenn's einem sonst bloß dreckig geht. Muß'te eben was einschmeißen ... Dann wird Dir alles egal, Du bist ganz locker und selig und hast'n tolles feeling ... *(Babette, 17)*

wenn ich am Computer sitze. Niemand will was von mir, und ich merke nicht, wie die Zeit vergeht. Langweilig ist das nie, ich kann mich mit meinem Computer unterhalten und immer neue Dinge rauskriegen. Irgendwie bin ich mit ihm zusammengewachsen, in der Schule fehlt er mir. *(Tobias, 18)*

Wolf Schneider:
Glück – was ist das?

3.1

Was ist *Glück?* Wir reden davon und wir hantieren damit, wir glauben es zu haben oder wir haschen danach, wir gewähren es oder wir verhindern es, unsere Erbanlagen und unsere Regierungen teilen uns die Chancen zu – aber was es ist, »das Glück«: wer wüßte das zu sagen? Ist es fröhlicher Trubel oder abgeklärte Ruhe? Das Bewußtsein edler Pflichterfüllung oder ein gelungener Coup? Ist es Romeos einzige Liebe oder Don Juans Leidenschaft für 1003 Frauenzimmer? Ist das Glück verloren, seit wir der warmen Geborgenheit des Mutterleibs entrissen worden sind (wie manche Tiefenpsychologen meinen)? Ist es gewonnen, wenn die Gesellschaft sich in den paradiesischen Endzustand des Kommunismus schwingt? Wohnt es in der Studierstube oder im Harem? Ist es ein Akt der Nächstenliebe oder ein Lottogewinn? »Glück ist *alles,* Stunde, Wind und Welle«, Glück ist »ein buntes *Nichts,* vom Traum gewebt«. Alles und nichts also ist Glück, und beide Verse sind von Hofmannsthal.
Was mein Glück ist – weiß nicht ich das ganz allein, und von wem könnte oder wollte ich mir dabei helfen lassen?
Doch die Sache ist komplizierter. Die einen wollen sich durchaus helfen lassen, die anderen werden in ihren Chancen und Wünschen gegängelt, meist ohne es zu merken. Wer einen Eheberater oder einen Psychotherapeuten aufsucht, teilt ja mit, daß er privat nicht weiter weiß, und zumeist wird er dabei mit Glücksvorstellungen konfrontiert, die alles andere als selbstverständlich sind. Etwa, daß es erstrebenswert sei, eine Ehe zu retten oder »normal« zu werden. Wer in die Kirche oder in eine Parteiversammlung geht, will oder muß sich recht heftig über das wahre Glück belehren lassen. Architekten beeinflussen das Wohlbefinden der Menschen über Generationen hin. Reiseveranstalter glauben über das optimale Urlaubsglück Bescheid zu wissen und verlocken Millionen, ihren Vorstellungen zu folgen. Auch Gewerkschaften, die für weitere Arbeitszeitverkürzungen kämpfen, hängen einer Glücksphilosophie an, nämlich der, daß Nichtarbeiten angenehmer sei als Arbeiten (worüber sich streiten läßt). Modeschöpfer und Spielwarenfabrikanten, Fernsehintendanten und Theaterdirektoren, Ärzte und Autokonstrukteure, Werbetrommler und Sexualpädagogen: sie alle mischen sich ein in unser ganz privates Glück, legen Gleise, stellen Weichen, verführen hier, verschrecken dort und huldigen dabei einer Ideologie, die sie meist selbst nicht kennen.
Das Glück, dessen Beschreibung uns so viel Mühe macht: wenn wir es mit *Zahl* zusammenzwingen, kann uns vollends schwindlig werden. Versuchen wir, das Schlagwort vom größten Glück der größten Zahl in die Praxis umzusetzen.
Ein Ehemann nimmt sich eine Geliebte. Von den drei handelnden Personen sind zwei nun glücklicher als zuvor (der Mann und die Geliebte) und nur eine unglücklicher (die betrogene Frau). Mehr Glück für mehr Menschen – Hutchesons Forderung wäre erfüllt. Aber so kann sie nicht gemeint gewesen sein. Vielleicht wird umgekehrt ein Schuh draus: Ein Motorrad donnert durch die nächtliche Stadt, scheucht tausend Menschen aus dem Schlaf und bereitet dem Fahrer ein königliches Vergnügen. Größtes Glück der *kleinsten* Zahl also – ein klarer Verstoß gegen das Hutcheson-Prinzip. Nie sollte sich *Einer auf Kosten von Vielen* ein Glücksgefühl verschaffen.
Wie aber, wenn *Viele sich auf Kosten von Einem* amüsieren? Der Fall ist häufig und im Zirkusclown sogar institutionalisiert, wenn auch auf harmlosere Weise als in den Niederungen des Lebens: Eine Gruppe, Schulklasse,

1.
Welche Vorstellung vom Glück hast du selber?
2.
Sammelt Heiratsanzeigen und Versprechungen in Tourismuskatalogen und untersucht sie auf Glücksvorstellungen!
3.
Nach Hutcheson soll man das größte Glück der größtmöglichen Zahl von Menschen verfolgen.
Was bedeutet diese Aussage? Wie kommentiert Schneider diese Vorstellungen?

Gustav Klimt: Der Kuß

Kompanie findet in ihrer Mitte einen Schwächling, der sich straflos hänseln und treten läßt, einen *underdog*. Auf ihn werden Aggressionen abgeleitet, er wird ausgelacht und malträtiert – kurz, er ist für die Mehrheit ein rechter Segen, er hebt ihr Lebensgefühl, er liefert ihnen das Glück der Überlegenheit. Auch ganzen Völkern hat es willkommene Entlastung verschafft, eine Minderheit zu schikanieren, wir kennen die Fälle. Offensichtlich also bedarf Hutchesons Schlagwort einer Einschränkung, die sich etwa folgendermaßen formulieren ließe: Ziel aller Politik ist das größte Glück der größten Zahl, insoweit dieses Glück nicht die Absicht oder die Wirkung hat, einer kleineren Zahl Unglück zuzufügen.

Da sich also keiner von uns freihalten kann von allen Gesetzen, Bauvorschriften, Verkehrssitten, Modeströmungen und Werbefeldzügen, da unser privates Glück in Wahrheit ein hundertfältig eingegrenztes, gesteuertes und gegängeltes ist – sollte sich der Versuch nicht lohnen, nach den Ursprüngen, Merkmalen, Chancen und Fallstricken des Glücks zu forschen? Nach den Gesinnungen der öffentlichen Glückszuteiler und nach den Wirkungen, die sie erzielen?
Warum fragt uns keiner? Und wüßten wir die Antworten?

1. Welchen Eindruck erweckt Klimts Gemälde bei dir?
2. Liegt Glück in der Aufgabe des Ich?

3.2 Platon:
Menschen als Kugelwesen

In Platons »Gastmahl« versammeln sich Freunde, und jeder muß eine Rede auf die Liebe halten. Der Komödiendichter Aristophanes gibt ein Gleichnis zum besten:

Unsere ehemalige Natur war nicht dieselbe wie jetzt, sondern eine ganz andere. Denn erstlich gab es drei Geschlechter von Menschen, nicht wie jetzt nur zwei, männliches und weibliches, sondern es gab noch ein drittes dazu, welches das gemeinschaftliche war von diesen beiden, dessen Name auch noch übrig ist, es selbst aber ist verschwunden. Mannweiblich nämlich war damals das eine, Gestalt und Benennung zusammengesetzt aus jenen beiden, dem männlichen und weiblichen, jetzt aber ist es nur noch ein Name, der zum Schimpf gebraucht wird. Ferner war die ganze Gestalt eines jeden Menschen rund, so daß Rücken und Brust im Kreis herumgingen. Und vier Hände hatte jeder und Schenkel ebensoviel wie Hände, und zwei Angesichter auf einem kreisrunden Halse einander genau ähnlich, und einen gemeinschaftlichen Kopf für beide einander gegenüberstehende Angesichter, und vier Ohren, und alles übrige wie es sich hieraus ein jeder weiter ausdenken kann. Er ging aber nicht nur aufrecht wie jetzt, nach welcher Seite er wollte, sondern auch, wenn er schnell wohin strebte, so konnte er, wie die Radschlagenden jetzt noch, indem sie die Beine gerade im Kreise herumdrehen, das Rad schlagen, ebenso auf

seine acht Gliedmaßen gestützt sich sehr schnell im Kreise fortbewegen ...
Zeus also und die anderen Götter ratschlagten, was sie ihnen tun sollten, und wußten nicht, was. Denn es war weder tunlich, sie zu töten und, wie die Giganten sie niederdonnernd, das ganze Geschlecht wegzuschaffen, denn so wären ihnen auch die Ehrenbezeugungen und die Opfer der Menschen mit weggeschafft worden, noch konnten sie sie weiter freveln lassen. Mit Mühe endlich hatte sich Zeus etwas ersonnen und sagte: Ich glaube nun ein Mittel zu haben, wie es noch weiter Menschen geben kann und sie doch aufhören müssen mit ihrer Ausgelassenheit, wenn sie nämlich schwächer geworden sind.

Käthe Kollwitz: Mutter mit Kind

Denn jetzt, sprach er, will ich sie jeden in zwei Hälften zerschneiden, so werden sie schwächer sein und doch zugleich uns nützlicher, weil ihrer mehr geworden sind, und aufrecht sollen sie gehen auf zwei Beinen. Dies gesagt, zerschnitt er die Menschen in zwei Hälften, wie wenn man Früchte zerschneidet, um sie einzumachen ... Sobald er aber einen zerschnitten hatte, befahl der dem Apollon, ihm das Gesicht und den halben Hals herumzudrehen nach dem Schnitte hin, damit der Mensch, seine Zerschnittenheit vor Augen habend, sittsamer würde, und das übrige befahl er ihm auch zu heilen. Dieser also drehte ihm das Gesicht herum, zog ihm die Haut von allen Seiten über das, was wir jetzt den Bauch nennen, herüber, und wie wenn man einen Beutel zusammenzieht, faßte er es in eine Mündung zusammen und band sie mitten auf dem Bauche ab, was wir jetzt den Nabel nennen. Die übrigen Runzeln glättete er meistenteils aus und fügte die Brust einpassend zusammen, mit einem solchen Werkzeuge, wie womit die Schuster über dem Leisten die Falten aus dem Leder ausglätten, und nur wenige ließ er stehen um den Bauch und Nabel, zum Denkzeichen des alten Unfalls. Nachdem nun die Gestalt entzweigeschnitten war, sehnte sich jedes nach seiner anderen Hälfte, und so kamen sie zusammen, umfaßten sich mit den Armen und schlangen sich ineinander, und über dem Begehren zusammenzuwachsen starben sie aus Hunger und sonstiger Fahrlässigkeit, weil sie nichts getrennt voneinander tun wollten ...
Von so langem her also ist die Liebe zueinander den Menschen angeboren, um die ursprüngliche Natur wiederherzustellen, und versucht aus zweien eins zu machen und die menschliche Natur zu heilen ... Also sucht nun immer jedes sein anderes Stück. Wenn aber einmal einer seine wahre eigne Hälfte antrifft, dann werden sie wunderbar entzückt zu freundschaftlicher Einigung und Liebe und wollen sozusagen auch nicht die kleinste Zeit voneinander lassen; und die ihr ganzes Leben lang miteinander verbunden bleiben, diese sind es, welche auch nicht einmal zu sagen wüßten, was sie voneinander wollen ...

1.
Der »Mythos des Aristophanes« gibt in bildhafter Weise Erklärungen für Erscheinungen unseres Lebens.
Welche?
Was hältst du von der Idee?
2.
In der griechischen Sage »Philemon und Baucis« erfüllt Zeus zwei alten Leuten den Wunsch, immer zusammenbleiben zu können: er verwandelt sie in Bäume, die zusammenwachsen.
Wie bewertest du dieses Glück?
3.
Wann fühlst du dich ganz »rund« und ruhst in dir?
4.
Entwerft einen Fragebogen (ähnlich dem folgenden, der von einer 9. Klasse entwickelt wurde) und startet eine Umfrage unter euren jüngeren und gleichaltrigen Mitschülern.
Wertet die Ergebnisse aus und diskutiert sie.

FRAGEBOGEN

Alter: ___ ☐ Junge ☐ Mädchen (nur jeweils 5 Antworten ankreuzen)

Heute:
Glück bedeutet für mich:

- viel Taschengeld ☐
- gute Freunde ☐
- gute Noten ☐
- schicke Kleidung ☐
- Computerspiele ☐
- viele Spielsachen ☐
- Haustier(e) ☐
- abends ganz lange aufbleiben dürfen ☐
- Eltern sollen alles erlauben ☐
- oft Gameboy spielen dürfen ☐
- eigener Fernseher/Video/CD ☐
- Urlaub in anderen Ländern ☐
- Lob und Anerkennung ☐
- wenn ich alleine bin und in Ruhe gelassen werde ☐
- wenn meine Eltern nicht streiten ☐
- schlank und schön sein ☐
- sportlich und mutig sein ☐
- wenn ich mit vielen zusammen bin ☐
- Feten ☐

Später:
Wenn ich älter bin, stelle ich mir mein Glück so vor:

- eigenes Haus/große Wohnung ☐
- eigenes Auto ☐
- viele Kinder ☐
- eigenes Pferd ☐
- von anderen beneidet werden ☐
- berühmt oder bekannt sein ☐
- guter Beruf (z. B. Schauspieler/Popsänger...) ☐
- große Liebe ☐
- Erfolg haben ☐
- Gesundheit ☐
- machen können, was man will ☐
- elegante, gepflegte Kleidung ☐
- viele Reisen ☐
- großer Freundeskreis ☐

Außerdem: ___

3.3 Georg Büchner: Ein Glückstraum

1. Welche Glücksvorstellungen entwickelt Büchner?
2. Was würdest du auch wollen, welche Dinge sind dir weniger wichtig, welche lehnst du ab?
3. Was kannst du dir unter einer »commoden« Religion vorstellen? Hältst du sie – in dieser Form – für wichtig? Begründe deine Ansicht!

»... wir lassen alle Uhren zerschlagen, alle Kalender verbieten und zählen Stunden und Monde nur nach der Blumenuhr, nur nach Blüte, und Frucht. Und dann umstellen wir das Ländchen mit Brennspiegeln, daß es keinen Winter mehr gibt und wir uns im Sommer bis Ischia und Capri hinauf destillieren, und das ganze Jahr zwischen Rosen und Veilchen, zwischen Orangen und Lorbeer stecken.
... Und ich werde Staatsminister, und es wird ein Dekret erlassen, daß, wer sich Schwielen in die Hände schafft, unter Kuratel gestellt wird; daß, wer sich krank arbeitet, kriminalistisch strafbar ist; daß jeder, der sich rühmt, sein Brot im Schweiße seines Angesichts zu essen, für verrückt und der menschlichen Gesellschaft gefährlich erklärt wird; und dann legen wir uns in den Schatten und bitten Gott um Makkaroni, Melonen und Feigen, um musikalische Kehlen, klassische Leiber und eine commode Religion!«

© Disney

1. _____
Ist Geld für dich der Inbegriff von Glück?
2. _____
Wann ist Onkel Dagobert glücklich? Bedenke sein Gesamtverhalten in den Geschichten.

Ariane Barth:
Ein Hauch, ein Fluß, ein Schweben – über die Erforschung des Glücks

3.4

Im Vergleich mit objektiven Kriterien ergab sich, daß materielle Bedingungen eine untergeordnete Rolle im Glückshaushalt der Massen spielen. In diversen Studien schlugen sich die verschiedenen Lebensumstände nur mit einer Abweichung von weniger als fünf Prozent im subjektiven Wohlbefinden nieder. Zwar weiß der Volksmund, daß Geld nicht glücklich macht, aber an das Treibmittel »Money, money makes the world go round« (wie Liza Minnelli mitreißend schmetterte) klammern sich unzählige Sehnsüchte, und hartnäckig hält sich das Vorurteil, die Reichen müßten besonders glücklich sein.
Eine gewisse Wechselbeziehung gibt es schon, aber sie ist nach dem Urteil des Oxford-Mannes Argyle »erstaunlich schwach«. Mit höherem Verdienst steigt die Zufriedenheit nur wenig. Auch pendelt sich bei Lotto- und Totogewinnern, wie mehrere Untersuchungen ergaben, nach den aufregenden Veränderungen in ihrem Leben der Gefühlspegel wieder auf normal ein.
In der High Society der USA stuften 100 Supermilionäre, ein jeder mindestens 125 Millionen Dollar schwer, ihre Befindlichkeit nicht evident anders ein als 100 zufällig aus dem Telefonbuch ausgewählte Durchschnittsamerikaner. Ein objektivierender Index, der aus verschiedenen Merkmalen gebildet war, ergab eine noch kleinere Differenz als die subjektive Selbsteinschätzung: »Happy« fühlten sich 77 der Reichen und 62 der Nichtreichen. Dagegen sagte zum Beispiel ein Selfmademan mit einem enormen Vermögen, er könne sich nicht erinnern, jemals glücklich gewesen zu sein.
Einem trübsinnigen Reichen aus reichem Land kann durchaus das Glück in einem elendigen Slum der Dritten Welt aus schmutzigem Gesicht entgegenlachen. Auch kollektiv betrachtet sind, wie internationale Datenvergleiche mehrfach ergaben, zwischen armen und reichen Nationen die Unterschiede in der Befindlichkeit nur geringfügig und abhängig von anderen Variablen als dem Wohlstand. Die Bundesrepublik rangiert im Mittelfeld.
Auf einer 10-Punkte-Skala des Befindens (von ganz und gar unzufrieden bis ganz und gar zufrieden) siedelten sich 17 Prozent bei 9 Punkten und weitere 17 Prozent gar in der höchsten Glückskategorie an, während 6 Prozent in den

Beschlagnahmte Schuhe von Imelda Marcos: 1060 Paar für eine Frau

1. _____
Vergleiche den nebenstehenden Artikel über Glücksgefühle der Reichen bzw. Armen mit eigenen Vorstellungen und Beobachtungen!

61

2. Worin siehst du mögliche Ursachen für »das Glück der Armen« und das »Unglück der Reichen«?

unteren vier Bereichen dümpelten. In den reichen Ländern ist ein Nullsummenspiel verbreitet: Mit gehobenem Wohlstand steigen die Ansprüche. Je besser die Bedürfnisse bereits befriedigt sind, desto mehr sinken die Glücksträge durch jedes weitere Plus. Was sind schon ein paar Schuhe, wenn man 1060 hat wie einst Imelda Marcos, die Frau des philippinischen Ausbeuters. Für ein Straßenkind im Slum, das keine hat, können sie die Glückseligkeit sein.

3.5 Platon:
Das Glück der Befriedigung von Begierden

Der Sophist Kallikles spricht: Wie könnte wohl ein Mensch glücklich werden, der jemandes Sklave ist! Aber das ist das von Natur aus Schöne und Rechte, was ich Dir ganz offen sagen will: wer ein rechtes Leben führen will, der muß seine Begierden möglichst groß werden lassen, nicht etwa sie bändigen! Und er muß imstande sein, ihnen, wie groß sie auch sind, kraft seiner Tapferkeit und Klugheit zu frönen und sich das in Fülle zu verschaffen, worauf jedesmal seine Begierde entbrannt ist.

Aber dazu ist die Menge nicht imstande, darum schimpft sie auf solche Männer, weil sie sich schämt und sie ihr eigenes Unvermögen zu verbergen sucht. Sie erklärt geradezu die Zuchtlosigkeit für schändlich, um, wie ich schon sagte, die Menschen zu knechten, die die bessere, die stärkere Natur haben. Und weil sie selbst nicht die Kraft haben, ihren Gelüsten Befriedigung zu verschaffen, loben sie infolge ihrer eigenen Feigheit die Selbstbeherrschung und die Gerechtigkeit.

Was wäre wohl für den, der von Haus aus Sohn eines Königs ist oder selbst dank seiner Natur die Kraft hat, sich ein Reich oder eine Gewaltherrschaft oder ein Königtum zu gründen, was wäre für einen solchen Mann wohl schimpflicher als Selbstbeherrschung? Wo es ihm freisteht, sich alle Genüsse zu erlauben und ihm niemand im Wege steht, wenn er da sich selbst das Gerede, Gesetz und Geschimpfe der Masse zum Herrn setzen wollte? Und müßte er nicht von dieser herrlichen Gerechtigkeit todunglücklich werden, wenn er seinen eigenen Freunden nicht mehr zuteilen könnte als seinen Feinden, und das, obgleich er in seinem eigenen Staate Herr wäre?

1. Was ist nach Kallikles' Ansicht ein glückliches Leben?
2. Weshalb loben seiner Ansicht nach schwache Menschen die Selbstbeherrschung und die Gerechtigkeit? Teilst du diese Ansicht? Begründe deine Antwort!

So steht es also in Wahrheit, mein lieber Sokrates, der Du ja der Tugend nachzujagen behauptest: Wohlleben, Zuchtlosigkeit und Freiheit, das ist, wenn sie nur festen Rückhalt hat, Tugend und Glückseligkeit. Aber all die anderen schönen Namen, diese Vereinbarungen der Menschen wider die Natur, die sind eitles Geschwätz und völlig wertlos.

3.6 Erich Fromm:
Vergnügen und Freude

Die Vergnügungen der radikalen Hedonisten, die Befriedigung immer neuer Gelüste und das Vergnügungsgewerbe der heutigen Gesellschaft rufen einen *Nervenkitzel* verschiedenen Grades hervor, aber sie erfüllen den Menschen nicht mit *Freude*. Die Freudlosigkeit seines Lebens zwingt ihn im Gegenteil, immer wieder nach neuen und noch aufregenderen Vergnügungen zu suchen. Freude ist eine Begleiterscheinung produktiven Tätigseins. Sie ist kein »Gipfelerlebnis«, das kulminiert und abrupt endet, sondern eher ein Plateau, ein emotionaler Zustand, der die produktive Entfaltung der dem Menschen eigenen Fähigkeiten begleitet. Freude ist nicht die Ekstase, das Feuer des Augenblicks, sondern die Glut, die dem Sein innewohnt. Vergnügungen und Nervenkitzel hinterlassen ein Gefühl der Traurigkeit, wenn der Höhepunkt überschritten ist. Denn die Erregung wurde ausgekostet, aber das Gefäß ist nicht gewachsen. Die inneren Kräfte haben nicht zugenommen. Man hat versucht, die Langeweile unproduktiver Beschäftigung zu durchbrechen, es ist einem gelungen, für einen Augenblick alle Energien auf ein Ziel zu konzentrieren – außer Vernunft und Liebe. Man wollte ein Übermensch werden, ohne ein Mensch zu sein. Im Augenblick des Triumphs glaubt man, sein Ziel erreicht zu haben – aber auf den Triumph folgt tiefe Niedergeschlagenheit, weil man erkennen muß, daß sich im eigenen Inneren nichts geändert hat. Wie zu erwarten, spielt Freude in den religiösen und philosophischen Systemen, die im Sein den Sinn des Lebens sehen, eine zentrale Rolle. Der Buddhismus lehnt »Vergnügen« ab, die letzte Stufe, Nirwana, wird jedoch als Zustand der Freude beschrieben, wie aus den Berichten und Bildern vom Tode Buddhas hervorgeht. Das Alte Testament und die spätere jüdische Tradition warnen zwar vor der Lust, die mit der Befriedigung von Begierden verbunden ist, sehen aber in der Freude die Grundstimmung, die das Sein begleitet. Im Christentum weist schon die Bezeichnung »Evangelium« – Frohe Botschaft – auf die zentrale Bedeutung von Frohsinn und Freude hin. Im Neuen Testament wird mit Freude belohnt, wer dem Haben entsagt, während Traurigkeit das Los desjenigen ist, der an seinem Besitz festhält *(vgl. Mt 13,44 und 19,22)*. Aus vielen Aussprüchen Jesu erhellt, daß für ihn Freude eine Begleiterscheinung des Lebens in der Existenzweise des Seins war. In seiner letzten Rede an die Apostel spricht Jesus über die Freude in ihrer letzten Bedeutung: »Dies hab ich zu euch gesagt, damit meine Freude in euch ist und damit eure Freude vollkommen wird.« *(Jo 15,11)*. Spinoza räumt der Freude in seinem anthropologisch-ethischen System einen beherrschenden Platz ein. »Freude«, sagt er, »ist Übergang des Menschen von geringerer zu größerer Vollkommenheit. Trauer ist Übergang des Menschen von größerer zu geringerer Vollkommenheit.« Spinozas Äußerung wird erst dann ganz verständlich, wenn wir sie in den Kontext seines ganzen Denksystems stellen. Um nicht zu verfallen, muß der Mensch versuchen, sich dem »Modell der menschlichen Natur« zu nähern, das heißt ein optimal freier, vernünftiger, tätiger Mensch zu werden. Er muß das Gute, das seiner Natur als Möglichkeit innewohnt, ausschöpfen. Gut ist für Spinoza das, »wovon wir gewiß wissen, daß es ein Mittel ist, dem Musterbild der menschlichen Natur, das wir uns vorsetzen, näher und näher zu kommen ... schlecht dagegen das, wovon wir gewiß wissen, daß es uns hindert, diesem Musterbild zu entsprechen.« Freude ist gut, Trauer (*tristitia*, besser mit Traurigkeit, Schwermut übersetzt) ist schlecht; Freude ist Tugend, Traurigkeit ist Sünde. Freude also ist es, was wir auf unserem Weg hin zum Ziel der Selbstverwirklichung erleben.

»Man kann dir wirklich mit nichts mehr eine Freude machen.«

1.
Mit welchen Argumenten kritisiert Fromm radikale Hedonisten wie Kallikles?
2.
Wie unterscheidet er zwischen Lust, Vergnügen und Freude?
3.
Welche Einstellung haben Judentum, Christentum und Buddhismus zur Freude bzw. zum Vergnügen? Sucht weitere Informationen darüber!
4.
Wie wird die Position des Philosophen Spinoza geschildert? Wie wirkt sie auf dich?
5.
Ein auf Habenwollen gerichteter Mensch kann nach Fromm nicht aus sich selbst heraus existieren bzw. »sein«. (Vgl. Bergpredigt: »Selig die Armen im Geiste ...«!) Fromm ordnet dem Haben Passivität zu und der Existenzweise im (erfüllten) Sein Aktivität.
Was kannst du dir darunter vorstellen? Suche nach Beispielen!

Ludwig Bechstein:
Das Märchen vom Schlaraffenland

3.7

Hört zu, ich will euch von einem guten Land erzählen, dahin mancher auswandern würde, wüßte er nur, wo es läge und wie er zu einer günstigen Schiffsverbindung kommen könnte. Aber der Weg dahin ist weit für die Jungen und für die Alten, denen es im Winter zu heiß und im Sommer zu kalt ist. Diese schöne Gegend heißt Schlaraffenland. Da sind die Häuser mit

Eierkuchen gedeckt, Türen und Wände sind von Lebzelten und die Balken von Schweinebraten. Was man bei uns für einen Dukaten kauft, kostet dort nur einen Pfennig. Um jedes Haus steht ein Zaun, der von Bratwürsten und von bayrischen Würsteln geflochten ist, die teils auf dem Rost gebraten, teils frisch gesotten sind, je nachdem sie einer so oder so gern ißt.
Auf den Birken und Weiden wachsen frischgebackene Semmeln, und unter den Bäumen fließen Milchbäche; in diese fallen die Semmeln hinein und weichen sich selbst ein für jene, die sie gern einbrocken; ...
Das könnt ihr glauben, daß die Vögel dort gebraten in der Luft herumfliegen,

Paul Hey: Das Schlaraffenland

Gänse und Truthähne, Tauben und Kapaune, Lerchen und Krammetsvögel, und wem es zu viel Mühe macht, die Hand danach auszustrecken, dem fliegen sie schnurstracks in den Mund hinein. Die Spanferkel geraten dort alle Jahre überaus trefflich; sie laufen gebraten umher, und jedes trägt ein Tranchiermesser im Rücken, damit, wer will, sich ein frisches, saftiges Stück abschneiden kann. Käse liegt in dem Schlaraffenland wie die Steine, groß und klein, umher; die Steine selbst sind lauter Taubenkröpfe mit gefülltem Teig oder auch kleine Fleischpastetchen. Im Winter, wenn es regnet, regnet es lauter Honig in süßen Tropfen. Da kann einer lecken und schlecken, daß es eine Lust ist, und wenn es schneit, schneit es klaren Zucker, und wenn es hagelt, hagelt es Würfelzucker, untermischt mit Feigen, Rosinen und Mandeln. Im Schlaraffenland legen die Rosse keine Roßäpfel, sondern Eier, ganze große Körbe voll und ganze Haufen, so daß man tausend um einen Pfennig kaufen kann. Und das Geld kann man von den Bäumen wie gute Kastanien schütteln. Jeder darf sich das Beste herunterschütteln und das Minderwertige liegen lassen. Wer im Spiel verliert, dem fällt sein Geld wieder in die Tasche. Die Trinker haben den besten Wein umsonst und von jedem Trunk und Schluck drei Batzen Lohn, sowohl für Frauen als für Männer. Wer die Leute am besten necken und aufziehen kann, bekommt jeweils einen Gulden. Keiner darf etwas umsonst tun, und wer die größten Lügen sagt, erhält jedesmal eine Krone dafür. Hierzulande lügt mancher und hat nichts für seine Mühe.
Wer gern arbeitet, Gutes tut und Böses läßt, dem ist jedermann dort aufsässig: er wird aus Schlaraffenland verwiesen. Aber wer tölpisch ist, gar nichts kann

1. Welche Vorstellungen von Glück kommen in dem Märchen zum Ausdruck?

und dabei voll dummer Eitelkeit, der ist dort als ein Edelmann angesehen. Wer nichts kann als schlafen, essen, trinken, tanzen und spielen, der wird zum Grafen ernannt. Der aber, den das allgemeine Stimmrecht als den Faulsten, zu allem Guten Untauglichsten erkennt, der wird König über das ganze Land und hat ein großes Einkommen.
Um das ganze Land herum ist aber eine berghohe Mauer aus Reisbrei. Wer dort hinein- oder herauswill, muß sich da erst durchessen.

2. _____
Welche sind dir sympathisch, welche nicht?
3. _____
Beschreibe dein »Schlaraffenland«!

Aristoteles:
Glück als Endziel allen Handelns

3.8

Was das Wesen des Glücks sei, darüber ist man unsicher, und die Antwort der Menge lautet anders als die des Denkers. Die Menge stellt sich etwas Handgreifliches und Augenfälliges darunter vor, z. B. Lust, Wohlstand, Ehre: jeder etwas anderes. Bisweilen wechselt sogar ein und derselbe Mensch seine Meinung: wird er krank, so sieht er das Glück in der Gesundheit, ist er arm, dann im Reichtum.
Eine Meinung darüber, was oberster Wert und was Glück sei, gewinnt man wohl nicht ohne Grund aus den bekannten Lebensformen. In der Mehrzahl entscheiden sich die Leute, d.h. die besonders grobschlächtigen Naturen, für den Genuß und finden deshalb ihr Genügen an dem Leben des Genusses.
Das oberste Gut ist aber zweifellos ein Endziel. Daher der Schluß: wenn es nur ein einziges wirkliches Endziel gibt, so ist dies das gesuchte Gut, wenn es aber mehrere gibt, dann unter diesen das vollkommenste. Als vollkommener aber bezeichnen wir ein Gut, das rein für sich erstrebenswert ist gegenüber dem, das Mittel zu einem anderen ist. Ferner das, was niemals im Hinblick auf ein weiteres Ziel gewählt wird gegenüber dem, was sowohl an sich als zu Weiterem gewählt wird. Und als vollkommen (schlechthin) bezeichnen wir das, was stets rein für sich gewählt wird und niemals zu einem anderen Zweck. Als solches Gut aber gilt in hervorragendem Sinne das Glück. Denn das Glück erwählen wir uns stets um seiner selbst willen und niemals zu einem darüber hinausgehenden Zweck. Die Ehre dagegen und die Lust und die Einsicht und jegliche Tüchtigkeit wählen wir einmal um ihrer selbst willen – denn auch ohne weiteren Vorteil würden wir jeden dieser Werte für uns wählen –, sodann aber auch um des Glückes willen, indem wir annehmen, daß sie uns zum Glücke führen. Das Glück aber wählt kein Mensch um jener Werte – und überhaupt um keines weiteren Zweckes willen. So erweist sich das Glück als etwas Vollendetes, für sich allein Genügendes: es ist das Endziel des uns möglichen Handelns.
Das oberste dem Menschen erreichbare Gut stellt sich dar als ein Tätigsein der Seele im Sinne der ihr wesenhaften Tüchtigkeit. Gibt es aber mehrere Formen wesenhafter Tüchtigkeit, dann im Sinne der vorzüglichsten und vollendetsten.

1. _____
Welche Glücksvorstellungen hat nach Aristoteles »die Menge«, welche »der Denker«?
2. _____
Welches vollkommenste Gut ist für ihn Endziel allen Handelns?
Welche Eigenschaften hat es?
3. _____
Ist das oberste Gut für ihn Aktivität oder Passivität?
Vergleiche mit
Fromm (S. 62 f.) und Czikszentmihalyi (S. 69 ff.)!
4. _____
Hältst du Zielorientiertheit im Leben für wichtig?
Begründe deine Antwort!

Epikur:
Selbstgenügsamkeit und Lust

3.9

Wir halten auch die Selbstgenügsamkeit für ein großes Gut, nicht um uns in jedem Falle mit Wenigem zu begnügen, sondern damit wir, wenn wir das Viele nicht haben, mit dem Wenigen auskommen, in der echten Überzeugung, daß jene den Überfluß am süßesten genießen, die seiner am wenigsten bedürfen, und daß alles Naturgemäße leicht, das Sinnlose aber schwer zu beschaffen ist, und daß bescheidene Suppen ebensoviel Lust erzeugen wie ein üppiges

65

1.
Wie präzisiert der Römer Epikur den Begriff der Lust?

2.
Welches ist für ihn der ideale Zustand des Menschen?

3.
Weshalb hält er die Selbstgenügsamkeit für wichtig?

Mahl, sowie einmal aller schmerzender Mangel beseitigt ist, und daß Wasser und Brot die höchste Lust zu verschaffen vermögen, wenn einer sie aus Bedürfnis zu sich nimmt. Sich also zu gewöhnen an einfaches und nicht kostspieliges Essen verschafft nicht nur volle Gesundheit, sondern macht den Menschen auch unbeschwert gegenüber den notwendigen Verrichtungen des Lebens, bringt uns in eine zufriedenere Verfassung, wenn wir in Abständen uns einmal an eine kostbare Tafel begeben, und erzeugt Furchtlosigkeit vor den Wechselfällen des Zufalls. Wenn wir also sagen, daß die Lust das Lebensziel sei, so meinen wir nicht die Lüste der Wüstlinge und das bloße Genießen, wie einige aus Unkenntnis und weil sie mit uns nicht übereinstimmen oder weil sie uns mißverstehen, meinen, sondern wir verstehen darunter, weder Schmerz im Körper noch Beunruhigung in der Seele zu empfinden.

3.10 Seneca:
Gemütsruhe und glückseliges Leben

Glückselig leben will jedermann, lieber Bruder Gallio; aber was zu einem glückseligen Leben gehöre, das ist den meisten unklar oder verborgen ...
Vor nichts also muß man sich mehr hüten, als daß man wie das Herdenvieh den Vorangehenden nachlaufe, indem man da geht, wo die Menge eben zu gehen pflegt, nicht da, wo man gehen sollte. Nichts verwickelt uns in größere Übel, als wenn wir uns nach dem Gerede der Leute richten und das für das beste halten, was mit großem Beifall angenommen wird – wovon man viele Beispiele hat –... wenn wir uns nicht nach der eigenen Vernunft richten, sondern nach Vorbildern. So entsteht eine Ansammlung von Menschen, von denen immer einer über den andern stürzt.
Wie es bei einem großen Gedränge geht, wenn das Volk sich drückt und ein Fallender wieder einen andern nachzieht, so daß die Vorderen den Nachfolgenden zum Verderben gereichen, so kann man es im ganzen Leben beobachten: niemand irrt für sich allein, sondern er ist auch Grund und Ursache des Irrens anderer. Es ist schädlich, an die Vorangehenden sich anzuschließen; und wie ein jeder lieber glauben als urteilen will, so wird besonders über das Leben niemals recht nachgedacht, sondern immer nur anderen geglaubt: es treibt und jagt uns ein immer von einem zum andern sich fortpflanzender Irrtum, und das Vorbild anderer stürzt uns ins Verderben. Wir können gerettet werden, wenn wir uns nur vom großen Haufen losmachen; so aber steht die Menge, des eigenen Übels Verteidiger, der Vernunft entgegen.
Suchen wir etwas, das nicht nur gut scheint, sondern gehaltvoll ist und sich gleichbleibt und auf der Seite, die man nicht sieht, noch schöner ist. Das wollen wir aufsuchen; und es liegt nicht so weit ab, man kann es finden;...
Glücklich ist daher ein Leben, wenn es seiner Natur entspricht. Das kann aber nur erreicht werden, wenn der Geist fürs erste gesund ist und beständig gesund bleibt; sodann wenn er stark und tatkräftig ist, edel und geduldig, in die Zeit sich schickend, auf den Körper und dessen Bedürfnisse sorgsam, aber ohne Ängstlichkeit Bedacht nehmen, aufmerksam auf alles andere, was zum Leben gehört, ohne zu großen Wert auf irgendein einzelnes zu legen, die Gaben des Glücks benutzend, aber ohne ihr Sklave zu sein. Du siehst, auch wenn ich es nicht sagte, daß daraus eine beständige Gemütsruhe und Freiheit sich ergeben und daß alles verschwinden muß, was uns reizt oder schreckt. Denn statt der kleinlichen, flüchtigen, in ihrer Gemeinheit schädlichen sinnlichen Genüsse wird uns eine hohe, unangefochtene, sich gleich-

bleibende Freude zuteil: Friede und Eintracht im Herzen, Größe mit Sanftmut im Bunde. Denn alles unbändige Wesen ist ein Zeichen von Schwäche. Du siehst, welch schlimme und schädliche Knechtschaft der erduldet, den Sinnenlust und Schmerz, zwei schwankende und maßlose Gebieter, wechselweise beherrschen.

Darum muß man sich durchringen zur Freiheit; diese aber erlangt man nur durch Gleichgültigkeit gegen das Schicksal. Daraus erwächst jenes unschätzbare Gut: die Ruhe und Erhabenheit einer Seele, die ihren festen Standpunkt gefunden hat, die frei von Furcht aus der Erkenntnis der Wahrheit eine hohe, bleibende Freude gewinnt, Freundlichkeit und Heiterkeit des Gemüts; an diesen Gütern wird sie eine besondere Freude haben, weil sie gleichsam auf ihrem eigenen Boden gewachsen, nicht ihr nur zugefallen sind. Glücklich kann – weil ich nun doch schon einmal weitschweifig geworden bin – derjenige genannt werden, der, von der Vernunft geleitet, nichts mehr wünscht und nichts mehr fürchtet. Steine und Tiere sind zwar auch frei von Furcht und Traurigkeit; glücklich wird sie aber niemand nennen, weil ihnen das Bewußtsein des Glücks fehlt. Auf derselben Stufe stehen Menschen, die infolge von Stumpfsinn und Mangel an Selbstbewußtsein zum Vieh herabgesunken sind. Zwischen Vieh und Mensch ist in solchen Fällen kein Unterschied; dort ist gar keine Vernunft, hier eine verkehrte, die zu ihrem eigenen Schaden wirkt.

Glücklich ist daher, wer ein richtiges Urteil hat, glücklich, wer mit dem Bestehenden, es sei, wie es wolle, zufrieden ist und an die eigenen Verhältnisse sich gern gewöhnt hat; glücklich ist der, dessen ganze Lage von seiner Vernunft gutgeheißen werden kann.

Darum gaben die Alten die Vorschrift, man solle nicht dem angenehmsten, sondern dem besten Leben nachstreben, so daß das Vergnügen nicht dem Rechten und Guten vorangeht, sondern es begleitet.

Die Natur muß man zur Führerin nehmen; der Vernünftige beobachtet und befragt sie. Glückselig leben und naturgemäß leben ist ein und dasselbe. Was das heiße, will ich genauer klären. Es heißt, die körperlichen Anlagen und Bedürfnisse der Natur sorgfältig, aber nicht ängstlich beachten als etwas Vorübergehendes, uns nur für kurze Zeit Gegebenes, nicht ihr Sklave werden und sich durch nichts Fremdes beherrschen lassen; was dem Körper angenehm ist und uns von außen zukommt, ansehen wie Hilfsvölker im Lager und wie leichte Truppen. Sie mögen uns dienen, nicht uns beherrschen, nur so sind sie für unseren Geist von Wert.

Die Apothekenbesitzer

Jean-Jaques Sempé

»Wir haben doch alles, Martha, um glücklich zu sein.«

1.
Welche Vorstellung von Glück hat der römische Philosoph Seneca? Welchen Wert mißt er dem Genuß bei?
2.
Wie erreicht man nach seiner Meinung Gemütsruhe und Freiheit?
3.
Was hält Seneca von Vorbildern? Teilst du seine Meinung? Hast du Vorbilder?
4.
Was ist naturgemäßes Leben für Seneca?
5.
Schreibe Seneca (als Gallio) einen Antwortbrief!

3.11 Gebrüder Grimm: Hans im Glück

1

Nach sieben Jahren Arbeit will Hans nach Hause zu seiner Mutter, der Meister belohnt ihn mit einem Klumpen Gold.

2

Hans tauscht das Gold gegen ein Pferd, weil er müde vom Gehen ist und das Gold ihm zu schwer wird.

3

Hans tauscht das Pferd gegen eine Kuh, weil das Pferd ihn abgeworfen hat und die Milch der Kuh seinen Durst löschen kann.

4

Hans tauscht die Kuh gegen ein Schwein, weil die Milch ausbleibt und ein saftiger Schweinebraten nicht zu verachten ist.

5

Hans tauscht das Schwein gegen eine Gans, weil er gerne Gänsefettbrote ißt und die Federn zum Füllen von Kissen verwenden will.

6

Hans tauscht die Gans gegen zwei Schleifsteine, weil das Handwerk goldenen Boden hat.

7

Durch eine ungeschickte Bewegung fallen die mühsam mitgeschleppten Steine in einen Brunnen. »So glücklich wie ich«, ruft Hans aus, »gibt es keinen Menschen unter der Sonne!« Mit leichtem Herzen und frei von aller Last springt er heim zu seiner Mutter.

---

1. Welche Entwicklung durchläuft Hans? Wieso ist er am Ende glücklich?
2. Vergleiche mit dem Märchen vom Schlaraffenland! Kannst du in beiden Märchen die Positionen von Epikur, Seneca oder Kallikles ausfindig machen?
3. Welche Art Glück kannst du eher nachvollziehen, welche hältst du für wichtiger? Weshalb?

Mihalyi Czikszentmihalyi: **3.12**
Wie kann man Freude erleben?

Vor zweitausenddreihundert Jahren kam Aristoteles zu der Schlußfolgerung, daß der Mensch vor allem Glück sucht. Glück wird um seiner selbst willen angestrebt, während jedes andere Ziel – Gesundheit, Schönheit, Geld oder Macht – nur geschätzt wird, weil man erwartet, daß es glücklich machen wird. Seit Aristoteles' Zeiten hat sich vieles geändert. Unser Verständnis von der Welt der Sterne und Atome hat sich stärker erweitert, als wir uns das je hätten vorstellen können. Die Götter der Griechen waren, verglichen mit der heutigen Menschheit und der von ihr innegehaltenen Macht, hilflose Kinder. Aber in diesem wichtigsten Bereich hat sich in den vergangenen Jahrhunderten nur sehr wenig geändert. Was Glück ist, begreifen wir nicht besser als Aristoteles, und was das Lernen angeht, wie man diesen gesegneten Zustand erreicht, so könnte man behaupten, wir hätten überhaupt keine Fortschritte gemacht.

Obwohl wir heute gesünder sind und älter werden, obwohl selbst die Ärmsten unter uns heute von materiellem Luxus umgeben sind, von dem man vor nur wenigen Jahrzehnten nicht einmal träumte (im Palast des Sonnenkönigs gab es nur wenige Badezimmer, und kein römischer Kaiser konnte seinen Fernseher anstellen, wenn er sich langweilte), trotz der ungeheuren wissenschaftlichen Erkenntnisse, die wir auf Knopfdruck abrufen können, verfestigt sich bei vielen Menschen der Eindruck, sie hätten ihr Leben verschwendet und ihre Jahre statt erfüllt von Glück voller Unsicherheit und Langeweile verbracht. Liegt es daran, daß es Schicksal des Menschen ist, unerfüllt zu bleiben und immer mehr zu wollen als man haben kann? Oder ist das alles beherrschende Leiden, das selbst die kostbarsten Augenblicke versauert, die Folge dessen, daß wir am falschen Ort nach dem Glück suchen?

Doch wir können das Glück nicht erreichen, indem wir bewußt danach suchen. »Frage dich, ob du glücklich bist«, schrieb J.S. Mill, »und du hörst auf, es zu sein.« Glück finden wir, wenn wir vollständig eins sind mit jeder Einzelheit unseres Lebens, gleich, ob gut oder schlecht, nicht, indem wir direkt danach suchen.

Und genau das ist es, was ich mit optimaler Erfahrung meine. Es ist das, was ein Segler auf richtigem Kurs fühlt, wenn der Wind sein Haar peitscht und sein Boot wie ein junges Pferd durch die Wellen prescht – Segel, Kiel, Wind und Meer summen in Harmonie, die in den Adern des Mannes am Steuer vibriert. Es ist das, was der Maler fühlt, wenn die Farben auf der Leinwand eine magnetische Spannung zueinander aufbauen, und etwas Neues, ein lebendiges Wesen, nimmt vor den Augen seines erstaunten Schöpfers Gestalt an. Es ist das Gefühl eines Vaters, wenn sein Kind zum ersten Mal auf sein Lächeln reagiert. Solche Ereignisse finden jedoch nicht nur statt, wenn die äußeren Bedingungen günstig sind: Menschen, die Konzentrationslager überlebten oder fast tödliche Gefahren überstanden, erinnern sich häufig, daß sie mitten in ihrem Leiden ungewöhnlich intensive Freude bei einem schlichten

Katamaran in voller Fahrt

Ereignis erlebten, wie beim Singen eines Vogels im Wald, der Lösung einer schweren Aufgabe oder wenn sie eine Brotkruste mit einem Freund teilten.
Gegen unsere Überzeugung sind solche Momente, die besten Momente im Leben, nicht passiv, rezeptiv, entspannend – obwohl auch solche Erfahrungen nach schwerer Anstrengung erfreulich sein können. Die besten Momente ereignen sich gewöhnlich, wenn Körper und Seele eines Menschen bis an die Grenzen angespannt sind, in dem freiwilligen Bemühen, etwas Schwieriges und etwas Wertvolles zu erreichen. Optimale Erfahrung ist daher etwas, das wir *herbeiführen*. Ein Kind etwa erlebt das, wenn es mit zitternden Fingern die letzten Klötze auf einen Turm legt, der höher als jeder andere ist, den es bislang gebaut hat; für einen Schwimmer ist es vielleicht der Versuch, den eigenen Rekord zu brechen, für einen Geiger, eine komplizierte Passage zu beherrschen. Für jeden Menschen gibt es Tausende von Gelegenheiten – Herausforderungen –, über sich selbst hinauszugehen.
Solche Erlebnisse sind aber nicht notwendigerweise angenehm. Die Muskeln des Schwimmers haben vielleicht in dem denkwürdigen Rennen stark geschmerzt, seine Lungen fühlten sich der Explosion nahe, und ihm war vielleicht schwindlig vor Erschöpfung – dennoch können dies die besten Momente seines Lebens sein. Es ist niemals leicht, Kontrolle über das Leben zu gewinnen, und manchmal ist es sogar eindeutig schmerzhaft. Doch auf längere Sicht geben optimale Erfahrungen einem ein Gefühl von Kontrolle über sich selbst – vielleicht besser ein Gefühl, *teilzuhaben* an der Festlegung dessen, was den Sinn des Lebens ausmacht – und das ist dem, was wir gewöhnlich unter Glück verstehen, so nahe, wie man ihm jemals gelangen kann.
Die erste Überraschung, auf die wir bei unserer Studie stießen, war, wie ähnlich sehr unterschiedliche Aktivitäten beschrieben wurden, wenn sie besonders gut liefen.
Die zweite Überraschung war, daß die Befragten unabhängig von Kultur, Zivilisationsstand, gesellschaftlicher Klasse, Alter oder Geschlecht Freude fast gleich beschrieben. Aus unseren Studien geht hervor, daß die Phänomenologie der Freude acht Hauptkomponenten umfaßt. Wenn Menschen darüber nachdenken, wie sie sich fühlen, wenn eine Erfahrung höchst positiv ist, nennen sie zumindest eine, oft auch alle anderen. Erstens, die Erfahrung findet gewöhnlich statt, wenn wir auf eine Aufgabe stoßen, der wir uns gewachsen fühlen. Zweitens müssen wir fähig sein, uns auf das zu konzentrieren, was wir tun. Drittens und viertens, die Konzentration ist gewöhnlich möglich, weil die angefangene Aufgabe deutliche Ziele beinhaltet und unmittelbare Rückmeldung liefert. Fünftens, man handelt mit einer tiefen, aber mühelosen Hingabe, welche die Sorgen und Frustrationen des Alltagslebens aus dem Bewußtsein verdrängt. Sechstens, erfreuliche Erfahrungen machen es möglich, ein Gefühl von Kontrolle über Tätigkeiten zu erleben. Siebtens, die Sorgen um das Selbst verschwinden, doch paradoxerweise taucht das Selbstgefühl nach der *flow*-Erfahrung (Autor nennt einen Zustand, bei dem man in eine Tätigkeit so vertieft ist, daß nichts anderes eine Rolle zu spielen scheint, *flow*. d. A.) gestärkt wieder auf. Und schließlich ist das Gefühl für Zeitabläufe verändert; Stunden vergehen in Minuten, Minuten können sich vermeintlich zu Stunden ausdehnen. Die Kombination dieser Elemente ruft ein tiefes Gefühl von Freude hervor, welches so lohnend ist, daß man bereit ist, viel Energie dafür aufzuwenden, um es wieder zu erleben.
Beim optimalen Zustand innerer Erfahrung herrscht *Ordnung im Bewußtsein*. Dies tritt ein, wenn psychische Energie – oder Aufmerksamkeit – für realistische

Ziele verwendet wird und die Fähigkeiten den Handlungsmöglichkeiten entsprechen. Wenn man Kontrolle über die psychische Energie erlangt und sie für bewußt ausgesuchte Ziele verwendet hat, muß man einfach zu einer komplexeren Persönlichkeit reifen. Man wird durch die Entwicklung seiner Fähigkeiten und mit der Annahme immer größerer Herausforderungen zunehmend zu einem ungewöhnlicheren Individuum.
Es gibt praktisch Tausende solcher Rezeptbücher, in denen erklärt wird, wie man reich, mächtig, geliebt oder schlank wird. Wie Kochbücher geben sie Hinweise, wie man ein bestimmtes begrenztes Ziel erreicht, und manch einer folgt diesen Rezepten tatsächlich. Doch selbst, wenn alle diese Ratschläge Erfolg hätten, was erreicht man schon, wenn man sich anschließend in eine schlanke, geliebte, mächtige Millionärin verwandelt? Gewöhnlich findet sich der oder die Betreffende wieder am Anfang, mit einer neuen Wunschliste und ebenso unzufrieden wie zuvor. Was den Menschen wirklich befriedigt, ist nicht, schlank oder reich zu sein, sondern sich im eigenen Leben wohlzufühlen. Teillösungen funktionieren bei der Suche nach dem Glück nicht.
Alle Anzeichen deuten darauf hin, daß die meisten Menschen in der frustrierenden Tretmühle steigender Erwartungen gefangen werden, doch viele haben einen Ausweg daraus gefunden. Es handelt sich um Menschen, die unabhängig von ihren materiellen Voraussetzungen ihre Lebensqualität verbessern konnten, die zufrieden sind und auch die Personen in ihrer Umgebung ein wenig glücklicher machen können.
Solche Menschen führen ein anstrengendes Leben, das einer Reihe von Erfahrungen offen steht; sie lernen bis zur Stunde ihres Todes und haben enge Bindungen und Verpflichtungen an andere und ihre Umwelt. Sie haben an allem, was sie tun, Spaß, gleich wie öde oder schwierig es ist; sie sind nur selten gelangweilt und werden mit allem fertig, was das Leben ihnen bietet. Ihre größte Stärke liegt vielleicht darin, daß sie ihr Leben selbst steuern.

1. Wie beschreibt Cziksentmihalyi »optimale Erfahrung«? Welche Voraussetzungen nennt er?
2. Ist der Mensch dabei aktiv oder passiv? Vergleiche mit Fromms Begriffen von Vergnügen und Freude (S. 62 f.)! Siehst du einen Unterschied zwischen »Glück« und »Freude«?
3. Wie kann man lernen, »über sich hinauszugehen«?
4. Wie beschreibt Cziksentmihalyi »flow« (Fließen)? Welche Tätigkeiten können zu diesem Zustand führen?
5. Wie kann man seine eigene Lebensqualität nach Cziksentmihalyi verbessern und eine »autotelische Persönlichkeit« werden?
6. Was kannst du selber zur Verbesserung deiner eigenen Situation tun?

Pierre Teilhard de Chardin:
Vom Glück des Daseins
(Drei verschiedene Haltungen angesichts des Lebens)

3.13

Um besser zu begreifen, wie sich das Problem des Glücks uns stellt und weshalb wir dahin gelangt sind, angesichts dieses Problems zu zaudern, ist es unumgänglich, zunächst einmal einen Überblick zu gewinnen, das heißt, drei anfängliche grundlegende Haltungen zu unterscheiden, die von den Menschen angesichts des Lebens *tatsächlich* angenommen werden.
Wir wollen uns, wenn es Ihnen recht ist, von einem Vergleich leiten lassen. Nehmen wir eine Gruppe von Ausflüglern an, die aufgebrochen sind, einen schwierigen Gipfel zu ersteigen; und schauen wir uns diese Gruppe einige Stunden nach dem Aufbruch an. Zu diesem Zeitpunkt kann man sich vorstellen, daß die Mannschaft sich in drei verschiedenartige Elemente aufteilen läßt. Die einen bedauern, die Herberge verlassen zu haben. Die Müdigkeit, die Gefahren scheinen ihnen in keinem Verhältnis zu der Bedeutung eines Gelingens zu stehen. Sie entscheiden sich, zurückzukehren.
Die anderen ärgern sich nicht darüber, aufgebrochen zu sein. Die Sonne scheint, und die Aussicht ist schön. Doch weshalb noch höher steigen? Ist es nicht besser, das Gebirge dort zu genießen, wo man sich befindet, mitten auf der Wiese oder mitten im Wald? – Und sie legen sich ins Gras oder streifen durch die Umgebung, in der Erwartung der Stunde des Picknicks.

Andre schließlich, die wahren Alpinisten, wenden ihre Augen nicht von den Gipfeln, die zu erreichen sie sich geschworen haben. Sie brechen von neuem auf.

Müde – Genießer – Begeisterte. Drei Menschentypen, die wir im Keim jeder in der Tiefe unserer selbst tragen – und in die faktisch seit je die Menschheit um uns herum zerfiel.

Die Müden (oder die Pessimisten)

Für diese erste Kategorie von Menschen ist die Existenz ein Irrtum oder eine Fehlleistung. Wir befinden uns auf einem falschen Wege – und folglich geht es darum, so geschickt wie möglich sich aus dem Spiel zurückzuziehen. – Bis zum äußersten vorangetrieben und in eine gelehrte Doktrin systematisiert, führt diese Einstellung zu der Hindu-Weisheit, für die das Universum eine Illusion und eine Verkettung ist – oder zu einem »Schopenhauerschen« Pessimismus. Doch in gemilderter und allgemeiner Gestalt zeigt und verrät sich dieselbe Disposition in einer Vielzahl praktischer Urteile, die Sie gut kennen. »Was nützt es, zu suchen? ... Weshalb nicht die Wilden ihren Untaten überlassen und die Unwissenden ihrer Unwissenheit? Wozu die Wissenschaft und wozu die Maschine? Ist es nicht besser, zu liegen, anstatt zu stehen? Tot zu sein, statt bettlägerig?« All dies läuft darauf hinaus, zumindest implizite zu sagen, daß es besser ist, weniger zu sein als mehr zu sein – und daß es besser wäre, überhaupt nicht zu sein.

Dag Hammarskjöld:
»Miß nie des Berges Höhe,
eh' Du den Gipfel
erreicht hast.
Dann wirst Du sehen,
wie niedrig er ist.«

Als nächstes die Genießer

Für die Menschen dieser zweiten Gattung ist es gewiß besser, zu sein als nicht zu sein. Doch »sein«, das ist wohl zu beachten, gewinnt einen ganz besonderen Sinn. Sein, leben, heißt für die Schüler dieser Schule nicht handeln, sondern sich vom gegenwärtigen Augenblick erfüllen lassen. Jeden Augenblick und alles eifersüchtig genießen, ohne irgend etwas verlorengehen zu lassen – und vor allem, ohne sich darum zu bemühen, auf eine höhere Ebene zu gelangen: darin besteht die Weisheit. Wenn die Übersättigung kommt, dreht man sich im Gras herum, man vertritt sich die Beine, man wechselt den Gesichtspunkt; und indem man das tut, wird man sich im übrigen auch nicht um das Vergnügen bringen, hinanzusteigen. Doch für die Zukunft und auf die Zukunft hin wagt man nichts – es sei denn, daß man sich in einem Übermaß des Raffinements daran berauscht, das Wagnis um seiner selbst willen zu genießen, sei es um das Beben des Wagens zu kosten oder um das Schaudern des Angsthabens zu verspüren. Dieser Rat war auf jeden Fall vor nicht allzulanger Zeit ... die Tendenz ... eines André Gide ..., für den das Ideal des Lebens heißt, zu trinken, ohne jemals den Durst zu löschen (oder vielmehr, ihn zu vermehren) – keineswegs mit dem Gedanken, wieder zu Kräften zu kommen, sondern mit der Sorge, bereit zu sein, sich immer begieriger über jede neue Quelle zu beugen.

Und schließlich die Begeisterten

Damit meine ich jene, für die Leben Aufstieg und Endeckung bedeutet. Für die Menschen dieser dritten Kategorie ist es nicht nur besser, zu sein als nicht zu sein, vielmehr ist es immer möglich und als einziges bedeutsam, mehr zu werden. In den Augen dieser vom Abenteuer gepackten Eroberer ist das Sein unerschöpflich – nicht ... wie ein Schmuckstück mit zahllosen Facetten, das man in alle Richtungen drehen kann, ohne seiner müde zu werden –, sondern als ein Brennpunkt der Wärme und des Lichtes, dem man sich immer mehr nähern kann. – Man kann über diese Menschen spotten, sie als Naivlinge behandeln oder sie lästig finden. Doch unterdessen sind sie es, die uns gemacht haben, und aus ihnen will die Erde von morgen hervorgehen. Pessimismus und Rückkehr in die Vergangenheit; Genießen des gegenwärtigen Augenblicks; Elan in die Zukunft. Drei grundlegende Haltungen, so sagte ich, angesichts des Lebens. Und das stellt uns folglich unvermeidlich wieder in die Mitte unseres Themas – drei einander entgegengesetzte Formen des Glücks stehen einander gegenüber.

Zunächst Glück der Ruhe. Kein Ärger, keine Risiken, keine Anstrengung. Verringern wir die Kontakte – schränken wir unsere Bedüfnisse ein – senken wir unsere Lichter – verhornen wir unsere Haut – ziehen wir uns in unsere Schale zurück. – Der glückliche Mensch ist jener, der weniger denkt, fühlt und wünscht.

Dann Glück des Vergnügens – unbewegliches Vergnügen, oder besser noch, unaufhörlich erneuertes Vergnügen. Das Ziel des Lebens heißt nicht Handeln und Schaffen, sondern Profitieren. Also wiederum das geringere Bemühen oder gerade eben das notwendige Bemühen, um das Glas und den Trank zu wechseln. Sich möglichst breitmachen, wie das Blatt in den Strahlen der Sonne – in jedem Augenblick die Position wechseln, um besser zu spüren: das ist das Rezept des Glücks. – Der glückliche Mensch ist jener, der den Augenblick, den er in Händen hält, am vollständigsten zu genießen weiß.

Schließlich Glück des Wachsens. Unter diesem dritten Gesichtspunkt existiert das Glück nicht, noch hat es einen Wert in sich selbst als ein Objekt, das wir an sich zu erstreben und zu erfassen vermöchten; vielmehr ist es nur das Zeichen, der Effekt und gewissermaßen die Belohnung des in angemessener Weise gelenkten Wirkens. »Ein Nebenprodukt des Bemühens«, sagte Aldous Huxley einmal. Es reicht also nicht aus, wie der moderne Hedonismus nahelegen möchte, sich irgendwie zu erneuern, um glücklich sein. Keine Wandlung beseligt, es sei denn, sie vollziehe sich *im Aufstieg.* – Der glückliche Mensch ist also jener, der, um unmittelbar das Glück zu suchen, unausweichlich die Freude als Zugabe in dem Akt findet, in dem er voranschreitend zur Fülle und ans Ende seiner selbst gelangt.

Glück der Ruhe, Glück des Vergnügens, Glück der Entwicklung. Auf der Stufe des Menschen zaudert das Leben, angesichts dieser drei Wegrichtungen, und in sie teilt sich sein Strom vor unseren Augen. Die Menschheit von morgen – eine viel bewußtere, viel mächtigere, viel einmütigere »Supermenschheit« als die unsrige, geht aus dem Schoß der Zukunft hervor, sie gewinnt vor unseren Augen Gestalt. Und gleichzeitig erwacht in der Tiefe unserer selbst das Gefühl, daß es, um an das Ende unserer selbst zu gelangen, nicht genügt, unsere Existenz mit einem Dutzend anderer Existenzen zu verbinden, die unter Tausenden uns umgebenden ausgewählt wurden – vielmehr müssen wir mit allen zugleich ein Ganzes bilden.

1. Mit welchem Bild beschreibt Teilhard ein glückliches Dasein? Kannst du dir ein anderes Bild ausdenken? Welche drei Arten von Glück unterscheidet er dabei?
2. Beurteile seine Wertung?
3. Welchem Glückstyp würdest du dich zurechnen?
4. Kennst du Menschen, die du (von dir aus gesehen) den anderen Glückstypen zuordnen würdest?
5. Welche Ziele möchtest du dir setzen, welche hältst du für wichtig und lohnenswert?

3.14 Arthur Schopenhauer: Bedingungen zum Lebensglück

Die Güter, auf welche Anspruch zu machen einem Menschen nie in den Sinn gekommen ist, entbehrt er durchaus nicht, sondern ist, auch ohne sie, völlig zufrieden; während ein anderer, der hundertmal mehr besitzt als er, sich unglücklich fühlt, weil ihm eines abgeht, darauf er Anspruch macht. Jeder hat, auch in dieser Hinsicht, einen eigenen Horizont des für ihn möglicherweise Erreichbaren: so weit wie dieser gehn seine Ansprüche... Das außerhalb dieses Gesichtskreises Liegende wirkt gar nicht auf ihn. Daher beunruhigen den Armen die großen Besitztümer der Reichen nicht, und tröstet andererseits den Reichen, bei verfehlten Absichten, das viele nicht, was er schon besitzt. (Der *Reichtum* gleicht dem Seewasser: je mehr man davon trinkt, desto durstiger wird man. – Dasselbe gilt vom Ruhm.)

Daß für unser Glück und unsern Genuß das Subjektive ungleich wesentlicher als das Objektive sei, bestätigt sich in allem: von dem an, daß Hunger der beste Koch ist und der Greis die Göttin des Jünglings gleichgültig ansieht, bis hinauf zum Leben des Genies und des Heiligen.

Ein aus vollkommener Gesundheit und glücklicher Organisation hervorgehendes, ruhiges und heiteres Temperament, ein klarer, lebhafter, eindringender und richtig fassender Verstand, ein gemäßigter, sanfter Wille und demnach ein gutes Gewissen, dies sind Vorzüge, die kein Rang oder Reichtum ersetzen kann. Denn was einer für sich selbst ist, was ihn in die Einsamkeit begleitet und was keiner ihm geben oder nehmen kann, ist offenbar für ihn wesentlicher als alles, was er besitzen oder auch was er in den Augen anderer sein mag ...

Ein guter, gemäßigter, sanfter Charakter kann unter dürftigen Umständen zufrieden sein; während ein begehrlicher, neidischer und böser es bei allem Reichtum nicht ist. Nun aber gar dem, welcher beständig den Genuß einer außerordentlichen, geistig eminenten Individualität hat, sind die meisten der allgemein angestrebten Genüsse ganz überflüssig, ja nur störend und lästig.

Für unser Lebensglück ist demnach das, was wir *sind*, die Persönlichkeit, durchaus das Erste und Wesentlichste; – schon weil sie beständig und unter allen Umständen wirksam ist.

1.
Diogenes in der Tonne bezeichnete sich als glücklich, als ihm sein Sklave davonlief, da er nun nichts mehr verlieren könne.
Welche Einstellung hat Schopenhauer zum Besitz?

2.
Gibt es für ihn objektiv richtige und wichtige Werte? Oder sind sie eher relativ? Was ist für ihn wesentlich?

3.
Welche Charaktereigenschaften schätzt er hoch ein, welche nicht?

4.
Welche ist für deine Vorstellung von Glück am wichtigsten?

5.
»Jeder ist seines Glückes Schmied.«
Wie beurteilst du dieses Sprichwort?

3.15 Fernando Savater: Was ist ein gutes Leben?

Es ist klar, daß es Sachen gibt, die für unser Leben gut sind, und andere, die es nicht sind. Aber nicht immer ist klar, was für uns wirklich gut ist.

Ich erinnere Dich daran, daß man die Wörter »gut« und »schlecht« nicht nur auf moralisches Verhalten anwendet, und auch nicht nur auf Personen. Man sagt z. B., daß Maradonna oder Lothar Matthäus sehr gute Fußballspieler sind, ohne daß diese Qualifikation etwas mit ihrem Bestreben zu tun hat, dem Nächsten außerhalb des Stadions zu helfen, oder mit ihrer Neigung, immer die Wahrheit zu sagen. Sie sind als Fußballspieler gut, ohne daß wir ihr Privatleben untersuchen. Und man kann auch sagen, ein Motorrad ist sehr gut, ohne daß dies eine ethische Bedeutung hätte: Wir meinen damit, daß es hervorragend funktioniert und alle Vorzüge besitzt, die man von einem guten Motorrad verlangen kann. Im Hinblick auf Fußballspieler oder Motorräder ist das »Gute« – das Angemessene – ziemlich klar. Wenn ich Dich danach frage, kannst Du mir sicher leicht die notwendigen Voraussetzungen dafür nennen, daß etwas im Sport oder bei Fahrzeugen die Qualifikation »überragend« verdient.

Ein Fußballspieler ist dazu da, so Fußball zu spielen, daß er Tore schießt und seiner Mannschaft zum Sieg verhilft. Ein Motorrad soll uns schnell, sicher und ohne Pannen von einem Ort zum andern bringen. Wir wissen, wann ein Spezialist so arbeitet oder ein Instrument so funktioniert, wie sie sollen, weil wir eine Vorstellung von der Leistung haben, die sie erbringen sollen, von dem, was man von ihnen erwartet. Wenn ich Dir sage, Du sollst tun, was Du willst, scheint es angebracht, daß Du zuerst ausführlich und gründlich darüber nachdenkst, was Du willst. Wenn Du ... Deinen wahren Wunsch in Worte fassen müßtest, würdest Du mir sagen: »Was ich will, Papa, ist, *mir ein schönes Leben machen*«. Bravo!... – wunderbar. Aber Du willst auch, daß dieses schöne Leben nicht das eines Blumenkohls oder eines Käfers ist, bei allem Respekt für beide Arten, sondern ein schönes *menschliches* Leben. Das ist, was Dir entspricht, glaube ich. Und ich bin sicher, daß Du darauf für nichts auf der Welt verzichten würdest. Mensch zu sein, das haben wir bereits erwähnt, besteht in erster Linie darin, mit den anderen Menschen Beziehungen zu haben. Wenn Du einen Haufen Geld haben könntest, ein Haus, viel prächtiger als ein Palast aus Tausendundeiner Nacht, die besten Klamotten, das teuerste Essen ..., die modernste Elektronik, aber dies alles zu dem Preis, daß Du niemals wieder Menschen siehst – wärst Du dann glücklich? Wie lange könntest Du so leben, ohne verrückt zu werden?

Sehr wenige Sachen aber bewahren ihre Vorzüge in der Einsamkeit; und wenn sie vollständig und endgültig ist, werden alle Sachen unwiderruflich bitter. Das schöne Leben des Menschen ist ein schönes Leben *unter Menschen* – das Gegenteil könnte auch Leben sein, aber es wird weder schön noch menschlich sein. Siehst Du langsam, worauf ich hinauswill?

»Ich bin sehr glücklich. Doch jetzt tut einmal Besinnung not.«

Dinge können schön und nützlich sein, die Tiere (zumindest einige) sind sympathisch, aber wir Menschen wollen menschliche Wesen sein, keine Werkzeuge oder Tiere. Und wir wollen auch wie Menschen behandelt werden, weil das Menschsein zum großen Teil davon abhängt, wie wir miteinander umgehen. Ich drücke mich deutlicher aus: Der Pfirsich entsteht als Pfirsich, der Leopard kommt bereits als Leopard zur Welt, aber der Mensch wird nicht ganz und gar als Mensch geboren noch wird er es jemals ohne Hilfe der anderen. Warum? Weil der Mensch nicht nur ein biologisches, natürliches Wesen ist (wie die Pfirsiche oder die Leoparden), sondern auch ein *kulturelles*. Es gibt keine menschliche Natur ohne kulturelles Lernen und ohne die Grundlage aller Kultur (d. h. ohne das Fundament unseres Menschseins): die *Sprache*. Die Welt, in der wir Menschen leben, ist eine Welt der Sprache, eine Realität aus Symbolen und Gesetzen, ohne die wir nicht nur unfähig wären, uns untereinander zu verständigen, sondern ohne die wir auch die Bedeutung dessen, was uns umgibt, nicht begreifen könnten. Niemand kann alleine sprechen lernen (wie er alleine lernen kann zu essen oder zu pinkeln – Verzeihung), weil die Sprache nicht nur eine natürliche und biologische Funktion des Menschen ist (auch wenn sie natürlich ihre Grundlage in unserer biologischen Beschaffenheit hat), sondern auch eine kulturelle Schöpfung, die wir von anderen Menschen erben und erlernen ... Daher kann »sich ein schönes Leben machen« letzten Endes nicht sehr verschieden sein von »ein schönes Leben bereiten«. Denk doch bitte ein bißchen darüber nach.

Jetzt, um dieses Kapitel etwas entspannter zu beenden, schlage ich Dir vor, daß wir ins Kino gehen. Wenn Du willst, können wir einen tollen Film sehen mit Orson Welles als Regisseur und Hauptdarsteller: *Citizen Kane*. Ich rufe ihn Dir kurz ins Gedächtnis zurück: Kane ist ein Multimillionär, der ziemlich skrupellos in seinem Palast in Xanadu eine riesige Sammlung aller schönen und kostbaren Dinge der Welt angehäuft hat. Er hat zweifellos alles, und er benutzt alle in seiner Umgebung für seine Zwecke, als bloße Instrumente seines Ehrgeizes. Am Ende seines Lebens geht er allein durch die Räume seines Wohnsitzes, die voller Spiegel sind, die ihm tausendmal das Bild eines Einsamen zurückwerfen: Nur sein Spiegelbild leistet ihm Gesellschaft. Am Ende stirbt er, ein einziges Wort murmelnd: »Rosebud!« Ein Journalist versucht, die Bedeutung dieses letzten Seufzers herauszufinden, aber ohne Erfolg. »Rosebud« ist der Name eines Schlittens, mit dem Kane als Kind spielte – als er noch in einer Umgebung voller Zuneigung lebte und denen Zuneigung schenkte, die ihn umgaben. Alle seine Reichtümer und seine ganze angesammelte Macht über die anderen konnten ihm nichts Besseres als jene Kindheits-

Szene aus dem Film »Citizen Kane«
(Kane mit seinem Schlitten beim Abschied von den Eltern.)
1995 wurde dieser Film zum »Film des Jahrhunderts« gewählt.

erinnerung kaufen. Dieser Schlitten, Symbol süßer menschlicher Beziehungen, war in Wahrheit das, was Kane wollte: das schöne Leben, das er geopfert hatte, um Tausende von Sachen zu erhalten, die ihm in Wirklichkeit nichts nützten. Und trotzdem haben ihn die meisten beneidet ... Der Bürger Kane ... verkaufte viele Jahre lang alle Menschen, um sich alle Dinge kaufen zu können; am Ende seines Lebens erkennt er, daß er, wenn er könnte, sein ganzes Warenhaus voller kostbarster Sachen gegen die einzige unbedeutende Sache eintauschen würde – einen alten Schlitten –, die ihn an eine bestimmte Person erinnerte: an ihn selbst, bevor er sich dem Kaufen und Verkaufen widmete, als er es noch vorzog zu lieben und geliebt zu werden, statt zu besitzen und zu beherrschen. Was er wollte, war Macht, um die Menschen zu beherrschen, und Geld, um sich Sachen zu kaufen, viele schöne und sicher nützliche Sachen. Ich habe nichts dagegen, Geld zu wollen, und auch nichts gegen die Vorliebe für schöne oder nützliche Dinge.

... die Sachen, die wir haben, haben andererseits auch uns: Was wir besitzen, besitzt uns. Dazu ein Beispiel: Eines Tages sagte ein buddhistischer Weiser seinem Schüler genau, das was ich Dir gerade sage, und der Schüler schaute ihn mit dem gleichen merkwürdigen Gesichtsausdruck an (»Der Typ hat sie nicht mehr alle«), mit dem Du vielleicht diese Seite liest. Dann fragte der Weise den Schüler: »Was gefällt dir in diesem Zimmer am meisten?« Der gewitzte Schüler zeigte auf einen wunderschönen Becher aus Gold und

Elfenbein, der eine schöne Stange Geld gekostet haben mußte. »Gut, nimm ihn«, sagte der Weise, und der Junge ließ es sich nicht zweimal sagen und ergriff fest mit der rechten Hand das kostbare Stück. »Paß auf, daß du ihn nicht fallen läßt«, bemerkte der Meister scherzend und fügte hinzu: »Und gibt es nichts anderes, das dir noch gefällt?« Der Schüler gab zu, daß er dem Beutel voller Geld, der auf dem Tisch lag, auch nicht abgeneigt war. »Also los, greif zu!« ermunterte ihn der andere. Und der Junge packte heftig mit der linken Hand den Beutel. »Und jetzt?«, fragte er den Meister mit gewisser Nervosität. Und der Weise erwiderte: »Jetzt kratz dich!« Das konnte er natürlich nicht. So kann es einem gehen, wenn man sich kratzen muß, wenn einen eine Stelle am Körper juckt – oder sogar an der Seele!

Das Leben ist komplizierter, als Kane annahm, weil die Hände nicht nur zum Greifen da sind, sondern auch zum Kratzen oder Streicheln. Aber sein fundamentaler Irrtum war ein anderer – wenn nicht ich es bin, der sich irrt: Besessen davon, Sachen und Geld zu bekommen, behandelte er auch die Menschen wie Sachen. Aber auf diese Weise geben sie uns niemals die subtileren Güter, die nur Menschen geben können. So erhalten wir keine Freundschaft, keinen Respekt und noch viel weniger Liebe.

1.
Was ist für Savater
ein gutes/schönes Leben?
Was rät er seinem Sohn?
Wie würdest du auf seine
Ratschläge antworten?
2.
Was ist für ihn ein wahrhaft
menschliches Leben?
Warum benötigt der Mensch
andere Menschen zu seinem
Glück?
3.
Weshalb soll man Menschen
nicht wie Sachen behandeln?
4.
Seht euch Orson Welles' Film
»Citizen Kane« an
und diskutiert darüber, wann
er glücklich ist/war!
Kennst du ähnliche Menschen?

Karl Marx:
Das Himmelreich auf Erden

3.16

Erst in der Gemeinschaft erhält das Individuum die Mittel, seine Anlagen nach allen Seiten hin auszubilden; erst in der Gemeinschaft wird also die persönliche Freiheit möglich.
Sowie nämlich die Arbeit verteilt zu werden anfängt, hat jeder einen bestimmten, ausschließlichen Kreis der Tätigkeit, der ihm aufgedrängt wird, aus dem er nicht heraus kann; er ist Jäger, Fischer oder Hirt oder kritischer Kritiker, und muß es bleiben, wenn er nicht die Mittel zum Leben verlieren will – während in der kommunistischen Gesellschaft, wo jeder nicht einen ausschließlichen Kreis der Tätigkeit hat, sondern sich in jedem beliebigen Zweige ausbilden kann, die Gesellschaft die allgemeine Produktion regelt und mir eben dadurch möglich macht, heute dies, morgen jenes zu tun, morgens zu jagen, nachmittags zu fischen, abends Viehzucht zu treiben, auch das Essen zu kritisieren, ohne je Jäger, Fischer oder Hirt oder Kritiker zu werden, wie ich gerade Lust habe.
In einer kommunistischen Gesellschaft gibt es keine Maler, sondern höchstens Menschen, die unter anderem auch malen.

1.
In der kommunistischen Gesellschaft sollen alle Klassenunterschiede aufgehoben sein, es gäbe also keine Ausbeutung und Unterdrückung mehr.
Wie sieht Marx das Arbeiten
in dieser idealen Gesellschaft?
2.
Wieso wird dadurch seiner
Meinung nach erst Freiheit
möglich?
3.
Stimmst du Marx zu?
Hältst du seine Vorstellung
für möglich?
Begründe deine Entscheidung?

John St. Mill:
Das größte Glück aller als Ziel der Ethik

3.17

Angenehme und unangenehme Empfindungen sind unter sich sehr ungleichartig, und Unlust ist stets von anderer Art als Lust. Welche andere Instanz als das Empfindungs- und Urteilsvermögen der Erfahrenen sollte uns sagen können, ob es sich auszahlt, für eine bestimmte angenehme Empfindung eine bestimmte unangenehme Empfindung in Kauf zu nehmen? Wenn diese nun aber erklären, daß die aus den höheren Fähigkeiten erwachsenden Freuden *der Art nach* – ungeachtet ihrer Intensität – denen vorzuziehen sind, deren die tierische Natur ohne die höheren Fähigkeiten fähig ist, dann verdienen sie auch in dieser Frage unsere volle Beachtung. Ich bin auf diesen Punkt näher eingegangen, weil er für ein angemessenes Verständnis der Begriffe

Nützlichkeit oder Glück, als Leitvorstellungen des menschlichen Handelns verstanden, absolut unerläßlich ist. Zur Annahme der utilitaristischen Norm ist er dagegen nicht unbedingt erforderlich; denn die Norm des Utilitarismus ist nicht das größte Glück des Handelnden selbst, sondern das größte Glück insgesamt; ...

Nach dem Prinzip des größten Glücks ist, wie oben erklärt, der letzte Zweck, bezüglich dessen und um dessentwillen alles andere wünschenswert ist (sei dies unser eigenes Wohl oder das Wohl anderer), ein Leben, das so weit wie möglich frei von Unlust und in quantitativer wie in qualitativer Hinsicht so reich wie möglich an Lust ist ...

Wird jedoch so leichthin behauptet, daß das menschliche Leben unmöglich glücklich sein könne, ist das, wenn nicht Wortklauberei, so doch eine grobe Übertreibung. Freilich: versteht man unter Glück das Fortdauern einer im höchsten Grade lustvollen Erregung, dann ist die Unerreichbarkeit von Glück nur zu offensichtlich. Der Zustand der Überschwenglichkeit hält höchstens einige Augenblicke, in einigen Fällen – mit Unterbrechungen – auch Stunden und Tage an; er ist das gelegentliche helle Auflodern der Flamme, nicht die beständige und fortdauernde Glut. Darüber waren sich die Philosophen, die die Glückseligkeit zum Endzweck des Lebens erklärten, ebenso im klaren wie die, die ihren Spott über sie ergießen. Das Glück, das sie meinten, war nicht ein Leben überschwenglicher Verzückung, sondern einzelne Augenblicke des Überschwangs inmitten eines Daseins, das wenige und schnell vorübergehende Phasen der Unlust, viele und vielfältige Freuden enthält (mit einem deutlichen Übergewicht der aktiven über die passiven) und dessen Grundhaltung es ist, nicht mehr vom Leben zu erwarten, als es geben kann. Jedem, der ein so beschaffenes Leben führen durfte, erschien die Bezeichnung Glückseligkeit als angemessen. Und auch heute noch ist es vielen vergönnt, ein solches Dasein während eines beträchtlichen Teils ihrer Lebensdauer zu erfahren.

Wenn Menschen mit einem leidlich günstigen äußeren Schicksal am Leben nicht genug Freude finden, um es sich lebenswert erscheinen zu lassen, hat das seine Ursache gewöhnlich darin, daß sie nur an sich selbst denken.

Ich muß noch einmal auf das zurückkommen, was die Gegner des Utilitarismus nur selten zur Kenntnis nehmen wollen: daß das Glück, das den utilitaristischen Maßstab des moralisch richtigen Handelns darstellt, nicht das Glück des Handelnden selbst, sondern das Glück aller Betroffenen ist. Der Utilitarismus fordert von jedem Handelnden, zwischen seinem eigenen Glück und dem der andern mit ebenso strenger Unparteilichkeit zu entscheiden wie ein unbeteiligter und wohlwollender Zuschauer. In der goldenen Regel, die Jesus von Nazareth aufgestellt hat, finden wir den Geist der Nützlichkeitsethik vollendet ausgesprochen. Die Forderungen, sich dem andern gegenüber so zu verhalten, wie man möchte, daß er sich einem selbst gegenüber verhält, und den Nächsten zu lieben wie sich selbst, stellen die utilitaristische Moral in ihrer höchsten Vollkommenheit dar.

1.
Wie begründet Mill das Prinzip des Glücks in der Nützlichkeitsethik? Vergleiche mit den Vorstellungen Savaters (S. 74 ff.)!

2.
Was ist für Mill glückliches Leben?

3.
Die »goldene Regel« in der Bergpredigt lautet: »Was Du willst, das andere Dir tun, das tue ihnen.« Anderweitig, z. B. bei Kant, wird sie negativ zitiert: „Was Du nicht willst, das man Dir tu, das füg auch keinem anderen zu."
Diskutiert die beiden Formulierungen (gibt es einen Unterschied in der Bedeutung?) wie auch das Gebot des Christentums, »Du sollst Deinen Nächsten lieben wie Dich selbst!«

4.
Erkundet in Gruppen die Glücksvorstellungen verschiedener Religionen und berichtet einander darüber!

Gewalt, Gewissen, Verantwortung

4

Gewalt auf den Schulhöfen, Gewalt in den Medien. Gewalttätige Filme erschrecken uns, faszinieren aber offenbar auch viele: Wer Gewalt ausübt, scheint mächtig. Doch wir stumpfen ab und nehmen inzwischen vieles gleichgültig auf. Gibt es eine innere Stimme, die uns sagt, was in einer bestimmten Situation richtig ist, was wir tun sollen, oder besser nicht getan hätten? Woher kommt sie? Entsteht sie durch die Gebote und Verbote unserer Erziehung oder durch Regeln der Gesellschaft, die unser Handeln bestimmen? Müssen wir so handeln, wie MAN handelt? Oder sind wir in der Lage, selber herauszufinden, was wirklich richtig ist? Was ist in sich wertvoll? Gibt es allgemeingültige Wertvorstellungen von dem, was richtig ist, oder bleibt es uns selbst überlassen, unsere eigenen Wertmaßstäbe zu finden und uns ungeachtet der Meinung der anderen selbst durchzusetzen? Können wir zu einem »richtigen« Urteil gelangen oder ist nicht sowieso alles relativ und subjektiv?

Es handelt sich hierbei um ethische Fragen, die unabhängig von den Moralvorstellungen verschiedener Religionen und Kulturen diskutiert werden müssen. Sollten wir daran interessiert sein, unsere eigenen Interessen und Wertvorstellungen – auch mit Gewalt – durchzusetzen?

Eine Gesellschaft, die ohne Regeln funktionieren soll oder nach denen, die sich jeder selber schafft, landet im Chaos.

Können wir zusehen, wie anderen Unrecht getan wird? Was ist überhaupt Unrecht? Albert Schweitzer formulierte das Gebot der Ehrfurcht vor dem Leben, Arthur Schopenhauer das Prinzip des Mitleids, Mahatma Gandhi das der Gewaltlosigkeit. Allen gemeinsam ist die Achtung vor dem anderen. Lassen wir die Dinge mit relativistischer Beliebigkeit einfach nur laufen, so werden wir – meint Hans Küng – unsere gesellschaftlichen und ökologischen Probleme nie lösen können. Gewalt und Rücksichtslosigkeit im Umgang miteinander, aber auch im Umgang mit der Natur, richtet Schäden an, die vielleicht nicht mehr gutzumachen sind. Wir müssen also – und dies ist überlebensnotwendig – einen Konsens zwischen den Kulturen und Gesellschaften erreichen, und das ist eine wichtige Aufgabe ethischer Reflexion in unserer Zeit. Keine Demokratie kann ohne solchen Wertkonsens funktionieren (z. B. Übereinstimmung in der Achtung der Andersdenkenden). Das heißt nicht, daß wir uns nicht engagiert für unsere Meinung einsetzen sollten. Aber rechtfertigt der Zweck, den wir verfolgen, dann auch jedes Mittel, auch Gewalt?

Das Nachdenken über die Konsequenzen unseres Handelns gehört ebenfalls zur ethischen Reflexion. Sollte man den Wert einer Handlung eher nach dem Erfolg beurteilen, oder nach dem Motiv, aus dem sie geschah? Sollte man vornehmlich an sich selber denken oder auch das Wohlergehen anderer im Auge haben? Sind wir auch dann für unsere Handlungen verantwortlich, wenn wir mit Gewalt manipuliert werden? Diese ethischen Fragen gehören wesentlich zu unserem Leben, denn nach Sartre macht sich der Mensch durch seine Handlungen zu dem Menschen, der er sein will. Wir haben also Verantwortung nicht nur für andere, sondern auch für uns selbst, denn wir müssen mit unseren Taten leben.

Was ist *wirklich* richtig?

4.1 Alltägliche (Gewalt-) Nachrichten

Wilhelm Busch

Das Gute – dieser Satz steht fest –
Ist stets das Böse, was man läßt!

Ei, ja! – Da bin ich wirklich froh!
Denn Gott sei Dank! ich bin nicht so!

1.
»Die einzige Voraussetzung für den Triumph des Bösen ist, daß gute Menschen nichts tun.« (Edmund Burke, irischer Staatsmann)
Wie beurteilst du die Selbstgerechtigkeit des deutschen Spießbürgers bei Wilhelm Busch? Beziehe obiges Zitat in deine Antwort ein!

2.
Was denkst du angesichts der ausgewählten Nachrichten über Menschen, die auch heute meinen, das Tun der anderen ginge sie nichts an?

3.
Was sind für dich Formen von Gewalt?

Ein 16jähriger Braunschweiger Schüler rührt flüssiges Putzmittel in einen für die Abschlußfeier des Lehrerkollegiums angerichteten Früchtequark. Sieben Lehrer und Lehrerinnen müssen ärztlich versorgt werden.

Aus Wut über eine Niederlage im Hockeyspiel schlägt der Sohn des Sultans von Johor in Malaysia den gegnerischen Torwart bewußtlos.

Aus verschmähter Liebe erdolcht ein zwanzigjähriger Bundeswehrsoldat in Brühl eine 48jährige Frau und ihre siebzehn und zwanzig Jahre alten Töchter.

In einer Münchener Stadtbücherei ersticht ein 43jähriger Mann seine zwanzigjährige Ehefrau, weil sie sich in einen anderen verliebt hat.

»Menschen, die nicht serbischer Abstammung sind, dürfen sich weder in den Cafés aufhalten, noch in den Flüssen Vrbanja und Josavka baden und angeln oder ein Auto benutzen.« Ein Erlaß der serbischen Stadtverwaltung des bosnischen Zwanzigtausend-Einwohnerortes Celinac.

Nach einem Streit mit ihrem Freund zersticht eine 32jährige Augsburgerin zwanzig Autoreifen.

Ein 43jähriger Mann aus Bamberg legt Feuer in der Wohnung seines Nebenbuhlers. Die Wohnung brennt ab, die Frau trennt sich von beiden.

»Verstehe bitte, ich brachte keine Person um, sondern ein Platten-Cover.« Mark Chapman bittet Yoko Ono zwölf Jahre nach seinem Mord an John Lennon um Verzeihung.

Der 49jährige Klaus Dieter Klein wird im rheinland-pfälzischen Bad Breisig von zwei 17jährigen Skinheads niedergestochen und totgetrampelt.

Aus Frust über seine Freundin wirft ein zwanzigjähriger hessischer Koch Steinplatten von einer Brücke auf fahrende Autos.

Trotz einer neuen demokratischen Verfassung ist in Paraguay die Folter weiter »tägliche Praxis«, melden Menschenrechtsorganisationen 1993. Kurz darauf beschließen die USA, ihre Militärhilfe für Paraguay aufzustocken.

»Man sagte uns, daß alle Muslime getötet werden müssen. Ich habe einfach getan, was mir befohlen wurde.« Ein 21jähriger Serbe vor einem bosnischen Kriegsgericht.

Zusammen mit ihrem Liebhaber schleift eine 36jährige ihren Ehemann mit dem Auto zwei Kilometer weit über die Landstraße.

Der 35jährige Frank Böhnisch wird in Koblenz von einem 23jährigen Rechtsradikalen erschossen, der »mit dem asozialen Pack aufräumen will«.

80

4.
Welche Formen von Gewalt hast du schon erlebt?
Wie hast du dich dabei gefühlt?
5.
Macht eine Umfrage (evtl. anonym) in Schule und Freundeskreis, z. B. mit folgenden oder ähnlichen Fragen und wertet sie aus!
Was hältst du selbst für Gewalt, was für normal?
Was hast du selber schon erlebt?
Was hast du selber schon getan?
6.
Welchen Sinn hat Gewalt für dich?
7.
Diskutiert die Popsongs »Ich möchte eine Bombe sein« und »Schweigen ist feige, Reden ist Gold« (Prinzen/ Müller-Westernhagen),
evtl. im Vergleich mit dem Sprichwort »Reden ist Silber, Schweigen ist Gold«!
Welche Einstellung zu Gewalt wird hier jeweils deutlich?

Was ist Gewalt?

	ja	nein
– Mitschüler im Unterricht ärgern, bewerfen oder beschießen	☐	☐
– sich mit Mitschülern raufen, schlagen	☐	☐
– andere hänseln oder sich über sie lustig machen	☐	☐
– den Lehrer ärgern oder provozieren	☐	☐
– mit anderen einen Mitschüler verprügeln	☐	☐
– andere Schüler unter Druck setzen	☐	☐
– den Lehrer beschimpfen oder freche Antworten geben	☐	☐
– Sachen im Schulgebäude abmontieren	☐	☐
– versehentlich die Einrichtung der Schule beschädigen	☐	☐
– Sachen von Mitschülern absichtlich kaputtmachen	☐	☐
– im Schulgebäude etwas absichtlich beschädigen	☐	☐

4.2 Eric Malpass:
Morgens um 7 ist die Welt noch in Ordnung

Gaylord wird von seinem Freund Willie Foggerty und seinen Brüdern fälschlich beschuldigt, einen gläsernen Briefbeschwerer weggenommen zu haben. Er möchte Willie über den Verlust trösten und schenkt ihm einen ähnlichen, den er sich selbst von seinen Eltern hat schenken lassen.

Er hatte nur einen Kummer: Seine Zuneigung zu dem sonst immer sanften und harmlosen Willie war sehr stark, und es betrübte ihn, daß er seinen Freund nicht mehr zu sehen bekam. Er vergaß die Schmerzen des verdrehten Armes und erinnerte sich nur an Willies fast tierische Verzweiflung, als er sein Spielzeug verloren hatte. Er dachte Tag und Nacht an Willie. Auf irgendeine Weise wollte er Willie dafür entschädigen, daß er nicht alle Tassen im Schrank hatte, in einem so schäbigen Haus lebte und abgelegte Kleider trug. Und er wußte kein anderes Mittel, als sich in dem alten Steinbruch neben Willie zu setzen.

Sie redeten wenig, aber sie waren zufrieden, wieder beieinander zu sein, und genossen das lange Schweigen. Endlich sagte Willie: »Du kennst doch unseren Bert?« Gaylord fuhr zusammen. Er nickte.

»Er will dich fertigmachen«, sagte Willie.

Gaylord bohrte weiter im Sand. »Warum?« fragte er.

»Du warst unverschämt. Und dein Vater war unverschämt!«

Willies Stimme klang vorwurfsvoll.

Gaylord wünschte mehr denn je, er hätte ihnen nicht die lange Nase gedreht. Er bohrte weiter.

»Du kennst doch unsern Dave?« fragte Willie.

»Ja«, sagte Gaylord unglücklich.

»Er will dich auch fertigmachen. Du warst unverschämt. Und dein Vater auch.«

Die Schatten im Steinbruch wurden jetzt länger. »Du kennst doch unsern Mike?« fragte Willie.

Es hatte keinen Zweck. Die Herrlichkeit war zerstört. Gaylord stand auf. »Willie, ich muß jetzt nach Hause«, sagte er und wünschte um alles in der Welt, er wäre niemals hierhergekommen.

Willie machte ein enttäuschtes Gesicht. »Gaylord, du kommst jetzt gar nicht mehr. Und wenn du mal kommst, dann bleibst du nicht.«

Gaylord klopfte sich den Sand von seiner kurzen Hose. »Mein Vater ist nie unverschämt«, sagte er.

»Sagt aber unser Arthur«, sagte Willie. »Er will dich auch fertigmachen deswegen.«

»Dir selbst wird es Freude machen, wenn du ihn Willie gibst«, sagte die Stimme. »Er wäre bestimmt so dankbar, daß du dir wie der liebe Gott vorkämst.«

Das war alles schön und gut. Aber die Drohung der jungen Foggertys lag wie Mehltau über dem ganzen herrlichen Land. Gaylord traute sich nicht allein aus dem Haus. Er fing an, die friedlichen Wege zu hassen und die lauernde Stille der Felder zu fürchten.

Andererseits war das Haus voller Menschen, und keiner schien von ihm viel Notiz zu nehmen. Es gab ungezählte Gelegenheiten, sich unbemerkt davonzustehlen. Und sein Gewissen hatte dafür gesorgt, daß der Briefbeschwerer ihm nur noch Freude bereitete, wenn er ihn jetzt seinem Freund schenkte.

Also ging er los und fand Willie, wie immer, in dem alten Steinbruch. »Warst du an der See?« fragte Willie.

»Ja«, sagte Gaylord. »Ich hab dir was mitgebracht.« Er gab Willie das Kästchen und wartete, wobei er neugierig das blasse Mondgesicht beobachtete.

Es sah fast so aus, als sei die Aufregung über das Geschenk für Willie zuviel.

---

1. Wie beurteilst du das, was Gaylord passiert?
2. Wie hättest du dich verhalten?
3. Wie hätte Gaylord sich schützen können?
4. Wie beurteilst du die Rolle des Gewissens in diesem Fall?
5. *Die Geschichte »Morgens um 7 ist die Welt noch in Ordnung« wurde auch verfilmt.* Wie beurteilst du Gewalt in Filmen (Rambo, Terminator etc.)?
6. Versucht in einem Rollenspiel eine Situation alltäglicher Gewalt darzustellen und ändert dann so ab, daß es eurer Meinung nach besser läuft. Richtet in eurer Klasse eine Streitschlichtungsstelle ein! Überlegt, welche Eigenschaften ein »Streitschlichter« haben müßte und wählt zwei Schüler/Schülerinnen dafür aus! Tragt Methoden zusammen, die bei der Bewältigung von Konflikten helfen können!

Er wurde krebsrot im Gesicht. Sein Atem ging schwer. Seine Finger zitterten, als sie das Papier zerrissen. Endlich hatte er es geschafft – und starrte mit grenzenloser Enttäuschung darauf. »Wofür ist das?« fragte er.
Gaylords Herz sank. »Das ist ein Briefbeschwerer«, sagte er. »Wie der, den du verloren hast.«
Willies Augen wurden eng. »Den du mir geklaut hast, meinst du.«
»Das hab ich doch nicht getan, Willie. Aber ich hab dir einen anderen mitgebracht, um ... na ja, damit alles wieder gut ist.«
Willie betrachtete das Glas widerwillig. »Mit dem ist gar nichts los. Den Fluß kann ich immer sehen. In dem andern war eine Stadt und Straßen und so.«
Das kommt davon, wenn man auf sein Gewissen hört. Gaylord fühlte sich überhaupt nicht wie der liebe Gott. Und Willie hatte es auch nichts geholfen.
Gaylord sagte: »Also gut, dann gib's wieder her, wenn du's nicht magst.«
Willie machte ein verschlagenes Gesicht. Schützend schloß er seine Hände um die Kugel. Gaylord wollte sie ihm entreißen; dann sah er etwas, das seine Knie weich werden ließ. Schweigend kamen Willies Brüder hintereinander in den Steinbruch. Und sie sahen ganz so aus, als ob sie ernst machen wollten. Die Stille in dem alten Steinbruch war lähmend. Willies Brüder umzingelten schweigend Gaylord.
Der stand da, in der stechenden Sonne, und wartete auf das, was kommen sollte. Sein Blick verfolgte jede Bewegung von ihnen. Und ihre Augen starrten ihn unverwandt an.
Klein, hilflos, aber trotzig stand er da, mit gespreizten Beinen, verzweifelt aufrecht, mit vorgestrecktem Kinn.
Sie waren ihm ganz dicht auf den Leib gerückt. Der trockene, muffige Geruch alter Kleider, der scharfe Geruch dieser schwitzenden Körper schien den ganzen Steinbruch anzufüllen. Flucht war unmöglich. Er konnte sich keinen Fußbreit rühren. Berts Gesicht hing über Gaylord. Seine Lippen verzerrten sich, ehe er sprach. »Dein Vater ist ein Schwein«, sagte er dann. Gaylord stand unbeweglich wie ein Denkmal. Der Schweiß lief ihm in die Augen, aber er traute sich nicht zu zwinkern, weil sie dann gedacht hätten, er heule.
Bert sagte: »Sprich mir nach: ›Mein Vater ist ein verdammtes Schwein‹. Los, sag's.«
Gaylord schwieg.
Langsam hob Bert den Fuß. Dann trat er Gaylord mit aller Wucht vors Schienbein. »›Mein Vater ist ein verdammtes Schwein‹«, wiederholte er.
Gaylord wurde schwarz vor Augen. Der Steinbruch begann sich ganz langsam wie ein Karussell zu drehen. Der Schmerz durchzuckte seinen ganzen Körper. Aber er schwieg.
Bert verlor die Beherrschung. »Sag's«, schrie er. »Los, sag's. Sag, ›Mein Vater ...‹« Er schlug Gaylord mitten zwischen die Augen.
Gaylord brach zusammen, und Bert trat ihn, wild, viehisch, böse, bis seine Brüder selber Angst bekamen und ihn fortzerrten.
Und Gaylord blieb in der glühenden Sonne blutüberströmt liegen, und dicke Fliegen krabbelten gierig auf ihm herum.

7.
Welche Ursachen hat Gewalt deiner Meinung nach?
Welchen Einfluß haben Rollenvorbilder?
Vgl. dazu die Karikaturen auf S. 88 und S. 94!
8.
Bist du selber schon einmal in einer Situation gewesen, in der du dir nicht anders zu helfen wußtest als durch Gewalt?
Kannst du sie beschreiben?
9.
Hast du »Gewissensbisse« gehabt?
Was hättest du im nachhinein anders machen können?

Szene aus dem gleichnamigen Film

4.3 Hans-Peter Richter:
Wenn mir jemand ins Gesicht schlägt ...

1. Welche Reaktion scheint dir am angemessensten?
2. Diskutiert die Folgen der jeweiligen Reaktion!
3. *Kann es die Kette der Gewalt unterbrechen, wenn man »die andere Backe hinhält«, wie Christus es vorgeschlagen hat?* Welche Folgen kann dieses Verhalten statt dessen haben? Was schlägst du vor, um die »Gewaltkette« zu unterbrechen?
4. Welche Gründe für agressives Verhalten kann es geben? Ist die Reaktion davon abhängig?

– soll ich ihn töten, um die Beleidigung mit Blut abzuwaschen?
– soll ich ihm einen Schaden zufügen, der ihn lebenslänglich an diesen Übergriff denken läßt?
– soll ich zurückschlagen, um Gleiches mit Gleichem zu vergelten?
– soll ich ihn anzeigen, um seine gerechte Bestrafung zu erwirken?
– soll ich ihm drohen, um ihn von weiteren Taten abzuhalten?
– soll ich ihn warnen, um ihm zukünftige Übergriffe zu verleiden?
– soll ich tun, als sei nichts geschehen, um den Schläger nicht noch mehr zu erzürnen?
– soll ich fliehen, um weiteren Schlägen zu entgehen?
– soll ich ohne Widerstand ausharren, um so die Kette der Gewalttätigkeiten zu unterbrechen?
– soll ich ihm danken, um ihm zu zeigen, daß dieser Schlag mich vielleicht geläutert hat und hat reifen lassen?
Was ist richtig?
Alles ist richtig!
Jede der genannten Verhaltensweisen ist irgendwo, irgendwann, von irgendwem schon einmal als die richtige bezeichnet worden.

4.4 Monster Kody:
Mein erster Mord
(Dieser Bericht ist ein Tatsachenbericht!)

Stolz schritt ich vor den leuchtenden Augen meiner Mutter, meiner Tante und Onkel Clarence über das gebohnerte Bühnenparkett der Schulaula an der 45. Straße.
Wenn ich den 15. Juni 1975, den letzten Tag meines sechsten Schuljahres, Revue passieren lasse, erinnere ich mich lebhaft daran, wie stolz ich war.
Die Abschlußfeier ging mir entsetzlich auf die Nerven, mir war das Ganze einfach zu blöd. Ich konnte es kaum erwarten, nach Hause zu kommen. Heute abend sollte ich in die Gang aufgenommen werden, und ich wollte an meinem ersten Dienstabend nichts verpassen. Als wir im Monte Carlo meines Onkels um die Ecke zu unserem Block bogen, kauerte ich mich auf dem Rücksitz zusammen, damit mich niemand in meinem weißen Strickanzug und der Krawatte sehen konnte. Ich checkte, ob die Luft rein war, und schoß dann an Mom vorbei ins Haus, den Flur entlang in mein Zimmer, um mich schnell umzuziehen.
»Was fällt dir denn ein?« bellte Mom im Flur. »Du glaubst doch nicht im Ernst, daß du hier rauskommst, bevor du nicht dein Zimmer aufgeräumt hast, den Müll rausgebracht und ...« Den Rest hörte ich nicht mehr. Da war ich schon aus dem Fenster und stürmte der einzigen Sache in meinem Leben entgegen, die meine Aufmerksamkeit je eine ernstzunehmende Zeitlang fesseln konnte – der Straße. An der nächsten Ecke hielt ich einen Moment an, um mich zu beruhigen, und traf auf Tray Ball, der mich in die Gang aufnehmen und mir auch alle Tricks, die man da so braucht, zeigen wollte. Tray Ball – mein Förderer. Tray Ball reichte mir seine sehr dunkle, muskulöse, geäderte Hand.
»Was liegt an, Alter?«
»Also, was ist mit heute abend, bin ich noch dabei oder was?«

»Ja, bist du.« ...
»Wie heißt du, Kumpel?« fragte Huckabuck aus einer Wolke von Marihuana-Qualm von der anderen Seite des Raumes.
»Kody, ich heiße Kody.«
»Was?« fragte Huck ungläubig. »Deine Mutter hat dich Kody genannt?«
»Ja, ehrlich, kein Scheiß«, antwortete ich.
»Okay, verdammt, dann bist du dabei«
GC – mit seinen blauen Drillichhosen und dem passenden Hemd gekleidet wie ein Tankwart – und ich sollten los, um ein Auto zu klauen. Ich war überhaupt nicht nervös und zögerte keinen Moment. Heute abend würde ich ein Mann werden, und ich nahm jeden Befehl so ernst wie Afrikaner bei ihren Initiationsriten – wenn sie vom Kind zum Mann werden. GC war der Spezialist der Bande für Autodiebstähle.
Wir fanden einen Mustang – blau und sehr robust. GC mühte sich, die Motorhaube aufzubekommen, und ich stand mit einem 38er Revolver Schmiere. Ich war bereit, die sechs Schüsse abzufeuern. Dabei hatte ich bisher nur einmal mit einem echten Gewehr geschossen, und das auch nur in die Luft.
»Er läuft«, sagte GC und war stolz wie ein frischgebackener Vater, der zum ersten Mal sein Neugeborenes sieht. Wir klatschten einander in die Hände und sprangen ins Auto. Als wir aus der Einfahrt rausschossen, bemerkte ich, daß ein Licht anging. Ich griff nach der Tür, war richtig geil darauf, auf das Haus zu schießen, aber GC fiel mir in den Arm und sagte: »Keine Panik, wir haben doch jetzt den Wagen.«
Zurück im Schuppen, rauchten wir Pot, tranken Bier und brachten uns in Stimmung für den nächsten Einsatz – über den ich immer noch nichts wußte.
Ich stand auf und sah nicht mal, wie mir Huck eins in die Schnauze gab. Rumms! Schon war ich am Boden, unfähig, mein Gleichgewicht wiederzufinden. Ein Tritt in den Magen, und ich fiel hintenüber. Jemand packte mich am Kragen und zerrte mich wieder auf die Füße. Ein kräftiger Schlag auf den Brustkorb. Rumms! Noch einer und noch einer. Von überall her hagelte es Schläge. Ich kam mir vor wie ein Pinball in einem Flipper. Mir war klar, wenn ich wieder zu Boden gehe, treten sie mich.
Bis zu diesem Augenblick hatte keiner ein Wort verloren. Ich hatte bereits von dem Aufnahmeverfahren gehört (man mußte eine Reihe von Prüfungen bestehen, vor allem körperliche, aber manchmal gehört es auch dazu,

Ordnung muß sein!

jemanden zu erschießen), aber irgendwie hatte ich mir das in meiner noch recht kindlichen Fantasie als ehrenwerte Versammlung vorgestellt, mit Gesprächen über meinen Mut und meine Tauglichkeit. In meiner Verzweiflung schlug ich zu, traf Fly voll in den Brustkorb und wehrte ihn so ab. Dann boxte ich ohne Stil und Eleganz los, voller Wut und dem Willen, zu überleben ...

»Gib Kody die Pump-Gun«, schallte Tray Balls Stimme über das Scheppern von auf- und zuschnappenden Stahlkammern, sich drehenden Zylindern und die leise Musik im Hintergrund. »Hör zu, Kody«, sagte er mit der Ruhe eines Fußballtrainers. »Du hast acht Schüsse, und du kommst nicht zum Auto zurück, bis sie alle abgefeuert sind.«

»Klar«, sagte ich eifrig, um ihm zu zeigen, daß ich ein ganzer Kerl war.

»Diese Idioten, die Bloods, hängen jetzt seit vier Tagen hier herum, labern Leute an (›Leute anlabern‹ bedeutet, fragen, woher man kommt, das heißt, zu welcher Gang man gehört) und verarschen jeden Crip (das war unsere Gang) auf der ganzen Welt.«

Ich saß kerzengerade da und hing an Tray Balls Lippen.

»Heute abend machen wir sie fertig.«

Wir quetschten uns in den Mustang, Tray Ball fuhr – unbewaffnet. »Da sind sie!« rief Lep. Er hatte ein Grüppchen von ungefähr fünfzehn Leuten bemerkt. »Verdammt, die kriegen auch gar nichts mit – guckt sie euch an, diese Trottel!«

Ich beäugte meinen Feind und weiß noch, wie ich dachte: jetzt geht's los, und ich werde erst aufhören, bis ich sie alle abgeknallt habe.

Bumm! Bumm! Schwere Körper schlugen am Boden auf, Verwirrung, Schmerzensschreie, hastende Füße und dann eine zweite Schußsalve. Nach meinem sechsten Schuß war ich an den ersten Gefallenen vorbei bis auf die Straße vorgedrungen und machte nun Jagd auf diejenigen, die sich hinter Autos und Bäumen versteckten.

Ein Blood, der offenbar unverletzt geblieben war, spurtete ein letztes Mal aus seiner Deckung hinter einem Auto auf eine Veranda zu. Ich weiß noch, wie ich die Waffe hob und er mich ansah – für den Bruchteil einer Sekunde war es, als träten wir auf einer anderen Ebene miteinander in Kontakt, als begriffe ich plötzlich, wer er war –, dann drückte ich ab, und er brach zusammen.

Wieder im Schuppen, rauchten wir noch etwas Pot und tranken Bier. Ich war der Held, weil ich mich so aggressiv verhalten hatte.

Tray Ball verkündete meine Aufnahme in die Gang, und alle gratulierten mir. Es war der stolzeste Moment meines bisherigen Lebens.

Was ich an jenem Abend getan hatte, wurde mir erst bewußt, als ich zu Hause war. Mein Herz schlug wieder mit normaler Geschwindigkeit, und die Wirkung des Alkohols und des Marihuanas war verflogen. Ich war plötzlich allein mit den grauenhaften Bildern in meinem Kopf, Bildern von grotesk verdrehten Körpern, die sich wanden und krümmten, als wären ihre Knochen gebrochen. In dem Moment machte mir das nicht besonders viel aus, schließlich ging es ums Überleben. Aber als ich hellwach in meinem Bett lag, sicher und am Leben, fühlte ich mich schuldig und schämte mich. Während ich darüber nachgrübelte, dachte ich: Es war einfach zu leicht, sie umzubringen. Was suchten sie überhaupt dort draußen? Ich versuchte, mein Handeln mit allem möglichen, was mir in den Sinn kam, zu rechtfertigen. Es gab keine Rechtfertigung. In jener Nacht schlief ich sehr wenig. Ich habe bisher niemandem von diesen Gefühlen erzählt.

---

1. Wie beurteilst du Kodys Bedürfnis, in die »Gang« aufgenommen zu werden? Kannst du dieses Bedürfnis verstehen. Woher könnte es kommen?

2. Was hältst du von Kodys »Aufnahmeprüfung«?

3. Welche Rolle haben Drogen und Alkohol gespielt? Hältst du Kody für verantwortlich? Begründe!

4. Welche Gefühle überfallen ihn angesichts seines ersten bewußten Mordes? Wie wird er mit seinem Gewissen fertig?

5. Betrachte das Bild »Der Träumer« von H. M. Davringhausen (Bildteil, S. 8). Welchen Traum hat der Mörder angesichts einer Realität, mit der er nicht fertiggeworden ist? Oder ist der Mord passiert, weil die Realität seinem Traum nicht entsprach? Wie bewertest du diese Möglichkeiten?

6. Wie passen bürgerliche Existenz und Gewalt zusammen? Bezieh auch die Karikatur (S. 85) in die Diskussion ein!

Friedrich Engels:
Die »ewigen Wahrheiten« der Moral

4.5

Daß zwei mal zwei vier ist, daß die Vögel Schnäbel haben oder derartiges wird nur der für ewige Wahrheiten erklären, der mit der Absicht umgeht, aus dem Dasein ewiger Wahrheiten überhaupt zu folgern, daß es auch auf dem Gebiet der Menschengeschichte ewige Wahrheiten gab, eine ewige Moral, eine ewige Gerechtigkeit usw., die eine ähnliche Geltung und Tragweite beanspruchen wie die Einsichten und Anwendungen der Mathematik. Und dann können wir mit Bestimmtheit darauf rechnen, daß derselbe Menschenfreund uns bei erster Gelegenheit erklären wird, alle früheren Fabrikanten ewiger Wahrheiten seien mehr oder weniger Esel und Scharlatane, seien alle im Irrtum befangen gewesen, hätten gefehlt; das Vorhandensein *ihres* Irrtums und *ihrer* Fehlbarkeit aber sei naturgesetzlich und beweise das Dasein der Wahrheit und des Zutreffenden *bei ihm*, und er, der jetzt erstandene Prophet, trage die endgültige Wahrheit letzter Instanz, die ewige Moral, die ewige Gerechtigkeit, fix und fertig im Sack. Das alles ist schon so hundertmal und tausendmal dagewesen, daß man sich nur wundern muß, wenn es noch Menschen gibt, leichtgläubig genug, um dies nicht von andern, nein, von sich selbst zu glauben ...

Wenn wir schon mit Wahrheit und Irrtum nicht weit vom Fleck kamen, so noch viel weniger mit Gut und Böse. Dieser Gegensatz bewegt sich ausschließlich auf moralischem, also auf einem der Menschengeschichte angehörigen Gebiet, und hier sind die endgültigen Wahrheiten letzter Instanz gerade am dünnsten gesät. Von Volk zu Volk, von Zeitalter zu Zeitalter haben die Vorstellungen von Gut und Böse so sehr gewechselt, daß sie einander oft geradezu widersprachen. – ... Aber, wird jemand einwerfen, Gut ist doch nicht Böse, und Böse nicht Gut; wenn Gut und Böse zusammengeworfen werden, so hört alle Moralität auf, und jeder kann tun und lassen, was er will. – Aber so einfach erledigt sich die Sache doch nicht. Wenn das so einfach ginge, würde ja über Gut und Böse gar kein Streit sein, würde jeder wissen, was Gut und was Böse ist ...

Jene Moraltheorien vertreten drei verschiedene Stufen derselben geschichtlichen Entwicklung, haben also einen gemeinsamen geschichtlichen Hintergrund, und schon deshalb notwendig viel Gemeinsames. Noch mehr. Für gleiche oder annähernd gleiche ökonomische Entwicklungsstufen müssen die Moraltheorien notwendig mehr oder weniger übereinstimmen. Von dem Augenblick an, wo das Privateigentum an beweglichen Sachen sich entwickelt hatte, mußte allen Gesellschaften, wo dies Privateigentum galt, das Moralgebot gemeinsam sein: Du sollst nicht stehlen. Wird dies Gebot dadurch zum ewigen Moralgebot? Keineswegs. In einer Gesellschaft, wo die Motive zum Stehlen beseitigt sind, wo also auf die Dauer nur noch höchstens von Geisteskranken gestohlen werden kann, wie würde da der Moralprediger ausgelacht werden, der feierlich die ewige Wahrheit proklamieren wollte: Du sollst nicht stehlen!

Wir weisen demnach eine jede Zumutung zurück, uns irgendwelche Moraldogmatik als ewiges, endgültiges, fernerhin unwandelbares Sittengesetz aufzudrängen, unter dem Vorwand, auch die moralische Welt habe ihre bleibenden Prinzipien, die über der Geschichte und den Völkerverschiedenheiten stehn. Wir behaupten dagegen, alle bisherige Moraltheorie sei das Erzeugnis, in letzter Instanz, der jedesmaligen ökonomischen Gesellschaftslage.

1. Was hältst du von Engels' These, daß es keine verbindlichen moralischen Vorstellungen geben könne?
2. Was hältst du für Unrecht? Weshalb?
3. Rechtfertigt Engels' Standpunkt z. B. Folter? (Vgl. Beckmanns Bild »Nacht«, Bildteil, S. 4!)
4. *In Engels' idealer kommunistischer Gesellschaft besteht keine Notwendigkeit für Verbrechen, da es keine Ungerechtigkeiten mehr gibt.* **Wie beurteilst du seine Theorie im Hinblick auf bestehende Gesellschaften?**

4.6 Wilhelm Busch:
Plisch und Plums Dressur

1

Flugs hervor aus seinem Kleide,
Wie den Säbel aus der Scheide

Zieht er seine harte, gute,
Schlanke, schwanke Haselrute,
Faßt mit kund'ger Hand im Nacken
Paul und Peter bei den Jacken

2

Und verklopft sie so vereint,
Bis es ihm genügend scheint.

»Nunmehr« – so sprach er in guter Ruh –
»Meine lieben Knaben, was sagt ihr dazu?

3

Seid ihr zufrieden, und sind wir einig?«
»Jawohl, Herr Bokelmann!« riefen sie schleunig.

Dies ist Bokelmanns Manier.
Daß sie gut, das sehen wir.
Jeder sagte, jeder fand:

4

»Paul und Peter sind charmant!«
Aber auch für Plisch und Plum
Nahte sich das Studium

1.
Welcher Art ist die schulische Erziehung von Paul und Peter? Welchem Zweck soll sie dienen?

2.
Welche Folgen hat sie für Pauls und Peters Verhalten?

3.
Kennst du Erzieher, die prügeln? Welche Erfahrungen mit Erziehungsmethoden hast du selbst gesammelt? Welche Meinung hast du dazu?

5

Und die nötige Dressur
Ganz wie Bokelmann verfuhr,
Bald sind beide kunstgeübt,
Daher allgemein beliebt.

Johann G. Fichte:
Gewissen als Zweck des Daseins

4.7

Jene Stimme in meinem Innern, der ich glaube, und um deren willen ich alles andere glaube, was ich glaube, gebietet mir ... in jeder besonderen Lage meines Daseins, was ich bestimmt in dieser Lage zu tun, was ich in ihr zu meiden habe: sie begleitet mich, wenn ich nur aufmerksam auf sie höre, durch alle Begebenheiten meines Lebens, und sie versagt mir nie ihre Belohnung, wo ich zu handeln habe. Sie begründet unmittelbar Überzeugung.
Auf sie zu hören, ihr redlich und unbefangen ohne Furcht und Klügelei zu gehorchen, dies ist meine einzige Bestimmung, dies der ganze Zweck meines Daseins. – Mein Leben hört auf ein leeres Spiel ohne Wahrheit und Bedeutung zu sein. Es soll schlechthin etwas geschehen, weil es nun einmal geschehen soll: dasjenige, was das Gewissen nun eben von mir, von mir, der ich in diese Lage komme, fordert; daß es geschehe, dazu, lediglich dazu bin ich da; um es zu erkennen, habe ich Verstand; um es zu vollbringen, Kraft.
Es schweben mir vor Erscheinungen im Raume, auf welche ich den Begriff meiner selbst übertrage: ich denke sie mir als Wesen meinesgleichen. Aber die Stimme meines Gewissens ruft mir zu: was diese Wesen auch an und für sich seien, du sollst sie behandeln als für sich bestehende, freie, selbständige, von dir ganz und gar unabhängige Wesen. Setze als bekannt voraus, daß sie ganz unabhängig von dir und lediglich durch sich selbst sich Zwecke setzen können, störe die Ausführung dieser Zwecke nie, sondern beförderte sie vielmehr nach allem deinem Vermögen.
Ehre ihre Freiheit: ergreife mit Liebe ihre Zwecke, gleich den deinigen. So soll ich handeln; auf dieses Handeln *soll*, – auf dieses Handeln *wird* und *muß* notwendig, wenn ich auch nur den Vorsatz gefaßt habe, der Stimme meines Gewissens zu gehorchen – alles mein Denken gerichtet sein.

1.
Welche Vorstellung vom Gewissen hat Fichte? Welche Vorstellung von gutem Handeln?
2.
Vergleiche mit Engels' Einstellung (S. 87) und mit dem folgenden Text!
Entsteht das Gewissen deiner Meinung nach durch die Gesellschaft (und Erziehung) oder ist es eine innere Stimme? (Woher?)
3.
Gibt es Dinge, die du in jeder Gesellschaft für falsch halten würdest? Welche und weshalb? (Vgl. Spaemann, S. 94 f.!)

Mark Twain:
Huck und Jim auf dem Fluß

4.8

Jede Nacht glitten wir an Ortschaften vorbei, und diejenigen, die auf dunklen Berghängen lagen, sahen wie ein leuchtendes Lichtbeet aus; kein einzelnes Haus konnte man da unterscheiden. In der fünften Nacht glitten wir an den zahllosen Lichtern von St. Louis vorbei.
Jetzt ging ich regelmäßig jede Nacht gegen zehn Uhr an Land, um in kleinen Dörfern für zehn oder fünfzehn Cent Mehl, Speck und andere Nahrungsmittel einzukaufen. Manchmal ließ ich auch ein junges Huhn mitgehen, das mir gerade in den Weg lief. Mein Alter hatte bei solcher Gelegenheit immer gesagt: »Nimm ein junges Huhn ruhig mit, wenn du es nehmen kannst, denn wenn du es auch nicht selbst brauchst, so wirst du genug andere finden, die dir dafür dankbar sind. Eine gute Tat wird nie vergessen.« Ich bemerkte zwar nie, daß mein Alter ein Huhn jemals nicht gebraucht hätte, aber gleichviel, so war immer

sein Spruch. Jeden Morgen, ehe es ganz Tag wurde, schlüpfte ich in die Felder und borgte mir eine Wassermelone, einen Kürbis, ein paar Maiskolben oder was ich sonst erwischte. Mein Alter hatte immer gesagt, daß es nichts Unrechtes sei, etwas zu entleihen, wenn man nur den festen Willen habe, es später gelegentlich zurückzuzahlen. Die Witwe jedoch erklärte, daß dieses Leihen nur eine Ausrede für Stehlen sei; ein anständiger Mensch tue so etwas nicht ...

Es blieb nichts weiter zu tun, als scharf nach dem Ort auszuspähen, um nicht vorbeizufahren, ohne Kairo zu sehen. Jim meinte, daß er den Ort ganz gewiß sehen würde, denn in diesem Augenblick sei er ein freier Mann. Aber wenn er ihn verfehle, sei er weiter im Sklavenland und würde die Freiheit nie mehr sehen. Alle Augenblicke sprang er darum hoch und rief: »Da sie sein!«

Er erklärte, daß er vor Erregung am ganzen Körper zittere und fiebere, weil er sich nun der Freiheit so nahe wisse. Aber ich sage euch, ich selbst zitterte und fieberte ebenfalls am ganzen Körper, als ich ihn so reden hörte, denn es dämmerte in meinem Kopf, daß er beinahe schon frei war – und wer war dafür verantwortlich? Ich selbst! Ich konnte mich vor Ge-wissensbissen nicht mehr retten. Es beunruhigte mich so, daß ich keine Ruhe mehr hatte; ich konnte nicht mehr still sitzen. Es war mir vorher niemals zum Bewußtsein gekommen, was ich eigentlich im Begriffe war zu tun. Aber jetzt faßte es mich, ließ mich nicht mehr los und quälte mich immer mehr. Ich versuchte mir vorzumachen, daß ich doch nicht dafür zu tadeln sei, weil ich doch Jim nicht veranlaßt hatte, seinem rechtmäßigen Eigentümer davonzulaufen. Aber es war umsonst; mein Gewissen hielt mir immer wieder vor: »Du hast es aber gewußt, daß er davongelaufen ist, um die Freiheit zu gewinnen, und du hättest ans Ufer rudern können, um es irgend jemandem zu sagen.« Das war nun einmal so – ich kam nicht darum herum. Das war der wunde Punkt. Mein Gewissen mahnte mich: »Was hat dir denn die arme Miß Watson getan, daß du unter deinen eigenen Augen ihren Nigger ausreißen siehst und sagst nicht ein einziges Wort? Was hat dir diese arme alte Frau getan, daß du sie so gemein behandeln kannst? Weil sie dir das Lesen und gutes Benehmen beibringen wollte, weil sie gut zu dir war auf jede Weise?«

Eberhard Binder

Ich fühlte mich so niederträchtig und elend, daß ich am liebsten tot gewesen wäre.

Das war nun ein Nigger, dem ich zur Flucht verholfen hatte, und bevor er sein Ziel erreicht hatte, redete er bereits davon, einmal seine Kinder stehlen zu lassen, seine Kinder, die einem Mann gehörten, den ich überhaupt nicht kannte, einem Mann, der mir nie etwas zuleid getan hatte. Es machte mich tieftraurig, als ich Jim so reden hörte. Mein Gewissen plagte mich immer stärker, bis ich es schließlich innerlich recht kräftig anschnauzte: »Laß mich doch in Ruhe, es ist ja noch nicht zu spät! Beim ersten Morgengrauen fahre ich an Land und sage alles!« Sofort war mir wieder leicht und froh zumute. Alle Qualen waren mit einem Schlage vorbei. Ich spähte scharf nach einem Licht aus und summte vor mich hin. Schließlich zeigte sich eins. Jim aber sang förmlich: »Wir sicher sein, Huck! Wir gerettet sein. Du herumspringen können. Da sein gute alte Kairo doch noch! Ich genau wissen!«

Ich sagte: »Ich will doch lieber mal das Boot nehmen und hinüberfahren. Es könnte am Ende doch nicht Kairo sein!«

Er sprang auf und machte das Boot fertig, legte seinen alten Rock für mich zum Draufsitzen hinein, gab mir die Riemen, und als ich fortrudern wollte, sagte er: »Sehr bald ich jubeln vor Freude, und ich sagen können: ich alles nur Huck

verdanken. Ich freier Mann sein, ich niemals freier Mann sein können, wenn nicht Huck gewesen sein. Jim niemals dich vergessen! Huck, du sein der beste Freund, den Jim je haben.«
Ich ruderte weg, ich schwitzte förmlich, denn ich wollte ihn ja verraten. Aber als ich ihn so reden hörte, waren alle Gewissensbisse wie weggeblasen. Bald fuhr ich langsam, ich war mir nicht ganz klar darüber, ob ich froh sein sollte, daß ich fortgefahren war oder nicht. Als ich fünfzig Meter weg war, rief Jim herüber: »Da du hinfahren, alte treue Huck. Der einzig weiße Mann, der Versprechen halten dem alten Jim.« Es war klar, ich fühlte mich wieder ganz elend. Aber ich sagte mir, ich muß es tun, ich kann nicht anders ...
Mir war ganz elend zumute, denn ich wußte nur zu gut, daß ich unrecht gehandelt hatte, und ich sah immer wieder, daß es für mich zwecklos war, wenn ich recht zu handeln versuchte. Wenn einer nicht von klein auf recht handeln lernt, später lernt er es nie mehr. Dann kam mir ein anderer Gedanke. Halt, sagte ich zu mir, angenommen, ich hätte jetzt Jim verraten und recht gehandelt, wäre mir jetzt wohler zumute als augenblicklich? Nein, ich würde mich elend fühlen – schlimmer als jetzt. Also, sagte ich mir weiter, was hat es dann für einen Zweck, recht handeln zu wollen, wenn es mich genauso elend macht, wie wenn ich unrecht handle? Da fand ich einfach nicht weiter. Daher beschloß ich, mich mit so etwas nicht mehr herumzuschlagen, sondern stets so zu handeln, wie es mir gerade am richtigsten erschien.

1.
Welche Einstellung hat Huck zum Stehlen?
Woher kommt sie?
2.
Weshalb hat er »Gewissensbisse« beim »Stehlen« eines Menschen?
3.
Weshalb entschließt er sich, entgegen den Normen seiner Gesellschaft, Jim die Freiheit zu schenken?
Ist das sein eigener Entschluß?
4.
Ist in dieser Geschichte Engels' oder Fichtes Vorstellung von Gewissen anwendbar?
Wie hättest du dich an Hucks Stelle verhalten?
5.
Auf welcher Grundlage beruht Huck Finns Handeln?

Arthur Schopenhauer:
Das Prinzip des Mitleids

4.9

Das *Wohl und Wehe,* welches ... jeder Handlung oder Unterlassung als letzter Zweck zum Grunde liegen muß, ist entweder das des Handelnden selbst oder das irgendeines andern bei der Handlung passiv Beteiligten. Im *ersten Falle* ist die Handlung notwendig *egoistisch;* weil ihr ein interessiertes Motiv zum Grunde liegt. Dies ist nicht bloß der Fall bei Handlungen, die man offenbar zu seinem eigenen Nutzen und Vorteil unternimmt, dergleichen die allermeisten sind; sondern es tritt ebensowohl ein, sobald man von einer Handlung irgendeinen entfernten Erfolg, sei es in dieser oder einer andern Welt, *für sich* erwartet; oder wenn man dabei seine Ehre, seinen Ruf bei den Leuten, die Hochachtung irgend jemandes, die Sympathie der Zuschauer und dergleichen mehr im Auge hat; nicht weniger, wenn man durch diese Handlung eine Maxime aufrechtzuerhalten beabsichtigt, von deren allgemeiner Befolgung man eventualiter einen Vorteil *für sich* selbst erwartet wie etwa die Gerechtigkeit, des allgemeinen hilfreichen Beistandes usw. – ebenfalls, wenn man irgendeinem absoluten Gebot, welches von einer zwar unbekannten, aber doch offenbar überlegenen Macht ausginge, Folge zu leisten für geraten hielte; da alsdann nichts anderes als *die Furcht* vor den nachteiligen Folgen des *Ungehorsams,* wenn sie auch bloß allgemein und unbestimmt gedacht werden, dazu bewegen kann – desgleichen, wenn man seine eigene hohe Meinung von sich selbst, seinem Werte oder (seiner) Würde, deutlich oder undeutlich begriffen, die man außerdem aufgeben müßte und dadurch seinen Stolz gekränkt sähe, durch irgendeine Handlung oder Unterlassung zu behaupten trachtet – endlich auch, wenn man ... dadurch an seiner eigenen Vervollkommnung arbeiten will. Kurzum: Man setze zum letzten Beweggrund einer Handlung, was man wolle; immer wird sich ergeben, daß auf irgendeinem Umwege zuletzt *das eigene Wohl und Wehe des Handelnden* die eigentliche Triebfeder, mithin die Handlung *egoistisch*, folglich ohne

1.
Welche Handlungen beurteilt Schopenhauer als moralisch wertlos?
Was ist nach Schopenhauer moralisch gut, unabhängig von gesellschaftlichen Bedingungen?
2.
Kennst du Menschen, die sich in dieser Weise verhalten haben?

Loriot

3.
Ist Mitleid deiner Meinung nach das einzige Kriterium für eine moralisch gute Handlung? Beziehe die obige Karikatur in deine Überlegungen ein! Welche alternativen Handlungsmöglichkeiten gäbe es hier?

4.
Der Philosoph Ludwig Wittgenstein hat sein ererbtes Vermögen an notleidende österreichische Künstler verschenkt.
Wie beurteilst du das?

moralischen Wert ist. Nur einen einzigen Fall gibt es, in welchem dies nicht statt hat: nämlich wenn der letzte Beweggrund zu einer Handlung oder Unterlassung geradezu und ausschließlich *im Wohl und Wehe* irgendeines dabei passiv beteiligten *andern* liegt, also der aktive Teil bei seinem Handeln oder Unterlassen ganz allein das Wohl und Wehe eines *andern* im Auge hat und durchaus nicht bezweckt, als daß jener andere unverletzt bleibe oder gar Hilfe, Beistand und Erleichterung erhalte.

Dieser Zweck allein drückt einer Handlung oder Unterlassung den Stempel des *moralischen Wertes* auf; welcher demnach ausschließlich darauf beruht, daß die Handlung bloß zu Nutz und Frommen *eines andern* geschehe oder unterbleibe. Sobald nämlich dies *nicht* der Fall ist; so kann das Wohl und Wehe, welches zu *jeder* Handlung treibt oder von ihr abhält, nur das des Handelnden selbst sein: dann aber ist die Handlung oder Unterlassung allemal *egoistisch*, mithin *ohne moralischen Wert*.

Wenn nun aber meine Handlung ganz allein des *andern wegen* geschehen soll; so muß *sein Wohl und Wehe unmittelbar mein Motiv* sein: so wie bei allen andern Handlungen das *meinige* es ist. Dies bringt unser Problem auf einen engern Ausdruck, nämlich diesen: Wie ist es irgend möglich, daß das Wohl und Wehe eines *andern* unmittelbar, d. h. ganz so wie sonst nur mein eigenes meinen Willen bewege, also direkt mein Motiv werde, und sogar es bisweilen in dem Grade werde, daß ich demselben mein eigenes Wohl und Wehe, diese sonst alleinige Quelle meiner Motive mehr oder weniger nachsetze? – Offenbar nur dadurch, daß jener andere *der letzte Zweck* meines Willens wird ganz so, wie sonst ich selbst es bin: also dadurch, daß ich ganz unmittelbar *sein* Wohl will und *sein* Wehe nicht will, so unmittelbar wie sonst nur *das meinige*. Dies aber setzt notwendig voraus, daß ich bei *seinem* Wehe als solchem geradezu mitleide, *sein* Wehe fühle wie sonst nur meines und deshalb *sein* Wohl unmittelbar will wie sonst nur meines. Dies erfordert aber, daß ich auf irgendeine Weise *mit ihm identifiziert* sei, d. h. daß jener gänzliche *Unterschied* zwischen mir und jedem andern, auf welchem gerade mein Egoismus beruht, wenigstens in einem gewissen Grade aufgehoben sei. Da ich nun aber doch nicht *in der Haut* des andern stecke, so kann allein vermittelst der *Erkenntnis*, die ich von ihm habe, d. h. der Vorstellung von ihm in meinem Kopf, ich mich so weit mit ihm identifizieren, daß meine Tat jenen Unterschied als aufgehoben ankündigt. Der hier analysierte Vorgang aber ist kein erträumter oder aus der Luft gegriffener, sondern ein ganz wirklicher, ja keineswegs seltener: es ist das alltägliche Phänomen des *Mitleids*, d. h. der ganz unmittelbaren, von allen anderweitigen Rücksichten unabhängigen *Teilnahme* zunächst am *Leiden* eines andern und dadurch an der Verhinderung oder Aufhebung dieses Leidens, als worin zuletzt alle Befriedigung und alles Wohlsein und Glück besteht. Dieses Mitleid ganz allein ist die wirkliche Basis aller *freien* Gerechtigkeit und aller *echten* Menschenliebe. Nur sofern eine Handlung aus ihm entsprungen ist, hat sie moralischen Wert: und jede aus irgendwelchen anderen Motiven hervorgehende hat keinen.

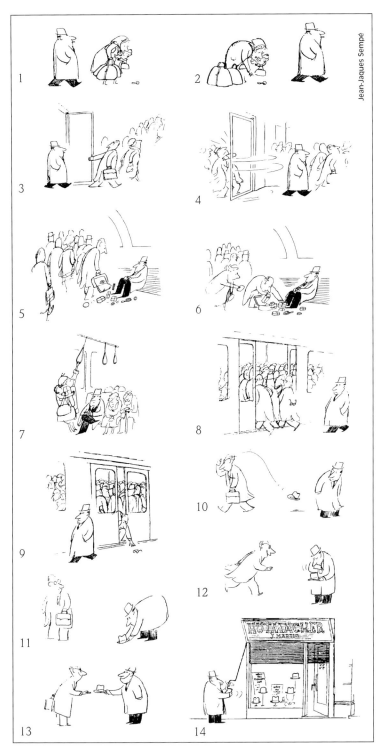

1.
Aus welchen Motiven handelt der Hutmacher?
Wie würde Schopenhauer dieses Verhalten werten?
2.
Was interessiert ihn, was nicht?
Hast du Ähnliches schon beobachtet?
Berichte davon!
3.
Verhält er sich deiner Meinung nach richtig?
Von seinem Standpunkt aus?
Woran orientierst du dich in deinem Urteil?
4.
Wie hättest du dich verhalten (ehrlich!)?

4.10 Robert Spaemann:
Gut und böse – relativ?

Man begegnet immer wieder der Behauptung, ethische Fragen seien deshalb sinnlos, weil es auf sie keine Antworten gebe. Ethische Sätze seien nicht wahrheitsfähig. Im Bereich des »gut–für-Hans unter dem Gesichtspunkt der Gesundheit« oder »gut–für-Paul unter dem Gesichtspunkt der Steuerersparnis« ließen sich vernünftige und allgemein gültige Einsichten gewinnen. Aber wo das Wort »gut« in einem absoluten Sinn genommen werde, da würden die Aussagen gerade umgekehrt relativ, abhängig vom Kulturkreis, von der Epoche, der Gesellschaftsschicht und vom Charakter dessen, der diese Worte benutzt. Und diese Meinung kann sich angeblich auf ein reiches Erfahrungsmaterial stützen. Gibt es nicht Kulturen, die Menschenopfer gut heißen? Gibt es nicht Sklavenhaltergesellschaften? Haben nicht die Römer dem Vater das Recht zugebilligt, sein neugeborenes Kind auszusetzen? Die Mohammedaner erlauben die Vielehe. Im christlichen Kulturkreis gibt es nur die Einehe als Institution usw.

Daß die Normensysteme in hohem Maße kulturabhängig sind, ist ein immer wieder vorgebrachter Einwand gegen die Möglichkeit einer philosophischen Ethik, das heißt einer vernünftigen Erörterung der Frage nach der Bedeutung des Wortes »gut« in einem absoluten, einem nicht relativen Sinn.

Aber dieser Einwand verkennt, daß die philosophische Ethik ja nicht auf der Unkenntnis dieser Tatsachen beruht. Ganz im Gegenteil. Das vernünftige Nachdenken über die Frage nach einem allgemein gültigen Guten begann überhaupt erst auf Grund der Entdeckung dieser Tatsache. Im 5. Jahrhundert v. Chr. war sie nämlich bereits hinreichend bekannt. Es häuften sich damals in Griechenland die Reiseberichte, die von den Sitten der umliegenden Völker Phantastisches zu erzählen wußten. Die Griechen aber begnügten sich nun nicht einfach damit, diese Sitten schlicht absurd, verächtlich oder primitiv zu finden, sondern einige unter ihnen, die Philosophen, begannen nach einem Maßstab zu suchen, an dem man verschiedene Lebensweisen und verschiedene Normensysteme messen kann.

»Wie oft habe ich Dir schon gesagt, du sollst deine Schwester nicht schlagen!«

Wenn wir hören, daß Eltern ein kleines Kind, weil es versehentlich ins Bett gemacht hat, grausam mißhandeln, dann urteilen wir nicht, diese Handlung sei eben für die Eltern befriedigend, also »gut«, für das Kind dagegen »schlecht« gewesen, sondern wir mißbilligen ganz einfach das Handeln der Eltern, weil wir es in einem absoluten Sinne schlecht finden, wenn Eltern etwas tun, was für ein Kind schlecht ist. Und wenn wir von einer Kultur hören, wo dies der Brauch ist, dann urteilen wir, die Gesellschaft habe eben einen schlechten Brauch. Und wo ein Mensch sich verhält wie der polnische Pater Maximilian Kolbe, der sich freiwillig für den Tod im Hungerbunker von Auschwitz meldete, um einen Familienvater im Austausch zu retten, da finden wir nicht, daß das eben für den Vater gut und für den Pater schlecht gewesen, absolut gesehen aber gleichgültig sei, sondern wir sehen einen Mann wie diesen als jemanden an, der die Ehre des Menschengeschlechtes gerettet hat, die von seinen Mördern geschunden wurde. Und diese Bewunderung wird zwanglos überall Platz greifen, wo die Geschichte dieses Mannes erzählt wird, bei australischen Pygmäen so gut wie bei uns. Wir brauchen aber gar nicht nach solchen dramatischen und exzeptionellen Fällen Ausschau zu halten. Die Gemeinsamkeiten zwischen den moralischen Vorstellungen in verschiedenen Epochen und Kulturen sind nämlich viel größer, als wir gemeinhin sehen.

Wir unterliegen häufig einfach einer optischen Täuschung. Die Unterschiede fallen uns stärker auf, weil uns die Gemeinsamkeiten selbstverständlich sind. In allen Kulturen gibt es Pflichten der Eltern gegen ihre Kinder, der Kinder gegen die Eltern, überall gilt Dankbarkeit als »gut«, überall ist der Geizige verächtlich und der Großherzige geachtet, fast überall gilt Unparteilichkeit als Tugend des Richters und Tapferkeit als Tugend des Kämpfers ...

Gerade die kulturellen Verschiedenheiten aber sind es, die uns dazu herausfordern, nach einem Maßstab der Beurteilung zu fragen. Gibt es einen solchen Maßstab? Bis jetzt haben wir nur vorläufige Argumente, sozusagen erste Indizien, abgewogen. Wir wollen uns nun einer endgültigeren Beantwortung der Frage dadurch annähern, daß wir zwei extrem entgegengesetzte Standpunkte prüfen, die nur in dem einen Punkt übereinstimmen, daß sie nämlich jede inhaltliche Allgemeingültigkeit leugnen: also zwei Varianten des ethischen Relativismus. Die erste These lautet etwa: Jeder Mensch sollte der in seiner Gesellschaft herrschenden Moral folgen. Die zweite lautet: Jeder sollte seinem Belieben folgen und tun, wozu er Lust hat. Beide Thesen halten einer vernünftigen Prüfung nicht stand.

Einem Menschen dieser Art, der zwischen der Treue einer Mutter zu ihrem Kind, der Tat Maximilian Kolbes, der Tat seiner Henker, der Skrupellosigkeit eines Dealers oder der Geschicklichkeit eines Börsenspekulanten gar keine Wertunterschiede wahrzunehmen vermag, fehlen gewisse fundamentale Erfahrungen und Erfahrungsmöglichkeiten, die durch Argumente nicht ersetzbar sind.

Der Streit um »gut« und »böse« beweist, daß die Ethik strittig ist. Er beweist aber eben deshalb auch, daß sie nicht bloß relativ ist, worin auch immer das Gute im einzelnen Falle bestehen mag und wie schwer auch Grenzfälle zu entscheiden sein mögen.

1. Wie stellt sich Spaemann zur Relativität ethischer Normen? Sind sie für ihn kulturabhängig?
2. Welche Verschiedenheiten, welche interkulturellen Gemeinsamkeiten zählt er auf?
3. Was bedeutet die »Wahrnehmung von Wertunterschieden«?
4. Gibt es für dich Wertunterschiede? Welche?
5. Welche Wertunterschiede in bezug auf Gewalt werden in der obenstehenden Karikatur deutlich?

Thomas Nagel:
Recht und Unrecht

4.11

Angenommen Sie arbeiten in einer Bibliothek und sind für die Ausleihe von Büchern verantwortlich. Ein Freund bittet Sie, ihn ein schwer zugängliches Nachschlagewerk hinausschmuggeln zu lassen, das er gern besitzen würde.

Sie könnten aus unterschiedlichen Gründen nicht zustimmen wollen. Sie könnten Angst davor haben, daß er geschnappt wird und Sie beide Ärger bekommen. Sie könnten wollen, daß das Buch in der Bibliothek verbleibt, da Sie es selbst zu konsultieren wünschen.

Sie könnten jedoch auch der Meinung sein, daß sein Anliegen *unrecht* ist – daß er das nicht tun sollte und daß Sie ihm dabei nicht behilflich sein sollten.

Falls Sie dies glauben, was bedeutet das dann, und was macht – wenn überhaupt – diese Meinung wahr?

Zu sagen, daß es unrecht ist, bedeutet nicht bloß zu sagen, daß es gegen die Regeln verstößt. Es kann schlechte Regeln geben, die etwas verbieten, das nicht unrecht ist – wie etwa ein Gesetz gegen die Kritik der Regierung. Eine Regel kann weiterhin schlecht sein, weil sie zu etwas auffordert, das unrecht ist – wie etwa ein Gesetz, das in Hotels und Restaurants eine Rassentrennung fordert. Der Gedanke von Recht und Unrecht ist ein anderer als die Idee von einem Regelverstoß oder einer Regelkonformität. Sonst wäre er bei der Bewertung von Regeln wie auch von Handlungen nicht brauchbar.

Wenn Sie glauben, daß es unrecht wäre, Ihrem Freund beim Diebstahl des Buches behilflich zu sein, so werden Sie beim Gedanken an die Tat wohl ein schlechtes Gefühl haben: irgendwie wollen Sie es auch dann nicht tun, wenn Sie nur mit Zögern einen Freundschaftsdienst abschlagen. Woher stammt der Wunsch, es nicht zu tun; was ist sein Motiv, der *Grund,* der dahinter steht?

Es gibt verschiedene Weisen, auf die etwas unrecht sein kann, doch in diesem

Fall würden Sie vermutlich erklären, daß die Tat anderen Benutzern der Bibliothek gegenüber unfair wäre, die an der Konsultation des Werkes ebenso interessiert sein könnten wie Ihr Freund, die es jedoch im Lesesaal konsultieren, in dem es für jedermann zur Verfügung steht, der es benötigt. Vielleicht haben Sie auch das Gefühl, daß Ihre Zustimmung Ihre Arbeitgeber hintergehen würde, die Sie gerade dafür bezahlen, daß Sie solche Dinge verhindern Doch nehmen wir an, Sie versuchen all dies Ihrem Freund zu erklären, und er sagt: »Ich bin mir darüber im klaren, daß der Direktor etwas dagegen hätte, wenn er davon erfahren würde, und vielleicht einige der anderen Benutzer der Bibliothek unglücklich darüber wären, daß das Buch nicht mehr da ist. Doch was soll's? Ich will das Buch haben. Warum soll ich auf andere Rücksicht nehmen?«

Das Argument, die Tat sei unrecht, soll ihm einen *Grund* geben, sie nicht zu tun. Doch falls jemand anderen gegenüber einfach gleichgültig ist, welchen Grund kann er dann haben, irgendeine der Taten, die wir gewöhnlich für unrecht halten, nicht zu begehen, sofern man ihm nichts nachweisen kann: welchen Grund kann er haben, nicht zu töten, zu stehlen, zu lügen oder andere zu schädigen?

Wenn er auf diese Weise bekommt, was er will, warum sollte er es dann nicht tun? Und wenn es keinen Grund gibt, daß er es nicht tun sollte, in welchem Sinne ist es dann unrecht?

Natürlich stehen die meisten Leute anderen bis zu einem gewissen Punkt nicht gleichgültig gegenüber. Doch selbst wenn es jemanden gäbe, der vollkommen gleichgültig wäre, würden dennoch die wenigsten von uns zu dem Schluß kommen, er habe sich moralischen Forderungen nicht zu unterwerfen. Eine Person, die ohne Rücksicht auf das Opfer einen anderen tötet, um an seine Brieftasche heranzukommen, wird nicht automatisch mit Nachsicht behandelt. Der Umstand, daß er keine Rücksicht nimmt, macht die Tat nicht akzeptabel, er *soll* Rücksicht nehmen. Doch *warum* soll er?

Als Grundlage der Ethik kommt nichts anderes in Frage als ein direktes Interesse an anderen. Doch die Ethik soll für jedermann gültig sein; und können wir davon ausgehen, daß jeder ein solches Interesse an anderen hat? Offensichtlich nicht, denn einige Menschen sind sehr egoistisch, und selbst jene, die nicht egoistisch sind, kümmern sich oft nur um die Leute, die sie kennen, und nicht um jedermann. Wo finden wir also einen Grund dafür, daß keiner einem anderen Menschen Schaden zufügen soll, auch dem nicht, den er nicht kennt?

Es ist einfach eine Frage schlichter Konsequenz und Folgerichtigkeit. Wenn Sie zugeben, daß ein anderer einen Grund hätte, Sie in einer ähnlichen Situation nicht zu schädigen, und wenn Sie zugeben, daß dieser Grund ein sehr allgemeiner wäre und nicht allein Sie oder ihn beträfe, so müssen Sie konsequenterweise zugeben, daß es auch für Sie in der gegenwärtigen Situation denselben Grund gibt, die Handlung zu unterlassen. Sie sollten den Schirm nicht stehlen, und Sie sollten sich schuldig fühlen, falls Sie es doch tun.

Diesem Argument könnte man entkommen wollen, indem man auf die Frage, »Würde es Dir gefallen, wenn ein anderer Dir das antun würde?« sagte, »Ich hätte überhaupt nichts dagegen. Es würde mir zwar keinen *Spaß* machen, wenn mir jemand bei einem Gewitter meinen Regenschirm stiehlt, doch ich würde nicht glauben, daß es einen Grund für ihn gibt, meine Gefühle in seine Überlegungen einzubeziehen.«

Doch wieviele Menschen könnten aufrichtig eine solche Antwort geben? Ich denke, die meisten Menschen würden, wenn sie nicht verrückt sind, der Meinung sein, daß ihre eigenen Interessen und Nachteile nicht nur für sie selbst von Bedeutung sind, sondern auch anderen einen Grund geben, sie ernst zu nehmen. Wir denken alle, daß es nicht nur für uns schlecht ist, wenn wir leiden, sondern sozusagen *»schlechthin schlecht«*.

Die Grundlage der Ethik ist die Überzeugung, daß Gut oder Böse bestimmten Menschen (oder Tieren) gegenüber nicht nur von ihrem Standpunkt aus gut oder schlecht sind, sondern aus einem allgemeineren Blickwinkel, den jede denkende Person verstehen kann. Dies bedeutet, daß jeder einen Grund hat, nicht nur seine eigenen Interessen, sondern auch die Interessen anderer in seine Entscheidungen einzubeziehen. Und es reicht nicht aus, nur auf einige andere Leute Rücksicht zu nehmen – seine Familie, seine Freunde, Menschen, die ihm besonders nahestehen.

Ethische Überlegungen wollen an ein Vermögen unparteiischer Motivation appellieren, das in uns allen vorhanden sein soll. Im schlimmsten Fall ist es vielleicht tief verborgen oder überhaupt nicht vorhanden. Jedenfalls muß es sich gegen machtvolle egoistische Motive behaupten, wenn es auf unser Verhalten Einfluß nehmen soll – sowie gegen andere persönliche Anliegen, die vielleicht nicht so egoistisch sind.

1.
Was ist für Nagel Recht, was Unrecht?

2.
Was spricht für Rücksichtnahme und gegen Egoismus?

3.
Gilt Rücksicht für dich nur gegenüber denkenden Personen?
Was ist mit behinderten Personen, Babies und Tieren?
Welche anderen Formen von Rücksicht kannst du dir vorstellen?

4.
In seinem Hörspiel »Die Panne« beschreibt F. Dürrenmatt, wie der Vertreter Traps, der seit dem Tod seines Chefs viel Erfolg hat, nach einer Autopanne hilfesuchend in ein Haus gerät, in dem pensionierte Juristen »Gericht« spielen. Sie laden ihn ein, wenn er als Angeklagter mitspielt; doch unversehens wird aus dem Spiel Ernst. Die Juristen weisen ihm einen Mord nach.
Setzt das Hörspiel in ein szenisches Spiel um. Es gibt zwei Varianten mit verschiedenen Schlußszenen.
Diskutiert, für welches Ende ihr euch entscheiden wollt!

5.
Der Psychoanalytiker Erich Fromm sagt (in »Psychoanalyse und Ethik«): »Was du anderen antust, das tust du dir auch selber an.«
Diskutiert diesen Satz!
Hältst du ihn für richtig?

4.12 Albert Schweitzer: Ehrfurcht vor dem Leben

Wahre Philosophie muß von der unmittelbarsten und umfassendsten Tatsache des Bewußtseins ausgehen. Diese lautet: »Ich bin Leben, das leben will, inmitten von Leben, das leben will.« Dies ist nicht ein ausgeklügelter Satz. Tag für Tag, Stunde für Stunde wandle ich in ihm. In jedem Augenblick der Besinnung steht er neu vor mir. Wie aus nie verdorrender Wurzel schlägt fort und fort lebendige, auf alle Tatsachen des Seins eingehende Welt- und Lebensanschauung aus ihm aus. Mystik ethischen Einswerdens mit dem Sein wächst aus ihm hervor.

Wie in meinem Willen zum Leben Sehnsucht ist nach dem Weiterleben und nach der geheimnisvollen Gehobenheit des Willens zum Leben, die man Lust nennt, und Angst vor der Vernichtung und der geheimnisvollen Beeinträchtigung des Willens zum Leben, die man Schmerz nennt: also auch in dem Willen zum Leben um mich herum, ob er sich mir gegenüber äußern kann oder ob er stumm bleibt.

Ethik besteht also darin, daß ich die Nötigung erlebe, allem Willen zum Leben die gleiche Ehrfurcht vor dem Leben entgegenzubringen wie dem eigenen. Damit ist das denknotwendige Grundprinzip des Sittlichen gegeben. Gut ist, Leben erhalten und Leben fördern; böse ist, Leben vernichten und Leben hemmen.

Tatsächlich läßt sich alles, was in der gewöhnlichen ethischen Bewertung des Verhaltens der Menschen zueinander als gut gilt, zurückführen auf materielle und geistige Erhaltung oder Förderung von Menschenleben und auf das Bestreben, es auf seinen höchsten Wert zu bringen. Umgekehrt ist alles, was in dem Verhalten der Menschen zueinander als böse gilt, seinem letzten Wesen nach materielles oder geistiges Vernichten oder Hemmen von Menschenleben und Versäumnis in dem Bestreben, es auf seinen höchsten Wert zu bringen. Weit auseinanderliegende, untereinander scheinbar gar nicht zusammenhängende Einzelbestimmungen von Gut und Böse fügen sich wie zusammengehörige Stücke ineinander, sobald sie in dieser allgemeinsten Bestimmung von Gut und Böse erfaßt und vertieft werden.

Das denknotwendige Grundprinzip des Sittlichen bedeutet aber nicht nur Ordnung und Vertiefung der geltenden Anschauung von Gut und Böse, sondern auch ihrer Erweiterung. Wahrhaft ethisch ist der Mensch nur, wenn er der Nötigung gehorcht, allem Leben, dem er beistehen kann, zu helfen, und sich scheut, irgend etwas Lebendigem Schaden zu tun. Er fragt nicht, inwie-

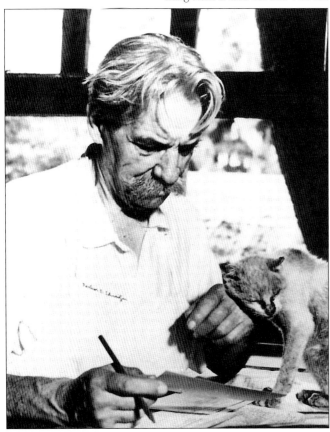

Albert Schweitzer
im Urwaldhospital Lambarene

fern dieses oder jenes Leben als wertvoll Anteilnahme verdient, und auch nicht, ob und inwieweit es noch empfindungsfähig ist. Das Leben als solches ist ihm heilig. Er reißt kein Blatt vom Baume ab, bricht keine Blume und hat acht, daß er kein Insekt zertritt. Wenn er im Sommer nachts bei der Lampe arbeitet, hält er lieber das Fenster geschlossen und atmet dumpfe Luft, als daß er Insekt um Insekt mit versengten Flügeln auf seinen Tisch fallen sieht.
Geht er nach dem Regen auf der Straße und erblickt den Regenwurm, der sich darauf verirrt hat, so bedenkt er, daß er in der Sonne vertrocknen muß, wenn er nicht rechtzeitig auf Erde kommt, in der er sich verkriechen kann, und befördert ihn von dem todbringenden Steinigen hinunter ins Gras. Kommt er an einem Insekt vorbei, das in einen Tümpel gefallen ist, so nimmt er sich die Zeit, ihm ein Blatt oder einen Halm zur Rettung hinzuhalten.
Er fürchtet sich nicht, als sentimental belächelt zu werden. Es ist das Schicksal jeder Wahrheit, vor ihrer Anerkennung ein Gegenstand des Lächelns zu sein. Einst galt es als eine Torheit, anzunehmen, daß die farbigen Menschen wahrhaft Menschen seien und menschlich behandelt werden müßten. Die Torheit ist zur Wahrheit geworden. Heute gilt es als übertrieben, die stete Rücksichtnahme auf alles Lebendige bis zu seinen niedersten Erscheinungen herab als Forderung einer vernunftgemäßen Ethik auszugeben. Es kommt aber die Zeit, wo man staunen wird, daß die Menschheit so lange brauchte, um gedankenlose Schädigung von Leben als mit Ethik unvereinbar einzusehen.
Ethik ist ins Grenzenlose erweiterte Verantwortung gegen alles, was lebt.
Das Denken muß danach streben, das Wesen des Ethischen an sich zum Ausdruck zu bringen. Dabei kommt es dazu, Ethik als Hingebung an Leben zu bestimmen, die durch Ehrfurcht vor dem Leben motiviert ist. Mag das Wort Ehrfurcht vor dem Leben als sehr allgemein etwas unlebendig klingen, so ist doch das, was damit bezeichnet wird, etwas, das den Menschen, in dessen Gedanken es einmal aufgetreten ist, nicht mehr losläßt. Mitleid, Liebe, und überhaupt alles wertvoll Enthusiastische sind in ihm gegeben. Mit rastloser Lebendigkeit arbeitet die Ehrfurcht vor dem Leben an der Gesinnung, in die sie hineingekommen ist, und wirft sie in die Unruhe einer niemals und nirgends aufhörenden Verantwortlichkeit hinein. Wie die sich durch die Wasser wühlende Schraube das Schiff, so treibt die Ehrfurcht vor dem Leben den Menschen an.
Was sagt die Ehrfurcht vor dem Leben über die Beziehungen zwischen Mensch und Kreatur?
Wo ich irgendwelches Leben schädige, muß ich mir darüber klar sein, ob es notwendig ist. Über das Unvermeidliche darf ich in nichts hinausgehen, auch nicht in scheinbar Unbedeutendem. Der Landmann, der auf seiner Wiese tausend Blumen zur Nahrung für seine Kühe hingemäht hat, soll sich hüten, auf dem Heimweg in geistlosem Zeitvertreib eine Blume am Rand der Landstraße zu köpfen, denn damit vergeht er sich an Leben, ohne unter der Gewalt der Notwendigkeit zu stehen.
Diejenigen, die an Tieren Operationen oder Medikamente versuchen oder ihnen Krankheiten einimpfen, um mit den gewonnenen Resultaten Menschen Hilfe bringen zu können, dürfen sich nie allgemein dabei beruhigen, daß ihr grausames Tun einen wertvollen Zweck verfolge. In jedem einzelnen Falle müssen sie erwogen haben, ob wirklich Notwendigkeit vorliegt, einem Tiere dieses Opfer für die Menschheit aufzuerlegen. Und ängstlich müssen sie darum besorgt sein, das Weh, soviel sie nur können, zu mildern. Wieviel wird in wissenschaftlichen Instituten durch versäumte Narkosen, die man der Zeit- und Müheersparnis halber unterläßt, gefrevelt!

1.
Welches ethische Prinzip vertritt Schweitzer, und wie begründet er es?
2.
Welche Verhaltensweisen des Menschen kritisiert er? Gibst du ihm recht? Begründe!
3.
Glaubst du, daß dieses Prinzip gesellschaftlich oder historisch bedingt und daher relativ ist? (Diskutiert auch am Beispiel des § 218!)
4.
Informiere dich über Schweitzers Leben!
Er hat eine Theologieprofessur (und sichere Karriere) in Straßburg ausgeschlagen, um etwas anderes zu tun.
Wie beurteilst du diese Entscheidung?
5.
Welche Formen des Leidens von Tieren und Menschen hältst du für ungerecht? Überlege dir, wo du Leid mindern helfen kannst!
6.
In Magrittes Bild »Das Vergnügen« (Bildteil, S. 6) beißt ein scheinbar hochkultiviertes Mädchen völlig ungerührt in einen lebenden Vogel, der es mit Blut befleckt.
Wie nah liegen Zivilisation und Barbarei für dich beieinander?

7.
Informiere dich über Kriege und Folterpraktiken! (Vgl. Beckmanns Bild »Nacht«, Bildteil, S. 4!) Wieso hat er diesen Titel gewählt?

Dazu eine chassidische Geschichte, die der deutsche Philosoph Ernst Tugendhat berichtete:
»Ein Rabbi fragte seine Schüler. ›Wie erkennt man, daß die Nacht zu Ende geht und der Tag beginnt?‹
Die Schüler fragten: ›Ist es vielleicht dann, wenn man einen Hund von einem Kalb unterscheiden kann?‹
›Nein‹, sagte der Rabbi.
›Ist es dann, wenn man einen Feigenbaum von einem Mandelbaum unterscheiden kann?‹
›Nein‹, sagte der Rabbi.
›Wann ist es dann?‹ fragten die Schüler.
›Es ist dann‹, sagte der Rabbi, ›wenn Du in das Gesicht irgendeines Menschen blicken kannst und Deine Schwester und Deinen Bruder siehst. Bis dahin ist die Nacht noch bei uns.‹«

Wieviel auch dadurch, daß Tiere der Qual unterworfen werden, nur um Studenten allgemein bekannte Phänomene zu demonstrieren! Gerade dadurch, daß das Tier als Versuchstier in seinem Schmerze so Wertvolles für den leidenden Menschen erworben hat, ist ein neues, einzigartiges Solidaritätsverhältnis zwischen ihm und uns geschaffen worden. Ein Zwang, aller Kreatur alles irgend mögliche Gute anzutun, ergibt sich daraus für jeden von uns. Indem ich einem Insekt aus seiner Not helfe, tue ich nichts anderes, als daß ich versuche, etwas von der immer neuen Schuld der Menschen an die Kreatur abzutragen. Wo irgendwie das Tier zum Dienst des Menschen gezwungen wird, muß jeder von uns mit den Leiden beschäftigt sein, die es um dessentwillen zu tragen hat. Keiner von uns darf ein Weh, für das die Verantwortung nicht zu tragen ist, geschehen lassen, soweit er es nur hindern kann.

Keiner darf sich dabei beruhigen, daß er sich damit in Sachen mischen würde, die ihn nichts angehen. Keiner darf die Augen schließen und das Leiden, dessen Anblick er sich erspart, als nicht geschehen ansehen. Keiner mache sich die Last seiner Verantwortung leicht. Wenn so viel Mißhandlung der Kreatur vorkommt, wenn der Schrei der auf dem Eisenbahntransport verdurstenden Tiere ungehört verhallt, wenn in unsern Schlachthäusern so viel Roheit waltet, wenn in unsern Küchen Tiere von ungeübten Händen qualvollen Tod empfangen, wenn Tiere durch unbarmherzige Menschen Unmögliches erdulden oder dem grausamen Spiele von Kindern ausgeliefert sind, tragen wir alle Schuld daran.

Die Ethik der Ehrfurcht vor dem Leben wehrt uns, durch Stillschweigen uns gegenseitig glauben zu lassen, daß wir nicht mehr erleben, was wir als denkende Menschen erleben müssen.

Sie läßt uns miteinander nach Gelegenheit spähen, für so viel Elend, das Menschen den Tieren zufügen, Tieren in irgend etwas Hilfe zu bringen und damit für einen Augenblick aus dem unbegreiflichen Grauen des Daseins herauszutreten.

4.13 Gabriele Münnix:
Kamele

Am Rande einer Oase weideten vier alte Kamele und ein kleines junges, das noch nicht so ein dickes Fell hatte wie die älteren.

Sie hatten sich Kühle im Schatten großer, alter Palmen gesucht und kauten genüßlich und langsam ein paar süße Datteln. Sie beobachteten gleichmütig eine ankommende Karawane, deren Treiber die Kamele mit Stöcken antrieben und sie wütend schlugen, denn die Kamele waren langsam wie immer und in der Mittagshitze träge und müde, und ihre Last war schwer und schien immer schwerer zu werden.

Das kleine Kamel empörte sich über die Grausamkeit der Kameltreiber und sagte zu den großen: »Weshalb tut ihr denn nichts? Weshalb lassen die sich das einfach so gefallen? Man kann das doch nicht so hinnehmen!«

»Du mußt noch viel lernen, kleines Kamel«, sagten die alten Kamele. »Vor allem verschwende keine unnütze Energie! Das ist eine alte Kamelweisheit. Es kommt doch alles so, wie es kommen muß, schone deine Kräfte in dieser Hitze! Immer schön langsam, und denk an dich selber. Dir geht es doch gut, also was geht's Dich an?«

»Aber es ist doch ungerecht!« schrie das kleine Kamel entrüstet. »Sie schleppen schon schwer genug in dieser Hitze und werden zum Lohn dafür noch

geschlagen, von Leuten, die sonst gar nichts schleppen!« »Ein Kamel nimmt eben alles, wie es kommt!« sagten die Großen. »Das war schon immer so. Reg dich nicht auf, verschwende nicht unnütz deine Kräfte!«
»Aber das ist doch ganz falsch!« sagte das kleine Kamel. »Wer sagt denn, daß Kamele so dumm sein müssen?«
»Und wer sagt, daß sie naseweis sein sollen?« sagten da die Alten. »Du änderst ja doch nichts, du machst dich höchstens lächerlich. Und ein paar Schläge haben noch keinem geschadet.«
Das kleine Kamel wurde ganz unruhig. »Heißt das etwa, daß es mir auch so gehen kann, wenn ich nicht schnell genug schleppe?« schrie es entsetzt.
»Das ist eben der Lauf der Welt«, sagten die großen Kamele in all ihrer Weisheit.
»Aber du, du benimmst dich eigentlich gar nicht wie ein Kamel. Stell' nicht so viele Fragen, sonst fällst du nur unangenehm auf. Sei geduldig und schone dich und nimm hin, was kommt, dann kommst du gut durchs Leben.«
»Ihr wollt also nichts unternehmen?« fragte das kleine Kamel wie erstarrt.
»Wie kommst du nur auf die Idee? Was geht es uns an, wenn andere geschlagen werden?«
Da näherte sich ein Beduine den großen Kamelen und legte ihnen Zaumzeug an. »So, lange genug ausgeruht«, brummte er, und führte sie aus dem Schatten der Palmen hinter ein Zelt, wo sie für die Karawane beladen wurden.
»Was seid ihr nur für Kamele!« sagte da das kleine Kamel voller Verachtung und fühlte sich auf einmal sehr allein.
Das kleine Kamel wurde größer und größer und lernte, wie es in der Welt zugeht. Es wurde stärker und konnte selbst schwere Lasten tragen. So zog es in den Karawanen mit, und wenn es auch am Anfang aufgeregt war und gespannt, weil es die große weite Welt kennenlernen konnte, so war es bald schon nur noch müde und matt und lernte, sich zu fügen und hinzunehmen, was kam. Eines Mittags weidete es mit drei anderen Kamelen am Rande einer Oase, dankbar für die Atempause, die man ihm ließ.
Sie hatten sich Kühle im Schatten großer alter Palmen gesucht und kauten genüßlich und langsam ein paar süße Datteln. Ein kleines Kamel hatte sich zu ihnen gesellt, das noch nicht so ein dickes Fell hatte wie die alten. Sie beobachteten gleichmütig eine Karawane, deren Treiber die Kamele mit Stöcken antrieben und sie wütend schlugen, denn die Kamele waren langsam wie immer und in der Mittagshitze träge und müde, und ihre Last war schwer und schien immer schwerer zu werden. Das kleine Kamel empörte sich über die Grausamkeit der Kameltreiber und sagte zu den Großen: »Weshalb tut ihr denn nichts? Weshalb lassen die sich das einfach so gefallen? Man kann das doch nicht einfach so hinnehmen!«
»Du mußt noch viel lernen, kleines Kamel«, sagten da müde die alten Kamele ...

Jutta Bauer

1.
Welche Bedeutung hat das Ende für die Geschichte?
Übertrage das Verhalten der Kamele auf menschliches Verhalten!
2.
Können Menschen sich anders verhalten?
Suche Beispiele für Verhältnisse, unter denen Menschen leiden und die sie trotzdem hinnehmen, ohne etwas zu tun!
3.
Gibt es Möglichkeiten, sich gegen »den Lauf der Welt« zu wehren?
Welche Möglichkeiten siehst du?
Was könnt ihr gemeinsam tun?
4.
Was ist für dich Unrecht?
In welcher Weise engangierst du dich dagegen?
Treibt dein Gewissen dich, etwas zu unternehmen? Was?
Beziehe die obige Karikatur in deine Überlegungen ein!

4.14 Mahatma Gandhi: Das Prinzip der Gewaltlosigkeit

Ich glaube, daß ich da, wo nur die Wahl bliebe zwischen Feigheit und Gewalt, zur Gewalt raten würde ...

Dagegen glaube ich, daß Nicht-Gewalt der Gewalt unendlich überlegen ist. Vergeben ist männlicher als Bestrafen. Vergeben ehrt den Krieger. Selbstüberwindung aber ist Vergeben nur da, wo die Macht zu strafen vorhanden ist. Vergeben ist bedeutungslos, wo es von einem wehrlosen Wesen scheinbar gewährt wird. Bei einer Maus kann man schwerlich sagen, sie vergebe der Katze, wenn sie zuläßt, daß sie in Stücke zerrissen wird ...

Ich bin kein Seher. Ich behaupte, ein praktischer Idealist zu sein. Die Religion der Nicht-Gewalt ist nicht nur für die Rischis und die Heiligen gedacht. Sie ist auch für das gewöhnliche Volk gedacht. Nicht-Gewalt ist das Gesetz unserer Art, wie Gewalt das Gesetz der Bestie. Der Geist schlummert in der Bestie, so daß sie kein anderes Gesetz kennen kann als das der physischen Kraft. Die Würde des Menschen erfordert Ergebung an ein höheres Gesetz – an die Kraft des Geistes.

Darum habe ich es unternommen, in Indien das alte Gesetz der Selbstaufopferung wieder aufzurichten. Denn Satyagraha und seine Schößlinge Nicht-Zusammenarbeit und ziviler Widerstand sind nur neue Namen für das Gesetz des Leidens. Die Rischis, die das Gesetz der Nicht-Gewalt mitten in einer Welt der Gewalt entdeckten, sind größere Genies als Newton und waren doch zugleich größere Feldherren als Wellington. Selber geübt im Gebrauch der Waffen, erkannten sie deren Nutzlosigkeit und lehrten einer geplagten Welt, daß ihr Heil nicht in der Gewalt liege, sondern in der Nicht-Gewalt.

Nicht-Gewalt bedeutet in ihrer Auswirkung bewußtes Leiden. Sie bedeutet nicht Unterwerfung unter den Willen des Ungerechten, sondern bedeutet Einsetzen der ganzen Seelenkraft gegen den Willen des Tyrannen. Sofern er sich in seinem Wirken durch dieses Gesetz bestimmen läßt, ist es auch einem einzelnen möglich, die ganze Macht eines tyrannischen Reiches herauszufordern, seine Ehre, seine Religion, seine Seele zu verteidigen, und dadurch Anstoß zu werden für dieses Reiches Zusammenbruch oder Neuerstehen.

So also verlange ich nicht von Indien, Nicht-Gewalt zu üben, weil es schwach ist. Ich verlange von ihm, Nicht-Gewalt zu üben aus dem Bewußtsein seiner Kraft und Macht heraus. Es bedarf keiner Übung im Gebrauch der Waffen, um diese Kraft und Macht auszuwirken. Wir meinen, es nötig zu haben, weil wir, wie es scheint, in uns Menschen nichts weiter zu sehen vermögen als Fleischklumpen. Ich möchte, daß Indien erkenne, daß es eine Seele hat, die nicht untergehen wird, die sich vielmehr siegreich erheben kann über alle leibliche Gebrechlichkeit und die den vereinigten körperlichen Kräften einer ganzen Welt zu trotzen vermag ...

Ich möchte sogar die Anhänger der Gewalt auffordern, mit der friedlichen Nicht-Zusammenarbeit einen Versuch zu machen. Nicht aus innewohnender Schwäche könnte sie versagen, wohl aber wegen ungenügender Beteiligung. Dann allerdings wäre der Augenblick wirklicher Gefahr gekommen. Hochgemute Männer, welche die Demütigung ihres Volkes nicht länger ertragen könnten, würden ihrem Zorn freien Lauf lassen. Sie würden zur Gewalt greifen. So weit ich zu sehen vermag, müßten sie untergehen, ohne sich selbst oder ihr Land von der Unterdrückung erlöst zu haben. Wenn Indien der Lehre des Schwertes folgt, mag es einen Augenblickserfolg erringen, doch wird es dann aufhören, der Stolz meiner Seele zu sein. Ich bin

Indien unauflöslich verbunden, da ich ihm alles verdanke. Ich glaube fest
daran, daß ihm eine Mission für die Welt übertragen worden ist. Es darf
Europa nicht blindlings nachahmen. Wenn Indien sich dem Schwert anheim-
gibt, wird für mich die Stunde der Prüfung gekommen sein. Ich hoffe, dann
nicht zu versagen. Meine Religion kennt keine Landesgrenzen. Wenn der
Glaube in mir lebendig ist, wird er selbst meine Liebe zum Vaterland übertreffen. Mein Leben ist dem Dienste Indiens geweiht in der Religion der Nicht-
Gewalt, die nach meiner Überzeugung die Grundlage des Hinduismus ist.

Mahatma Gandhi

1.
Welche Forderung stellt Gandhi an seine Landsleute? Informiert euch über sein Leben!
(Das ist auch mit Hilfe des gleichnamigen Films möglich.)
2.
Wieso sieht er in Gewaltlosigkeit eine Stärke?
Beurteile seine Meinung auch im Hinblick auf die Ereignisse im Oktober 1989 in Leipzig!
3.
Der Hinduismus fordert Gewaltlosigkeit, das Christentum sogar Feindesliebe.
Glaubst du, daß so die Eskalation von Gewalt verhindert werden kann?
Begründe deine Meinung!
4.
Im Islam trifft Gotteslästerer die Todesstrafe.
Informiere dich über den »heiligen Krieg« und das Todesurteil gegen Salman Rushdie. Was hältst du davon? Gibt es im Islam auch andere Tendenzen?
Beurteile die folgenden Koranstellen:
*»Die Diener des Gnadenreichen sind diejenigen, die in würdiger Weise auf Erden wandeln und wenn die Unwissenden sie anreden, sprechen sie: ›Frieden‹.«
(25:64)
Selbst wenn weise Ermahnungen nichts fruchten, soll der Muslim nicht in Aggression verfallen. So lehrt der Qurân: »Bei seinem (des Propheten) Ruf: ›O mein Herr! Dies ist ein Volk, das nicht glauben will.‹ Drum wende dich ab von ihnen und sprich: ›Frieden!‹ Und bald werden sie erkennen.«
(43:89-90)*

4.15 Immanuel Kant:
Der Mensch als Zweck an sich

1.
Untersuche die Imperative (Gebote):
a) Wenn du abnehmen willst, mußt du weniger essen.
b) Wenn du eine gute Prüfung machen willst, solltest du mehr arbeiten.
Wieso nennt Kant solche Gebote »hypothetisch« (bedingt)?

2.
Wie lautet sein unbedingtes Gebot aus Achtung vor dem anderen Menschen? Welche Verstöße gegen dieses Gebot kannst du dir vorstellen? Wie bewertest du sie?

3.
Hast du schon einmal andere Menschen benutzt, um dich mit Schimpfworten abzureagieren? Welche Schimpfworte verwendet ihr? Weshalb?
Bölls »Katharina Blum« wird ungerecht beschimpft und reagiert auf diese verbale Gewalt mit einem Mord.
Wie beurteilst du das?

Die Zwecke, die sich ein vernünftiges Wesen als Wirkungen seiner Handlungen nach Belieben vorsetzt (materielle Zwecke), sind insgesamt nur relativ; denn nur bloß ihr Verhältnis auf ein besonders geartetes Begehrungsvermögen des Subjekts gibt ihnen den Wert, der daher keine allgemeine für alle vernünftige Wesen, und auch nicht für jedes Wollen gültige und notwendige Prinzipien, d. i. praktische Gesetze, an die Hand geben kann. Daher sind alle diese relativen Zwecke nur der Grund von hypothetischen Imperativen.
Gesetzt aber, es gäbe etwas, dessen Dasein an sich selbst einen absoluten Wert hat, was, als Zweck an sich selbst, ein Grund bestimmter Gesetze sein könnte, so würde in ihm, und nur in ihm allein, der Grund eines kategorischen Imperativs, d. i. praktischen Gesetzes, liegen.
Nun sage ich: der Mensch, und überhaupt jedes vernünftige Wesen, existiert als Zweck an sich selbst, nicht bloß als Mittel zum beliebigen Gebrauche für diesen oder jenen Willen, sondern muß in allen seinen, sowohl auf sich selbst, als auch auf andere vernünftige Wesen gerichteten Handlungen jederzeit zugleich als Zweck betrachtet werden. Alle Gegenstände der Neigungen haben nur einen bedingten Wert; denn, wenn die Neigungen und darauf gegründete Bedürfnisse nicht wären, so würde ihr Gegenstand ohne Wert sein. Die Neigungen selber aber, als Quellen der Bedürfnisse, haben so wenig einen absoluten Wert, um sie selbst zu wünschen, daß vielmehr, gänzlich davon frei zu sein, der allgemeine Wunsch eines jeden vernünftigen Wesens sein muß. Also ist der Wert aller durch unsere Handlung zu erwerbenden Gegenstände jederzeit bedingt.
Der praktische Imperativ wird also folgender sein: Handle so, daß du die Menschheit, sowohl in deiner Person, als in der Person eines jeden andern, jederzeit zugleich als Zweck, niemals bloß als Mittel brauchst.

4.16 Amos Oz:
Solidarität gegen das Böse

Das Böse existiert nicht etwa in der Art wie ein Unfall, nicht wie ein unpersönliches, geschichtsloses soziales oder bürokratisches Phänomen, nicht wie ein ausgestopfter Dinosaurier in einem Museum. Das Böse ist eine allgegenwärtige Möglichkeit, um uns herum und in uns selbst. Vorurteil und Grausamkeit zeigen ihre schreckliche Gestalt nicht etwa in dem ständigen Zusammenprall zwischen dem netten, einfachen Mann auf der Straße und dem fürchterlichen politischen System. Der nette, einfache Mann auf der Straße ist häufig weder nett noch einfach. Vielmehr stoßen ständig relativ anständige Gesellschaften mit mörderischen Gesellschaften zusammen. Um es noch genauer zu sagen: Es besteht Grund zu der Sorge darüber, daß relativ anständige Menschen und Gesellschaften sich häufig feige verhalten, wenn sie sich rücksichtslosen und grausamen Menschen und Gesellschaften ausgesetzt sehen. Kurz, das Böse ist nicht etwa »da draußen« – es lauert im Inneren, manchmal listigerweise hinter der Maske der Hingabe oder des Idealismus.
Wie kann man aber human sein, also skeptisch und moralischer Zwiespältigkeit fähig, und gleichzeitig versuchen, das Böse zu bekämpfen? Wie kann man gegen Fanatismus angehen, ohne fanatisch zu werden? Wie kann man für eine edle Sache kämpfen, ohne zum Kämpfer zu werden? Wie kann man Grausamkeit entschieden bekämpfen, ohne sich selbst anzustecken? Wie kann

man aus der Geschichte Nutzen ziehen und gleichzeitig die giftigen Auswirkungen einer Überdosis Geschichte vermeiden? Vor einigen Jahren sah ich in Wien eine Straßendemonstration von Umweltschützern, die gegen wissenschaftliche Experimente an Meerschweinchen protestierten. Sie trugen Schilder, auf denen Jesus abgebildet war, umgeben von leidenden Meerschweinchen. Die Aufschrift lautete: »Er hat auch sie geliebt.«
Vielleicht hat er das, aber einige Demonstranten wirkten auf mich beinahe so, als seien sie letztlich fähig, Geiseln zu erschießen, um dem Leiden von Meerschweinchen ein Ende zu bereiten. Dieses Syndrom eines glühenden Idealismus beziehungsweise eines antifanatischen Fanatismus sollen wohlmeinende Menschen sich bewußtmachen, hier, andernorts, überall. Als Erzähler und politisch aktiver Mensch muß ich mir unablässig in Erinnerung rufen, daß es vergleichsweise einfach ist, Gut und Böse voneinander zu unterscheiden. Die eigentliche moralische Aufgabe aber besteht darin, zwischen verschiedenen Grautönen zu unterscheiden; das Böse in seinen Abstufungen wahrzunehmen; zwischen dem Bösen, dem noch Böseren und dem Allerbösesten zu differenzieren.

Zweimal in meinem Leben, 1967 und 1973, war ich auf dem Schlachtfeld und habe die gräßliche Fratze des Krieges gesehen. Und doch bleibe ich bei meiner Überzeugung, daß man Aggression niemals aus der Welt schafft, indem man ihr nachgibt, und daß nur zwei Dinge den bewaffneten Kampf rechtfertigen: das Leben und die Freiheit. Ich werde wieder kämpfen, wenn jemand versucht, mir oder meinem nächsten Nachbarn nach dem Leben zu trachten. Ich werde kämpfen, wenn irgend jemand versucht, mich zum Sklaven zu machen. Aber niemals werde ich für »die Rechte der Vorväter« kämpfen, für mehr Raum, für Ressourcen, für den trügerischen Begriff »nationale Interessen«.
Ich halte Nationalstaaten für schlechte, unzureichende Systeme. Meiner Meinung nach sollte es auf diesem überfüllten, hungergeplagten, zerfallenden Planeten Hunderte von Zivilisationen, Tausende von Traditionen, Millionen von regionalen und lokalen Gemeinschaften geben, aber keine Nationalstaaten. Insbesondere heutzutage, da nationale Selbstbestimmung in einigen Teilen der Welt zu blutiger Desintegration verkommen ist und womöglich jeden von uns zu einer Insel machen wird, ist eine ganz andere Sicht geboten. Wir sollten versuchen, innerhalb einer umfassenden Gemeinschaft der Menschheit die verschiedenen Wünsche nach Identität und Selbstbestimmung zu verwirklichen. Wir sollten eine vielstimmige Welt errichten und nicht eine voller Dissonanzen, voller selbständiger und selbstsüchtiger Nationalstaaten. Unsere conditio humana, unsere Einsamkeit auf der Oberfläche eines verletzbaren Planeten, ausgesetzt dem kalten kosmischen Schweigen, der unentrinnbaren Ironie des Lebens und der gnadenlosen Gegenwart des Todes, all diese Gegebenheiten sollten letztlich ein Gefühl menschlicher Solidarität hervorrufen und den Schall und den Wahn unserer Differenzen überwinden. Der Patriotismus der Flagge muß einem Patriotismus der Humanität weichen, einem Patriotismus der Erde, der Wälder, des Wassers, der Luft und des Lichts, einer schöpferischen Beziehung zur Schöpfung selbst.

1.
Wie beurteilt Oz die Realität des Bösen?
2.
Welche Formen des Bösen gibt es für ihn?
3.
Wann ist aggressives Verhalten für ihn gerechtfertigt, wann nicht?
4.
Welche Gemeinsamkeiten sieht er für die Menschen?
5.
Wie wünscht er sich die Zukunft?
6.
Wie wünschst du sie dir?

105

4.17 Hans Küng:
Projekt Weltethos

Warum soll der Mensch Gutes tun und nicht Böses? Warum steht der Mensch nicht »jenseits von Gut und Böse« (F. Nitzsche), nur seinem »Willen zur Macht« (Erfolg, Reichtum, Vergnügen) verpflichtet? Elementare Fragen sind oft die allerschwierigsten – und solche stellen sich heute nicht mehr nur für den »permissiven« Westen. Vieles, Sitten, Gesetze und Gebräuche, vieles, was durch die Jahrhunderte selbstverständlich war, weil durch religiöse Autorität abgesichert, versteht sich heute überall auf der Welt keineswegs mehr von selbst. Fragen wie diese stellen sich an jeden Einzelnen:
– Warum sollen Menschen Mitmenschen nicht belügen, betrügen, bestehlen, umbringen, wenn dies von Vorteil ist und man in einem bestimmten Fall keine Entdeckung und Strafe zu fürchten hat?
– Warum soll der Politiker der Korruption widerstehen, wenn er der Diskretion seiner Geldgeber sicher sein kann?
– Warum soll ein Geschäftsmann (oder eine Bank) der Profitgier Grenzen setzen, wenn Raffgier (»Greed«), wenn die Parole »Bereichert euch« ohne alle moralische Hemmungen öffentlich gepredigt wird?
– Warum soll ein Embryonenforscher (oder ein Forschungsinstitut) nicht eine kommerzielle Fortpflanzungstechnik entwickeln, die garantiert einwandfreie Embryonen fabriziert und den Ausschuß in den Müll wirft?
– Warum soll aufgrund pränataler Geschlechtsbestimmung unwillkommener (etwa weiblicher) Nachwuchs nicht von vornherein liquidiert werden?
Doch die Fragen richten sich auch an die großen Kollektive: Warum dürfen ein Volk, eine Rasse, eine Religion, wenn sie über die notwendigen Machtmittel verfügen, eine andersartige, andersgläubige oder »ausländische« Minderheit nicht hassen, schikanieren und, wenn es darauf ankommt, gar exilieren oder liquidieren?
Doch genug der Negative!
Warum das Gute tun?
Auch hier stellen sich Fragen zunächst an den einzelnen:
– Warum sollen Menschen statt rücksichtslos und brutal freundlich, schonungsvoll, gar hilfsbereit sein, warum soll schon der junge Mensch auf Gewaltanwendung verzichten und grundsätzlich für Gewaltlosigkeit optieren?
– Warum soll der Unternehmer (oder eine Bank), auch dann, wenn es niemand kontrolliert, sich unbedingt korrekt verhalten, warum der Gewerkschaftsfunktionär, auch wenn er seiner eigenen Karriere schaden sollte, sich nicht nur für seine Organisation, sondern auch für das Gemeinwohl einsetzen?
– Warum soll für den Naturwissenschaftler, den Fortpflanzungsmediziner und ihre Institute in Experiment und Therapie der Mensch nie Objekt der Kommerzialisierung und Industrialisierung (das Embryo als Markenartikel und Handelsobjekt), sondern immer Rechtssubjekt und Ziel sein?
Doch auch hier richten sich die Fragen an die großen Kollektive: Warum soll ein Volk der anderen, eine Rasse der anderen, eine Religion der anderen Toleranz, Respekt, gar Hochschätzung entgegenbringen? Warum sollen Machthaber in den Nationen und Religionen sich in jedem Fall für den Frieden und nie für den Krieg engagieren?
Also nochmals grundsätzlich gefragt: Warum soll der Mensch – als Individuum, Gruppe, Nation, Religion verstanden – sich menschlich, wahrhaft

menschlich, also human benehmen? Und warum soll er dies unbedingt, das heißt: in jedem Fall tun? Und warum sollen dies alle tun und keine Schicht, Clique oder Gruppe ausgenommen sein? Das also ist die Grundfrage einer jeden Ethik.

Darin herrscht ja nun heute doch weithin Übereinstimmung: Ohne einen minimalen Grundkonsens bezüglich bestimmter Werte, Normen und Haltungen ist weder in einer kleineren noch in einer größeren Gemeinschaft ein menschenwürdiges Zusammenleben möglich. Ohne einen solchen Grundkonsens, der immer neu im Dialog zu finden ist, kann auch eine moderne Demokratie nicht funktionieren, ja geht sie – wie etwa die Weimarer Republik von 1919 bis 1933 bewiesen hat – in einem Chaos oder aber in einer Diktatur unter.

Was bedeutet ein minimaler Grundkonsens? Ich verdeutliche es an wenigen Punkten:

– Was setzt der innere Friede eines kleineren oder größeren Gemeinwesens voraus? Antwort: Die Übereinstimmung, daß man gesellschaftliche Konflikte gewaltfrei lösen will.

– Was setzen Wirtschafts- und Rechtsordnungen voraus? Antwort: Die Übereinstimmung, daß man sich überhaupt an eine bestimmte Ordnung und an Gesetze halten will.

– Was setzen Institutionen voraus, die diese Ordnungen tragen und die doch ständigem geschichtlichem Wandel unterworfen sind? Antwort: Den Willen, ihnen zumindest stillschweigend immer wieder neu zuzustimmen.

Es ist nun aber Tatsache, daß gerade umgekehrt in den ideologischen Auseinandersetzungen der abstrakt und unüberschaubar gewordenen technologischen Welt mancherorts noch immer mit Terror reagiert wird.

Soll die moderne Gesellschaft funktionieren, so darf die Frage nach den Zielvorstellungen und nach den »Ligaturen« (Ralf Dahrendorf), den frei gewählten Bindungen des Individuums, nicht vernachlässigt werden. Bindungen, die für den Menschen nicht zu Fesseln und Ketten werden dürfen, sondern die Hilfen und Stützen sein sollen! Und grundlegend im Menschenleben ist nun einmal die Bindung an eine Lebensrichtung, an Lebenswerte, an Lebensnormen, an Lebenshaltungen, an Lebenssinn und dies – wenn nicht alles täuscht – transnational und transkulturell.

Ohne eine Bindung an Sinn, Werte und Normen wird der Mensch sich im Großen wie im Kleinen nicht wahrhaft menschlich verhalten können.

Was aber könnte in diesem Kontext die Maxime im Blick auf die Zukunft sein? Was wäre die Parole für eine Zukunftsstrategie? Antwort: Schlüsselbegriff für unsere Zukunftsstrategie muß sein: Verantwortung des Menschen für diesen Planeten, eine planetarische Verantwortung.

Globale Verantwortung fordern heißt zunächst einmal das Gegenteil von dem fordern, was bloße Erfolgsethik ist; das Gegenteil von einem Handeln, für das der Zweck alle Mittel heiligt und für das gut ist, was funktioniert, Profit, Macht oder Genuß bringt ... Zukunftsfähig dürfte eine solche Ethik nicht sein.

Zukunftsfähig dürfte aber ebensowenig eine bloße Gesinnungsethik sein. Ausgerichtet auf eine mehr oder weniger isoliert gesehene Wertidee (Gerechtigkeit, Liebe, Wahrheit) geht es ihr nur um die reine innere Motivation des Handelnden, ohne sich um die Folgen einer Entscheidung oder Handlung, um die konkrete Situation, ihre Anforderungen und Auswirkungen zu kümmern.

Eine solche »absolute« Ethik ist auf gefährliche Weise geschichtslos (sie ignoriert die gewachsene Komplexität der geschichtlichen Lage), sie ist unpolitisch

1.
Welche Fragen an Einzelmenschen und an Kollektive hält Küng für wichtig?
2.
Wie wichtig ist Grundkonsens national und international nach deiner Meinung?
Informiere dich über die Chicagoer Erklärung der Weltreligionen!

107

3.
Wie bewertet Küng Gesinnungs- und Erfolgsethik?

4.
Wann werden Menschen als Mittel zum Zweck benutzt?
(Ganz spektakulär: Menschenraub zum Zweck der Organentnahme, aber es gibt noch viele andere Fälle.) Nach Kant, Küng schließt sich hier an, ist das im höchsten Maß unmoralisch, da die Würde des Einzelnen nicht geachtet wird.
Diskutiert die Fälle, die euch bekannt sind!
Was kann man ändern?

5.
Welche Art von Verantwortung verlangt Küng?

6.
Wie wertet Küng Identität und Solidarität?
Wie wichtig sind sie für dich?

7.
Küng verlangt eine »Koalition von Glaubenden und Nichtglaubenden« angesichts der Aufgaben, die vor uns liegen.
Hältst du das für möglich? Wie?

8.
Welche Religionen und Nationen sind in eurer Klasse, Schule, eurem Ort vertreten? Macht eine Umfrage, wieviel sie voneinander wissen (überlegt euch einen passenden Fragebogen) und wertet sie gemeinsam aus! Welche gemeinsamen Ziele könnt ihr feststellen? Was ist euch wichtig? Wie könnt ihr euch gemeinsam für oder gegen etwas einsetzen?

(sie ignoriert die Komplexität der gegebenen gesellschaftlichen Strukturen und Machtverhältnisse), kann aber gerade so zur Not auch Terrorismus aus Gesinnungsgründen rechtfertigen.

Zukunftsträchtig dagegen dürfte eine Ethik der Verantwortung sein, wie sie der große Soziologe Max Weber im Revolutionswinter 1918/19 vorgeschlagen hat. Eine solche Ethik ist auch nach Weber nicht »gesinnungslos«, fragt jedoch immer realistisch nach den voraussehbaren »Folgen« unseres Handelns und übernimmt dafür die Verantwortung: »Insofern sind Gesinnungsethik und Verantwortungsethik nicht absolute Gegensätze, sondern Ergänzungen, die zusammen erst den echten Menschen ausmachen.«

Ohne Gesinnungsethik verkäme die Verantwortungsethik zur gesinnungslosen Erfolgsethik, der jedes Mittel um der Folgen willen recht ist. Ohne Verantwortungsethik verkäme die Gesinnungsethik zur Pflege selbstgerechter Innerlichkeit.

So ist eine neuartige Ethik in Sorge um die Zukunft (die klug macht) und in Ehrfurcht vor der Natur gefordert. Die Parole für das dritte Jahrtausend sollte demnach konkret lauten: Verantwortung der Weltgesellschaft für ihre eigene Zukunft! Verantwortung für die Mitwelt und Umwelt, aber auch für die Nachwelt. Die Verantwortlichen der verschiedenen Weltreligionen und Weltideologien sind aufgefordert, in globalen Zusammenhängen denken und handeln zu lernen.

... der Mensch muß mehr werden, als er ist: er muß menschlicher werden! Gut für den Menschen ist, was ihn sein Menschsein bewahren, fördern, gelingen läßt – und dies noch ganz anders als früher. Der Mensch muß sein menschliches Potential für eine möglichst humane Gesellschaft und intakte Umwelt anders ausschöpfen, als dies bisher der Fall war. Denn seine aktivierbaren Möglichkeiten an Humanität sind größer als sein Ist-Stand. Insofern gehören das realistische Prinzip Verantwortung und das »utopische« Prinzip Hoffnung (Ernst Bloch) zusammen.

Nichts also gegen die heutigen »Selbst-Tendenzen« (Selbstbestimmung, Selbsterfahrung, Selbstfindung, Selbstverwirklichung, Selbsterfüllung) – solange sie nicht abgekoppelt sind von Selbstverantwortung und Weltverantwortung, von der Verantwortung für den Mitmenschen, für die Gesellschaft und die Natur, solange sie nicht zur narzißtischen Selbstbespiegelung und autistischen Selbstbezogenheit verkommen. Selbstbehauptung und Selbstlosigkeit brauchen sich nicht auszuschließen. Identität und Solidarität sind zur Gestaltung einer besseren Welt gefordert.

Aber welche Projekte man auch plant für eine bessere Zukunft der Menschheit, ethisches Grundprinzip muß sein: Der Mensch darf nie zum bloßen Mittel gemacht werden. Er muß letzter Zweck, muß immer Ziel und Kriterium bleiben.

Von daher versteht sich programmatisch als Forderung: Ethik, die in der Moderne zunehmend als Privatsache angesehen wurde, muß in der Postmoderne – um des Wohles des Menschen und des Überlebens der Menschheit willen – wieder zu einem öffentlichen Anliegen von erstrangiger Bedeutung werden.

Natur und Technik

5
Wie wollen wir *wirklich* leben?

Wir leben in einer technisierten Umwelt und haben oft das Gefühl für natürliche Lebenszusammenhänge verloren: Wir sehen die Natur kaum noch als Grundlage für unser Leben (Gemüse und Eier gibt es im Supermarkt). Dennoch messen wir ihr einen hohen ästhetischen Wert bei. Die Technik hingegen ist nützlich: sie ermöglicht immer mehr Menschen ein bequemes Leben in gleichmäßiger Wärme, mit künstlichem Licht, angemessener Kleidung und meist sicheren Behausungen. Von den mühseligen Fortbewegungsmethoden unserer Ahnen sind wir weit entfernt. Wir können die Natur also, gemäß unserer Bestimmung als Menschen, so Johann G. Fichte, beherrschen und uns anpassen. Wir können unsere mangelnde Instinktausstattung, die uns gegenüber den Tieren benachteiligt, durch unseren erfinderischen Geist kompensieren (Arnold Gehlen) und uns Techniken eines guten Überlebens auch in einer feindlichen Natur ersinnen, mit denen wir gegen die Naturgewalten bestehen können.

Doch unser technisch-rationales Umgehen mit der Natur kann ihr auch dauerhaft Schaden zufügen. Der deutsche Philosoph Friedrich W. Schelling war schon 1806 der Ansicht, daß der Mensch die innere Selbsttätigkeit der Natur, also ihre Lebendigkeit, zerstört, wenn er sie sich »zum Objekt macht und dadurch tötet«. Die Technik kann zudem, wie bei Goethes Zauberlehrling, dazu führen, daß die »Geister«, die uns anfangs hilfreich dienten, sich auf einmal gegen uns kehren, wenn wir die Kontrolle über sie verlieren (Günther Anders). Dann kann die Technik zu einer echten Bedrohung werden. Technische Zusammenhänge, die wir nicht verstehen, wirken beängstigend, da sie unser Leben einer Fremdbestimmung ausliefern, die wir nicht kontrollieren können. Gentechnologie und Radioaktivität sind zum Nutzen der Menschen verwendbar, aber auch zu äußerst bedenklichen Zwecken. Zudem läßt eine vollständige Kontrolle der Technik – die Illusion ist – das »Restrisiko« Mensch fortbestehen. Auf jeden Fall dürfen wir nicht alles gläubig akzeptieren, was als neueste Errungenschaft der Technik gefeiert wird, sondern müssen uns um Wissen bemühen, was an technischen Neuerungen wirklich notwendig und sinnvoll ist. (Beispielsweise ist ein »Handy« für Menschen mit Herzschrittmachern, die sich in unmittelbarer Nähe aufhalten, gefährlich.)

Wir müssen uns selbst und unser Leben in unser Denken einbeziehen und lernen, von dort aus zu urteilen über den Nutzen von Techniken, die nicht nur von, sondern auch für Menschen gemacht sein sollten.

Nach Carl F. v. Weizsäcker ist unser bisheriger Umgang mit der Technik unreif: Erst, wenn wir nicht mehr alles machen, was wir könnten, sieht er einen verantwortungsvollen Umgang mit der Technik gegeben, der unsere natürlichen Lebensgrundlagen (z. B. saubere Luft, gesunde Böden, klares Wasser) nicht mehr gefährdet. Dazu aber müssen wir alle uns klar darüber werden, mit wieviel Natur und wieviel Technik wir leben wollen, welche Techniken wir akzeptieren und welche nicht. Wie also wollen wir wirklich leben?

5.1 Gernot Böhme:
Natürlich Natur!

Wenn man die Wahl hätte zwischen einem Bad im Meer und dem Bad in einem Swimmingpool, wenn man die Wahl hätte zwischen einem unbehandelten Apfel und einem gespritzten und gewachsten, wenn man die Wahl hätte zwischen einem »naturbelassenen« Urlaubsort und dem industrialisierten Betrieb etwa Teneriffas, dann wäre die Entscheidung wohl klar: natürlich Natur. Vorausgesetzt freilich, im Meer schwimmen keine Haifische, giftige Quallen und Plastiktüten. Vorausgesetzt, der Apfel ist nicht gerade pockennarbig und voller Würmer. Vorausgesetzt, die naturbelassene Natur ist das Paradies.

Die mehr oder weniger mitgedachten Einschränkungen im Plädoyer für Natur scheinen dies nicht etwa in Frage zu stellen, sondern eher zu bestätigen. Die Natur mag heute durch den Menschen verschmutzt und zerstört sein, an sich ist sie dem Menschen zuträglich. So ist man in der Wahl von Naturprodukten auch keineswegs bereit, Beeinträchtigungen hinzunehmen: Die sauer gewordene Vorzugsmilch wird dem Produzenten zurückgegeben. Und von der naturbelassenen Natur wird erwartet, daß sie kultiviert sei, eben ein Paradies: sicher und sauber.

Die Bevorzugung der Natur gegenüber allem Gemachten findet ihren Ausdruck von den alltäglichsten Kauf- und Lebensentscheidungen über die Bilderwelt der Werbung bis hin zur politischen Ideologie. Sie kulminiert gegenwärtig, aggregiert als *volonté générale*, in der Natur*schutz*politik: Diese unterstellt, daß die Natur, die wir haben, trotz allem und nach allem noch allemal besser sei als die Natur, die wir wollen und machen können. Aber worin besteht eigentlich Natur, und was ist natürlich? Unsere umstandslose Präferenz für das Natürliche gegenüber dem Künstlichen ist motiviert durch die Tatsache, daß wir, d. h. jeder einzelne und wir, als gesellschaftlich organisierte Menschen, heute drastisch mit den Nebenfolgen menschlichen Tuns und dem dialektischen Umschlag guter Absicht in schädliche Ergebnisse konfrontiert sind ...

Wenn Fertilisation die Böden langfristig unfruchtbar macht, dann ist das Liebigsche Programm (Justus von Liebig, Erfinder des Kunstdüngers, d. A.) »hoher und immer steigender Ernten« gescheitert. Wenn die Entlastung von Nahrungssorgen von der Sorge, immer den eigenen Tod mitzuessen, durchsetzt ist, dann mag das versprochene Glück nicht aufkommen. Und wenn der zivilisatorische Komfort mit einer immer trostloseren Umgebung erkauft wird, dann ist jedenfalls das Plädoyer für Natur verständlich. Aber ist es auch gerechtfertigt?

Die Natur muß geschützt werden. Gut, aber ist die Natur, die wir schützen und lieben, Natur, wie sie von sich aus ist? Ist sie nicht vielmehr das Produkt unserer Väter, Großväter und ferner zurückliegender Generationen? Wir bevorzugen Naturstoffe: Wolle ist besser als Dralon. Natürlich, man spürt das geradezu auf der Haut. Aber worin besteht eigentlich der Qualitätsvorsprung der Naturfaser gegenüber der Kunstfaser, und warum sollte es nicht möglich sein, Kunstfasern mit eben den Eigenschaften zu produzieren, die die Naturfasern haben? Viele Hersteller passen sich ja schon der – vielleicht unbegründeten – Präferenz für Naturstoffe gegenüber künstlichen an, indem sie ihre Produkte als »naturidentisch« anpreisen. Aber reine Askorbinsäure essen? Läßt sich die geschmackliche

»Komisches Gefühl, so ohne Gegenstromanlage!«

1.
Was ist natürlich?
Ist die Natur natürlich?
2.
Wie unterscheidet Böhme zwischen »natürlichen« und »industrialisierten« Erlebnissen?
Wie würdest du dich entscheiden, wenn du wählen könntest? Warum?

Präferenz für Naturprodukte, die Vitamin C enthalten, auch durch das Wirkungsspektrum dieser Stoffe rechtfertigen? Die Naturheilkunde gewinnt heute auf dem Hintergrund der offensichtlichen Mängel der naturwissenschaftlich-technischen Medizin an Boden. Und natürlich ist ein Weniger und Vorsichtiger gegenüber den dramatischen und in ihren Folgen unabsehbaren Eingriffen, die der technischen Medizin heute möglich sind, allemal zu empfehlen. Aber worin besteht die Naturheilkunde eigentlich, was ist das Natürliche an ihr? Erschreckt durch die Nachrichten von krebserzeugenden Wirkstoffen und langfristig Haut und Haar zerstörenden Kosmetika, greifen die Frauen zu naturkosmetischen Rezepten bzw. zu Produkten, die in ihrem Namen ein »Bio« oder »Vita« enthalten. Aber ist nicht Kosmetik als solche schon eine künstliche Veranstaltung? Und wer garantiert ihnen denn, daß Mittel, die aus Wurzeln, Rinden oder Halbedelsteinen hergestellt werden, weniger gefährlich sind? Natürlich sollte man überhaupt natürlich leben, denn wir sind ja Natur. Ja, wir sind Natur – aber was bedeutet das, und in welchem Sinne sind wir Natur? Ist vielleicht Kultur unsere Weise, die eigene Natur zu leben? Was heißt dann natürliche Lebensweise, und worin besteht sie?

Die Berufung auf Natur ist alles andere als selbstverständlich. Aber kommen wir ohne sie aus? Haben wir denn sonst eine Basis für die Kritik an einer alles ergreifenden technischen Manipulation? Müssen wir nicht ferner bei jedem medizinischen Eingriff darauf vertrauen, daß schließlich die Natur sich selbst hilft? Und müssen wir nicht bei jeder technischen Konstruktion voraussetzen, daß die Natur mitmacht und verläßlich ist? Müssen wir nicht um der Bewahrung unserer Humanität willen geradezu darauf bestehen, daß etwas in uns Natur, d. h. gegeben ist und unantastbar bleiben muß? Es ist schwer, heute die Selbstverständlichkeiten, deren wir bedürfen und auf die wir uns immer wieder zwanglos berufen, als solche zu rechtfertigen.

3.
Welche Naturvorstellungen nimmst du in der Werbung wahr?
Hast du andere oder ähnliche eigene Erfahrungen?
4.
Kannst du zwischen Natürlichem und Künstlichem trennen? Wenn ja, wodurch?
Was ist für dich natürlich?
5.
Welchen Wert hat unberührte Natur für dich?
6.
Betrachte Beckmanns »Eisernen Steg« (S. 114)!
Was ist an der Wohnlandschaft natürlich?

Hans M. Enzensberger:
Naturromantik und technische Sachlichkeit

5.2

(P) *Die Sonnenflamme schoß immer näher herauf an die entzündeten Morgenwolken – endlich gingen am Himmel und in den Bächen und in den Teichen und in den blühenden Taukelchen hundert Sonnen miteinander auf, und über die Erde schwammen tausend Farben, und aus dem Himmel brach ein einziges lichtes Weiß.*

(F) Wir starteten in La Guardia, New York, mit dreistündiger Verspätung infolge Schneestürmen. Unsere Maschine war, wie üblich auf dieser Strecke, eine Super-Constellation. Ich richtete mich sofort zum Schlafen, es war Nacht. Wir warteten noch weitere vierzig Minuten draußen auf der Piste, Schnee vor den Scheinwerfern. Wirbel über der Piste, ... die Motoren dröhnten, einer nach dem andern auf Vollgasprobe ... Endlich ging's los.

(P) *In seiner Seele stieg eine überirdische Sonne mit der zweiten am Himmel. In jedem Tal, in jedem Wäldchen, auf jeder Höhe warf er einige pressende Ringe von der engen Puppe des winterlichen Lebens und Kummers ab und faltete die nassen Ober- und Unterflügel auf und ließ sich von den Mailüften mit vier ausgedehnten Schwingen in den Himmel unter tiefere Tagschmetterlinge und über höhere Blumen wehen.*

(F) Als man die Bouillon gelöffelt hatte, blickte ich zum Fenster hinaus, obschon nichts anderes zu sehen war als das grüne Blinklicht draußen an unsrer nassen Tragfläche, ab und zu Funkenregen wie üblich, das rote Glühen in der Motorhaube ... Später (flogen wir) irgendwo über dem Mississippi, in

Enzensberger stellt hier zwei sehr verschiedene Positionen gegenüber: die romantische, naturverklärende des deutschen Dichters Jean Paul und die nüchtern sachliche des Technikers Walter Faber (Romanfigur Max Frischs), den auch eine Flugzeugnotlandung in der mexikanischen Wüste nicht sonderlich beeindruckt.

1.
Lest mit verteilten Rollen und führt die Gegenüberstellung weiter fort!

2.
Analysiert und diskutiert beide Positionen! Was gefällt euch, was nicht? Wie kommen beide zu ihrer Art der Betrachtung?

3.
Bezieht die untenstehende Karikatur in die Diskussion mit ein! Braucht der nüchterne sachliche Mensch gefühlsmäßig Kompensation, d. h. geht die Sachlichkeit auf Kosten gefühlsmäßiger Bedürfnisse?

großer Höhe und vollkommen ruhig, unsere Propeller blinkten in der Morgensonne, die üblichen Scheiben, man sieht sie und sieht hindurch, ebenso glänzten die Tragflächen, starr im leeren Raum, nichts von Schwingungen, wir lagen reglos in einem wolkenlosen Himmel, ein Flug wie hundert andere zuvor, die Motoren liefen in Ordnung ... Es war noch früher Morgen, ich kenne die Strecke, ich schloß die Augen, um weiterzuschlafen.

(P) *Aber wie kräftig fing das bewegte Leben an, in ihm zu gären und zu brausen, da er aus der Diamantgrube eines Tales voll Schatten und Tropfen herausstieg, einige Stufen unter dem Himmelstore des Frühlings. Wie aus dem Meere, und noch naß, hatte ein allmächtiges Erdbeben eine unübersehliche neugeschaffene in Blüte stehende Ebene mit jungen Trieben und Kräften herausgedrängt – das Feuer der Erde loderte unter den Wurzeln des weiten hangenden Gartens, und das Feuer des Himmels flammte herab und brannte den Gipfeln und Blumen seine Farbe ein.*

(F) Unser Aufenthalt in der Wüste von Tamaulipas, Mexico, dauerte vier Tage und Nächte, total 85 Stunden, worüber es wenig zu berichten gibt – ein grandioses Erlebnis (wie jedermann zu erwarten scheint, wenn ich davon spreche) war es nicht ... Natürlich dachte ich sofort daran, zu filmen, und nahm meine Kamera; aber von Sensation nicht die Spur, ab und zu eine Eidechse, die mich erschreckte, eine Art von Sandspinnen, das war alles.

(P) *Nur das Schoßkind der unendlichen Mutter, der Mensch, stand allein mit hellen frohen Augen auf dem Marktplatz der lebendigen Sonnenstadt voll Glanz und Lärm, und schaute trunken rund herum in alle unzähligen Gassen. Aber seine ewige Mutter ruhte verhüllt in der Unermeßlichkeit, und nur an der Wärme, die an sein Herz ging, fühlte er, daß er an ihrer liege.*

»Die genauen Ergebnisse: um das Jahr 2000 herum brauchen wir 45 % mehr Proteine, 59 % mehr Kohlenhydrate, 61 % mehr Fette, 68 % mehr geothermische Energie und 72 % mehr Schnulzensänger ...«

(F) Ich habe mich schon oft gefragt, was die Leute eigentlich meinen, wenn sie von Erlebnis reden. Ich bin Techniker und gewohnt, die Dinge zu sehen, wie sie sind. Ich sehe alles, wovon sie reden, sehr genau; ich bin ja nicht blind. Ich sehe den Mond über der Wüste von Tamaulipas – klarer als je, mag sein, aber eine errechenbare Masse, die um unseren Planeten kreist, eine Sache der Gravitation, interessant, aber wieso ein Erlebnis?

(P) *Als er wieder ins Freie trat, löste sich der Glanz in Helle auf, die Begeisterung in Heiterkeit. Jedes rote Kirchendach, und jeder schillernde Strom, der*

Funken und Sterne sprühte, warf fröhlich Lichter und hohe Farben an seine Seele. Wenn er in den laut atmenden und schnaubenden Waldungen das Schreien der Köhler und das Widerhallen der Peitschen und das Krachen fallender Bäume vernahm – wenn er dann hinaus trat und die weißen Schlösser anschaute und die weißen Straßen, die wie Sternbilder und Milchstraßen den tiefen Grund aus Grün durchschnitten, und die glänzenden Wolkenflocken im tiefen Blau – so konnte ja wohl kein dunstiger Winkel seiner Seele, keine umstellte Ecke mehr ohne Sonnenschein und Frühling bleiben, und seine Seele mußte ja in die tausend um ihn fliegenden und summenden Singstimmen einfallen und mitsingen: das Leben ist schön, und die Jugend ist noch schöner, und der Frühling ist am allerschönsten.

P = Jean Paul: Blumen-, Frucht-und Dornenstücke ... – 3. Bd. – 12. Kap.
(Zitiert nach »Sämtliche Werke« von 1840 f.)
F = Max Frisch: Homo Faber. Ein Bericht. – Frankfurt a. M., 1957.

Laurence Tribe: **5.3**
Was spricht gegen Plastikbäume?

Baudelaires Gedicht »Rêve Parisien« entwirft im buchstäblichen Sinne ein Stillleben – die Traumlandschaft einer metallenen Stadt, in der Haine aus Kolonnaden die Bäume ersetzen und Teiche aus Blei das Wasser. Prosaischer, aber kaum weniger beängstigend war kürzlich der Beschluß der Stadtverwaltung von Los Angeles, entlang dem Mittelstreifen einer Hauptverkehrsstraße über 900 Plastikbäume und Plastiksträucher in Pflanzkübeln aus Beton aufzustellen. Der Ausbau einer neuen Kanalisation hatte anscheinend nur noch 30 bis 50 cm Erde auf dem Mittelstreifen zurückbelassen, zu wenig, als daß natürliche Bäume dort gedeihen könnten. Die Verwaltung entschied sich für ein Experiment mit künstlichen Pflanzen aus fabrikgefertigten Blättern und Zweigen, die mit Draht an Leitungsrohren befestigt und in einem mit Kunststoff überzogenen Steingemisch »eingepflanzt« wurden. Obwohl unbekannte Täter eine Reihe von Bäumen mutwillig beschädigten und man von weiteren Anpflanzungen absah, ist nicht gesagt, daß die Sache damit ausgestanden ist. Denn wie ein Artikel in *Science* unlängst nahelegte, kann Reklame die Leute nicht nur dazu bringen, Wildnis und Natur hoch einzuschätzen, sondern ebensogut auch »reichlich Ersatz dafür schaffen«. »Das Bedürfnis nach einer besonderen Umwelt ist erlernt«, heißt es in diesem Artikel, und »bewußt getroffene öffentliche Entscheidungen können diese Lernprozesse in der Weise beeinflussen, daß die Umwelt, die die Menschen für nützlich und wünschenswert zu halten lernen, eine Umwelt widerspiegelt, die aller Wahrscheinlichkeit nach billig zu haben ist. Mit Plastikbäumen und dergleichen läßt sich weitaus mehr anfangen, um den Leuten das Gefühl zu geben, daß sie Natur erfahren.« Ein derart offenes Bekenntnis zur Annehmbarkeit einer künstlichen Umwelt mag zwar nicht gerade üblich sein, die Haltung jedoch, die darin der natürlichen Ordnung gegenüber zum Ausdruck kommt, ist alles andere als selten. In zunehmendem Maße verdrängen künstliche Objekte und künstliche Anlagen die von der Natur bereitgestellten. In Fußballstadien und Freibädern ersetzt haltbarer Kunstrasen das Gras. Im Hyatt Regency Hotel in San Francisco wandeln die Gäste zwischen mehr als hundert natürlichen Bäumen, doch lauschen sie dabei aufgezeichnetem Vogelgezwitscher, das aus Lautsprechern kommt, die im Geäst der Bäume versteckt sind. Und die Welt des Walt Disney offeriert einer Unmenge von Besuchern das, was ein Mitarbeiter von Newsweek »ein programmiertes Paradies« genannt hat.

1.
Was hältst du von einer »künstlichen Natur« (mit Teichen aus Blei und Plastikbäumen)?
Magst du Seidenblumen?

2.
Könntest du dir vorstellen, daß du dich daran gewöhnst?

3.
Welche Erfahrungen mit »Ersatznatur« hast du schon gemacht? (Wie hast du dich dabei gefühlt?)

4.
Welche Naturauffassung wird nach Tribe in »Kunstrasen und Plastikbäumen« deutlich? Wie stehst du dazu?

Ich möchte jedoch nicht den Kunstrasen und die Plastikbäume von Los Angeles als Vorboten unserer dringlichsten Umweltprobleme ins Zentrum rücken. Auch wenn langfristig die Aussichten auf diesem Gebiet vermutlich weniger angenehm sind, würde ich dennoch nicht behaupten wollen, wir seien unmittelbar in Gefahr, uns dank unserer übermäßigen Schlauheit in eine synthetische Hölle zu manövrieren.
Der immergrüne Rasen und die Plastikbäume sind keineswegs die Auswüchse irgendeiner unbegreiflichen menschlichen Verirrung; sie sind vielmehr Ausdruck einer Naturauffassung, die mit den Grundannahmen der gegenwärtigen Umweltpolitik voll im Einklang ist. Die Annahmen, die bei der Entwicklung des Einsatzes von Umweltanalysen wie auch bei der Herausbildung institutionalisierter Strukturen stillschweigend vorausgesetzt werden, bewirken, daß alle Umweltbeurteilungen sich auf Berechnungen darüber stützen, wie gut individuelle Bedürfnisse – über bestimmte Zeiträume gerechnet – befriedigt werden.

5.4 Erich Scheurmann:
Der große Geist und die Maschine

Der Papalagi ist ein Zauberer. Singe ein Lied – er fängt deinen Gesang auf und gibt ihn dir wieder, zu jeder Stunde, da du ihn haben willst. Er hält dir eine Glasplatte entgegen und fängt dein Spiegelbild darauf. Und tausendmal hebt er dein Bild davon ab, so viel du nur davon haben magst.
Doch größere Wunder sah ich als diese. Ich sagte euch, daß der Papalagi die Blitze des Himmels fängt. Dem ist wahrhaftig so. Er fängt sie ein, die Maschine muß sie fressen, zerfressen, und zur Nacht speit sie sie wieder aus in tausend Sternchen, Glühwürmchen und kleinen Monden. Es wäre ihm ein leichtes, unsere Inseln zur Nacht mit Licht zu überschütten, daß sie hell und leuchtend wären wie am Tage. Oft sendet er die Blitze wieder aus zu seinem Nutzen, er befiehlt ihnen den Weg und gibt ihnen Kunde mit für seine fernen Brüder. Und die Blitze gehorchen und nehmen die Kunde mit sich.
Der Papalagi hat alle seine Glieder stärker gemacht. Seine Hände reichen über Meere und bis zu den Sternen, und seine Füße überholen Wind und Wellen. Sein Ohr hört jedes Flüstern in Savaii, und seine Stimme hat Flügel wie ein Vogel. Sein Auge ist sehend zur Nacht. Er sieht durch dich selber hindurch, als sei dein Fleisch klar wie Wasser, und er sieht jeden Unrat auf dem Grund dieses Wassers.
Dies alles, wovon ich Zeuge war und was ich euch verkünde, ist nur ein kleiner Teil von dem, was mein Auge mit Bewunderung sehen durfte. Und glaubt mir, der Ehrgeiz des Weißen ist groß, immer neue und stärkere Wunder zu vollbringen, und Tausende sitzen eifrig in den Nächten und sinnen, wie sie Gott einen Sieg abringen können. Denn das ist es: der Papalagi strebt zu Gott. Er möchte den großen Geist zerschlagen und seine Kräfte selber an sich nehmen. Aber noch ist Gott größer und mächtiger als der größte Papalagi und seine Maschine, und noch immer bestimmt er, wer von uns

Max Beckmann:
Der eiserne Steg

und wann wir sterben sollen. Noch dient die Sonne, das Wasser, das Feuer in erster Linie ihm. Und noch hat kein Weißer je den Aufgang des Mondes und die Richtung der Winde nach seinem Willen bestimmt.

Herrlich und gewaltig und geschmückt sind die Hütten der hohen Alii, die man Paläste nennt, und schöner noch die hohen Hütten, die Gott zu Ehren errichtet wurden, die oft höher sind als der Gipfel des Tofua! Trotzdem – grob und roh und ohne das warme Blut des Lebens ist dies alles gegen einen jeden Hibiskusstrauch mit seinen feuerbrandigen Blüten, gegen jeden Wipfel einer Palme oder den farben- und formentrunkenen Wald der Korallen. Nie noch spann der Papalagi ein Lendentuch so fein, wie Gott in jeder Spinne spinnt, und nicht eine Maschine ist so fein und kunstvoll wie die kleine Sandameise, die in unserer Hütte lebt.

Der Weiße fliegt zu den Wolken wie ein Vogel, sagte ich euch. Aber die große Seemöwe fliegt doch höher und schneller als der Mensch und bei allen Stürmen, und die Flügel kommen aus ihrem Leibe, während die Flügel des Papalagi nur eine Täuschung sind und leicht brechen und abfallen können.

So haben alle seine Wunder doch eine heimliche unvollkommene Stelle, und es gibt keine Maschine, die nicht ihren Wächter braucht und ihren Antreiber. Und jede birgt in sich einen heimlichen Fluch. Denn wenn auch die starke Hand der Maschine alles macht, sie frißt bei ihrer Arbeit auch die Liebe mit, die ein jedes Ding in sich birgt, das unsere eigenen Hände bereiteten. Was gälte mir ein Canoe und eine Keule von der Maschine geschnitzt, einem blutlosen, kalten Wesen, das nicht von seiner Arbeit sprechen kann, nicht lächeln, wenn sie vollendet, und sie nicht der Mutter und dem Vater bringen kann, damit auch sie sich freuen. Wie soll ich meine Tanoa lieb haben, wie ich sie lieb habe, wenn eine Maschine sie mir jeden Augenblick wieder machen könnte ohne mein Zutun? – Dies ist der große Fluch der Maschine, daß der Papalagi nichts mehr lieb hat, weil sie ihm alles alsogleich wiedermachen kann. Er muß sie von seinem eigenen Herzen speisen, um ihre liebeleeren Wunder zu empfangen.

Der große Geist will selber die Kräfte des Himmels und der Erde bestimmen und sie nach seinem Ermessen verteilen. Dies steht niemals den Menschen zu. Nicht ungestraft versucht der Weiße, sich selber zum Fisch und Vogel, zum Roß und Wurm zu machen. Und viel kleiner ist sein Gewinn, als er sich selber zu gestehen wagt. Wenn ich durch ein Dorf reise, komme ich wohl schnell von der Stelle, aber wenn ich wandere, sehe ich mehr und die Freunde rufen mich in ihre Hütten. Schnell an ein Ziel kommen, ist selten ein rechter Gewinn. Der Papalagi will immer schnell ans Ziel. Die meisten seiner Maschinen dienen alleine dem Zwecke, schnell an ein Ziel zu kommen. Ist er am Ziel, so ruft ihn ein neues. So jagt der Papalagi durch sein Leben ohne Ruhe, verlernt immer mehr das Gehen und Wandeln und das fröhliche Sichbewegen auf das Ziel, das uns entgegenkommt, das wir nicht suchen.

1.
Welche technischen Erfindungen der Europäer beschreibt der Südseehäuptling seinen Stammesgenossen?
2.
Wie bewertet er diese Techniken?
3.
Was bezeichnet er als »Fluch der Maschine«? Stimmst du ihm zu? Begründe!
4.
Heidegger bezeichnet die Technik als »Gestell«, sie ist uns hingestellt, ist für uns Basis zum Weiterarbeiten, verstellt uns aber auch einiges.
Denke auch über Legérs »Les constructeurs« (Bildteil, S. 6) nach!

Günther Anders:
Der verwandelte Zauberlehrling

5.5

Was Goethe in seiner berühmten Ballade »Der Zauberlehrling« geschildert hat, das brauche ich wohl kaum in Erinnerung zu rufen: Ein Famulus hat seinem Meister jene Zauberformel abgelauscht, die den toten Besenstiel in einen selbständig arbeitenden Knecht verwandelt. Ohne sich um die Folgen seines Tuns zu kümmern – denn was ihn interessiert, sind allein Machtgenuß und unmittelbare Verwertbarkeit des Verwandelten, nicht die Rückverwandlungsformel –, spricht der Famulus das Zauberwort und befiehlt dem nun als Roboter ihm zur Verfügung stehenden Geräte, Wasser zum Füllen des Bades heranzuschleppen. Und siehe da, der Verwandelte gehorcht, selbständig macht er sich ans Werk – nein, er gehorcht *zu gut*, er gehorcht schließlich fürchterlich gut: denn wie selbständig er seinem neuen Beruf auch nachkommen mag, seine Selbständigkeit wieder aufzugeben, dazu ist er nicht selbständig genug – kurz: den Weg zurück kennt er genauso wenig wie sein Herr: der Lehrling, der ihn auf den Weg geschickt hat. Automatisch, blindlings, und ohne sich im mindesten für die Effekte seines Tuns zu interessieren, rast der Besen zum Brunnen, um seine Eimer zu füllen, zurück, um diese auszuschütten, hin und her, und so ohne Ende. Daß seine Güsse zur Sturzflut anschwellen, daß Haus und Straße zu versaufen drohen, das ist ihm egal, das sieht er noch nicht einmal. Sehr im Unterschiede zu seinem angeblichen Herrn: dem Zauberlehrling, dem es nun nämlich immerhin zu dämmern beginnt, was er da in Gang gebracht hat: daß er nämlich einen Geist gerufen hat, ohne zu wissen, wie, nein ob er diesen je wieder los werden könne.

Aber diese seine verspätete Einsicht und die Panik, in die er nun hineingerät, die bleiben wertlos, sogar schlimmer als das: Denn da er sich nun auf seinen so fürchterlich betriebsamen Knecht wirft, um ihm das Handwerk zu legen, ehe es zu spät ist, und da er versucht, diesen unschädlich zu machen: ihn nämlich in zwei Hälften zerhaut, da erreicht er nur das Gegenteil dessen, was er vorgehabt hatte: Statt der Not ein Ende zu setzen, verdoppelt er diese. Denn sofort verwandelt sich nun jede Hälfte des Knechtes in einen ganzen Knecht, und statt des Einen sind es nun zwei, die das Flutgeschäft besorgen. Dem Ertrinken nahe und nunmehr völlig verzweifelt schreit der Lehrling nach dem Meister. Daß ihm dieser im letzten Moment wirklich noch zu Hilfe kommt und durch das Aussprechen der Rückverwandlungsformel: »sei's gewesen« die Katastrophe doch noch im letzten Moment zum Stehen bringt, das ist ein happy ending, auf das der Lehrling wohl schon kaum mehr zu zählen gewagt hatte; und auf das wir Heutigen – aber damit greifen wir vor – nicht zählen dürfen.

Nun, als wir vor einem halben Jahrhundert auf der Quarta den »Zauberlehrling« auswendig lernten, da ahnten wir natürlich nicht, daß Texte wahrer werden können, als sie am Tage ihrer Abfassung gewesen waren; daß sich in den knappen hundertfünfzig Jahren die gesamte Menschheit in ein Milliardenheer von »Zauberlehrlingen« und die Welt selbst in ein Milliardenheer von »Geistern« verwandelt hatte. Freilich, zu glauben, daß wir das heute nun endlich wissen, wäre illusionistisch. Im Gegenteil: *Heute wissen wir Zauberlehrlinge nicht nur nicht, daß wir die Entzauberungsformel nicht wissen, oder daß es keine gibt; sondern noch nicht einmal, daß wir Zauberlehrlinge sind.*

Machen wir uns nichts vor. Das, was Goethe als ein Entsetzen erregendes und einer Ballade würdiges abenteuerliches Ausnahmeereignis bedichtet hatte, das stößt uns ununterbrochen zu, das passiert uns pausenlos – sofern wir da überhaupt noch von »passieren« reden dürfen: denn von »passieren« zu reden, ist ja eigentlich nur dann sinnvoll, wenn das, was passiert, sich als Ausnahme von der Folie einer harmlosen und regelhaften Alltäglichkeit abhebt. Und gerade das ist heutzutage nicht der Fall. Was unsere Zeit abenteuerlich macht, das ist ja umgekehrt, daß das Wahnsinnige, statt aufzufallen, gerade die Regel ist; daß die mit

»O Gott, die Menschen werden immer älter und somit gezwungen, immer länger dieses Giftzeug zu nehmen!«

1.
Besorgt euch den Text von Goethes Ballade und informiert euch, wie Goethe den beschriebenen Vorfall schildert! Überträgt Anders ihn zu Recht auf die heutige Zeit? Begründe deine Meinung!

2.
Wodurch unterscheidet sich die fiktive Situation im Gedicht von unserer heutigen? Macht eine Aufstellung von Gemeinsamkeiten und Unterschieden!

Autonomie ausgestatteten »Besenstiele«, also die Apparate (sowohl die im administrativen Sinne wie die im physikalisch-technischen Sinne), daß diese Apparate: die Kraftwerke, die atomaren Raketen, die Weltraumgeräte, die industriellen Großanlagen, die für deren Herstellung benötigt werden, zusammen unsere alltägliche Welt ausmachen. Millionen leben davon, daß die Produktion dieser Geräte autonom geworden ist; die Ökonomie ganzer Kontinente würde zusammenbrechen, wenn die Erzeugung dieser Objekte plötzlich ein Ende fände – alle diese Tatsachen sind heute ja keine Ausnahmen, keine Sensationen, die man balladesk besingen könnte, wie das sensationelle Ereignis, das Goethe besungen hat.

Und ebenso gehört es ja zur Regel, zur Alltäglichkeit, daß wir nicht daran denken, gegen das, was diese unsere »Geister« tun und von uns verlangen, aufzubegehren. Umgekehrt *sehen wir in der autonomen bzw. automatischen Wirksamkeit unserer Produkte, die in Goethes Augen noch etwas Schreckenerregendes gewesen war, etwas Normales, nein sogar etwas Erfreuliches:* nämlich die Garantie dafür, daß auch unser eigenes Dasein glatt funktionieren werde, und daß uns die Last eigener Verantwortung (die wir bereits als etwas Altertümliches, als eine Mode von vorgestern empfinden) ein für allemal abgenommen bleiben werde.

Und dazu kommt schließlich, daß diesen »Geistern« die Sucht innewohnt, sich zu erweitern und zu vermehren; daß sie also nicht nur so unabhängig von uns bleiben, wie sie es direkt nach ihrer »Geburt« gewesen waren, sondern daß sie sich immer unabhängiger machen: und umgekehrt uns durch diese ihre akkumulierende Macht und Unabhängigkeit immer abhängiger machen. Goethe hat, als er den in zwei Hälften zerschnittenen Roboter als ein Roboterpaar weiterarbeiten ließ, eine ähnliche Akkumulation bereits im Auge gehabt. Wir wissen ja, daß Apparate durchweg von der Tendenz getrieben sind, ineinander zu greifen und sich (wie es in der Elektrotechnik heißt) zu »Netzen« zu vereinigen. Und daß das von den Netzen selbst ebenfalls gilt, d. h. daß auch diese sich wieder, und ohne Rücksicht darauf, was sie uns damit antun könnten, zu Netzen höherer Ordnung verflechten. Kurz: während bei Goethe ein einziger einsamer, auf tolle Art autonomer Besenstiel (und dann ein Besenstielpaar) auftrat, leben wir Heutigen in einem dichten und *immer dichter werdenden Walde von Besenstielen. Und da es keine Möglichkeit gibt, diesen Wald abzuholzen oder diesem zu entkommen, ist dieser unsere Welt.*

... glückliche Zeiten, in denen man es sich noch, ohne zu riskieren, als ahnungslos und unrealistisch verhöhnt zu werden, erlauben durfte, die Figur eines Meisters einzuführen, eines Mannes also, der den Gegenzauber beherrscht, und der nur seine Lippen zu öffnen brauchte, um das happy ending doch noch zustandezubringen. Wahrhaftig, glückliche Zeiten! Verglichen mit uns Heutigen ist ja sogar *der Zauberlehrling* selbst, trotz der tiefen Not, in die er sich hineinmanövriert hat, und trotz der gellenden Verzweiflung, mit der er nach Hilfe schreit, *noch eine beneidenswerte Figur.* Aber was heißt hier »trotz«? Denn beneidenswert ist er ja umgekehrt gerade deshalb, weil er, im Unterschied zur heutigen Menschheit, die Gefahr, die er heraufbeschworen hat, doch noch mit eigenen Augen wahrnimmt, weil er ja noch begreift, daß ein Anlaß zur

3.
Welche Apparate machen unsere alltägliche Welt aus? Können wir sie anhalten? Wollen wir das?

4.
Sollten wir die Apparate anhalten? Diskutiert Vorteile und Nachteile der Technik! Beziet die untenstehende Karikatur mit ein!

5.
Wieso ist Anders der Meinung, daß der heutige Mensch die Gefahr, die ihm droht, nicht mehr wahrnimmt? Teilst du diese Meinung? Beziehe die untenstehende Karikatur in deine Überlegungen ein!

»Und jetzt ein Chanson gegen diese Zivilisation der Technik und der Maschine, die alles auffrißt und nur darauf abzielt, den Menschen zu zermalmen ...«

Jean-Jaques Sempé

Verzweiflung vorliegt; und weil er ja deshalb noch den Versuch unternimmt, das, was er da angerichtet hat oder anzurichten im Begriffe stand, doch noch aufzuhalten. Gemessen an unserer Situation, war die des Goetheschen Zauberlehrlings eine bloße Kalamität; eine aufregende Episode.

5.6 Robert M. Pirsig: Betreten verboten!

Die meisten Motorradfahrer, die längere Touren machen, warten ihre Maschinen selbst. Ich *weiß*, daß er keinen Reservesatz Unterbrecherkontakte dabei hat. Er weiß nicht mal, was Unterbrecherkontakte sind.
Ich dachte erst, daß sich diese Einstellung der beiden auf Motorräder beschränkte, aber mit der Zeit wurde mir klar, daß es um mehr ging ... Als ich eines Morgens in ihrer Küche wartete, weil sie noch nicht fertig waren, merkte ich, daß der Wasserhahn über der Spüle tropfte, und mir fiel ein, daß er auch das letzte Mal schon getropft hatte, ja daß er schon immer getropft hatte, solange ich zurückdenken konnte. Als ich John darauf ansprach, erklärte er mir, er habe versucht, die Dichtung auszuwechseln, aber es sei nicht gegangen. Weiter nichts. Damit war die Sache für ihn offenbar erledigt.
Ich fragte mich im stillen, ob es ihnen nicht auf die Nerven ging, dieses ewige tripp-tripp-tripp, Woche für Woche, jahrein, jahraus, aber nichts deutete darauf hin, daß es sie aufregte oder auch nur störte; ich kam deshalb zu dem Schluß, daß Dinge wie tropfende Wasserhähne ihnen nichts ausmachten. Solche Leute gibt's ja.
Was mich von dieser Meinung abbrachte, weiß ich nicht mehr ...
Intuition, ein plötzliches Begreifen, oder vielleicht Sylvias fast unmerklich veränderte Stimmung, immer wenn das Tropfen besonders laut war und sie etwas sagen wollte. Sie hat eine sehr leise Stimme. Eines Tages, als sie gerade sprach und das Tropfen übertönen mußte und dann auch noch die Kinder hereinplatzten und sie aus dem Konzept brachten, verlor sie die Beherrschung. Bestimmt hätte sie die Kinder längst nicht so grob angefahren, wenn nicht außerdem noch der Wasserhahn getropft hätte, während sie etwas sagen wollte. Erst als beides zusammenkam, das Tropfen und die lauten Kinder, fuhr sie aus der Haut. Was mich dabei so empörte, war, daß sie nicht dem tropfenden Wasserhahn die Schuld gab und daß sie es *ganz bewußt* nicht tat. Es stimmte überhaupt nicht, daß das Tropfen sie nicht störte! Sie *unterdrückte* den Ärger darüber, obwohl dieser gottverdammte tropfende Wasserhahn sie schier zur Verzweiflung trieb! Aus irgendeinem Grund konnte sie nicht zugeben, wie sehr ihr das zu schaffen machte.
Wie kommt einer dazu, seinen Ärger über einen tropfenden Wasserhahn zu unterdrücken, fragte ich mich.
Doch dann sah ich den Zusammenhang mit der Motorradwartung, und eine dieser Glühbirnen ging über meinem Kopf an, und ich dachte: Ahhhhhh!

Technisches Geheimnis

Es ist gar nicht die Motorradwartung und auch nicht der Wasserhahn. Die ganze Technik können sie nicht ausstehen. Und da fügte sich eins ins andere, und ich wußte, jetzt hab' ich's. Sylvias gereizte Reaktion, als ein Bekannter das Programmieren von Computern als »kreativ« bezeichnete. Auf keinem ihrer Bilder, ob Zeichnung, Gemälde oder Photo, auch nur ein technischer Gegenstand. Natürlich regt sie sich nicht über den Wasserhahn auf, dachte ich. Man unterdrückt immer momentanen Ärger über etwas, was man aus tiefster Seele und ein für allemal haßt. Natürlich schaltet John beim Thema Motorradwartung jedesmal ab, selbst wenn ihn das teuer zu stehen kommt. Das ist ja Technik. Und bestimmt, ja natürlich, na klar. Es ist ganz einfach, man muß nur drauf kommen. Um vor der Technik aufs Land hinaus zu fliehen, in die frische Luft und die Sonne, deswegen vor allem machen sie Motorradfahren. Und wenn ich sie ihnen gerade dann und dort wieder in Erinnerung bringe, wo sie sich endgültig vor ihr sicher glauben, dann sind sie furchtbar verschnupft ...

Irgendwo gibt es Menschen, die damit umzugehen wissen, die es beherrschen und verwalten, aber das sind Techniker, und die sprechen eine inhumane Sprache, wenn sie von ihrer Arbeit reden. Es dreht sich alles um Teile und Funktionen höchst sonderbarer Apparate, aus denen man nie schlau wird, sooft man sie auch erklärt bekommt. Und diese Apparate, diese Monstren der Techniker, fressen unaufhaltsam ihr Land auf, verschmutzen ihre Luft und ihre Seen, und es gibt keine Möglichkeit, sich dagegen zu wehren, und kaum eine, davor zu fliehen.

Es braucht nicht viel, damit einer zu dieser Einstellung kommt. Man gehe nur durch ein ausgesprochenes Industriegebiet in einer Großstadt, da hat man sie überall vor sich, die Technik. als erstes sieht man auf hohe Stacheldrahtzäune, verschlossene Tore, Schilder mit einer Aufschrift wie BETRETEN VERBOTEN, und dahinter, durch die verrußte Luft, häßliche, absonderliche Formen, Gebilde aus Metall und Ziegelstein, deren Zweck man nicht kennt und deren Herren man nie zu sehen bekommt. Wozu das alles gut ist, weiß man nicht, keiner sagt einem, warum es überhaupt da ist, und so kann man sich nur befremdet fühlen, entfremdet, als einer, der da nichts verloren hat. Die das besitzen und darüber Bescheid wissen, wollen einen nicht dahaben. Die ganze Technik hat einen zum Fremden im eigenen Land gemacht. Was man sieht, sind die Schilder BETRETEN VERBOTEN, KEIN ZUTRITT; nichts, was den Menschen dient, statt dessen nur »verzwergte« Menschen – »Menschheit« – Ameisen gleich, die diesen absonderlichen, unbegreiflichen Gebilden dienen. Und man denkt sich, selbst wenn ich dazugehörte, selbst wenn ich kein Fremder wäre, wäre ich auch nur so eine Ameise im Dienst der Gebilde.

1.
Welche zwei Einstellungen zur Technik werden am Beispiel der Motorradwartung und des tropfenden Wasserhahns deutlich?
2.
In welche Gruppe würdest du dich einordnen? Weshalb?
3.
Fühlst du dich durch die Technik eher ausgegrenzt oder angesprochen? Weshalb? Beziehe die Karikatur, S. 118 in deine Überlegungen mit ein!

Johann G. Fichte:
Technik als Naturbeherrschung

5.7

Alle jene Ausbrüche der rohen Gewalt, vor welchen die menschliche Macht in Nichts verschwindet, jene verwüstenden Orkane, jene Erdbeben, jene Vulkane können nichts anderes sein, denn das letzte Sträuben der wilden Masse gegen den gesetzmäßig fortschreitenden, belebenden und zweckmäßigen Gang, zu welchem sie ihrem eignen Triebe zuwider gezwungen wird – nichts, denn die letzten erschütternden Striche der sich erst vollendenden Ausbildung unseres Erdballs. Jener Widerstand muß allmählich schwächer und endlich erschöpft werden, da in dem gesetzmäßigen Gange nichts liegen kann, das seine Kraft erneure; jene Ausbildung muß endlich vollendet und das uns bestimmte Wohnhaus fertig werden. Die Natur muß allmählich in die Lage eintreten, daß

»Wenn man an die mühsame Handarbeit von früher denkt ...«

1.
Wie beurteilt Fichte die Aufgabe des Menschen mit Hilfe der Technik?

2.
Begradigte Flüsse »rächen sich« durch übermäßiges Hochwasser und Überschwemmungen. Kennst du weitere Beispiele, in denen die Technik nicht zur »Beherrschung« der Natur führt?

3.
In welchem Maße fasziniert dich technisches Spielzeug? Welchen Sinn hat es für dich?

4.
Informiert euch über die Lebensweise der »Amish People« in Nordamerika und diskutiert darüber!

sich auf ihren gleichmäßigen Schritt sicher rechnen und zählen lasse, und daß ihre Kraft unverrückt ein bestimmtes Verhältnis mit der Macht halte, die bestimmt ist, sie zu beherrschen, – mit der menschlichen. – Inwiefern dieses Verhältnis schon ist, und die zweckmäßige Ausbildung der Natur schon festen Fuß gewonnen hat, soll das Menschenwerk selbst, durch sein bloßes Dasein, und durch seine, von der Absicht des Werkmeisters unabhängigen Wirkungen wiederum in die Natur eingreifen, und ein neues belebendes Prinzip in ihr darstellen.
So soll uns die Natur immer durchschaubarer und durchsichtiger werden bis in ihr geheimstes Innere, und die erleuchtete und durch ihre Erfindungen bewaffnete menschliche Kraft soll ohne Mühe dieselbe beherrschen und die einmal gemachte Eroberung friedlich behaupten. Es soll allmählich keines größeren Aufwandes an mechanischer Arbeit bedürfen, als ihrer der menschliche Körper bedarf zu seiner Entwicklung, Ausbildung und Gesundheit, und diese Arbeit soll aufhören Last zu sein; – denn das vernünftige Wesen ist nicht zum Lastträger bestimmt.

5.8 Friedrich W. Schelling:
Technik als Todeskraft

Es ist das absolute Bedürfnis einer endlichen Welt, das ihn (Fichte, d. A.) noch immer befängt, die Notwendigkeit, in der er auch jetzt noch ist, ein *Objekt* zu haben, nicht eins mit dem Ganzen, sondern für sich zu sein. Wir müssen es für eitel Schein erklären, wenn er die Lebendigkeit des Seins begriffen haben will: eitel Rede, wenn er die Natur zu vernichten sich anstellt. Er will sie nur nicht als lebendig haben, aber als tot will er sie allerdings haben, als etwas, darauf er einwirken, das er bearbeiten und mit Füßen treten kann.
Essenz seiner ganzen Meinung von der Natur? Es ist die, daß die Natur gebraucht, benutzt werden soll, und daß sie zu nichts weiter da ist, als gebraucht zu werden; sein Prinzip, wonach er die Natur ansieht, ist das ökonomisch-teleologische Prinzip.
... der lebendigen Kraft der Natur hat noch kein Mensch Zaum und Gebiß angelegt, und wenn Fichte an einer andern Stelle sagt, die Natur soll durch das vernünftige Leben in seiner Entwicklung selber belebt werden, so ist auch davon das gerade Gegenteil der Fall, denn soweit nur immer die Natur menschlichen Zwecken dient, wird sie getötet.
Wir müssen es sagen: der Grund der geistigen Gemeinheit aller Art ist selbst der Mangel jener Anschauung, dadurch uns die Natur als selbstlebendig

erscheint; ja dieser Mangel führt früher oder später den völligen, durch keine
Künste weiter zu bemäntelnden Geistestod herbei. Es liegt in ihm etwas
Unheilbares (wir erkennen es gern); denn alle Heilkraft ist nur in der Natur.
Diese allein ist das wahre Gegengift der Abstraktion. Sie ist der ewig frische
Quell der Begeisterung und einer immer wiedergeschehenden Verjüngung.

1.
Wie sieht Schelling (schon 1806) die Auswirkungen der Technik?
2.
Vergleiche mit Fichtes Ansicht! Wem neigst du eher zu? Weshalb?
3.
In vielen Baumeistersagen wird eine unglaublich schwierige Aufgabe, z. B. der Bau einer Brücke
über eine sehr tiefe, gefährliche Schlucht, der Bau eines hohen Domes usw.,
nur durch einen Pakt des Baumeisters mit dem Teufel bewältigt, der sich als Belohnung die Seele von etwas Lebendigem
(meist einer Ziege, da der Baumeister ihm ein Schnippchen schlägt) erwirkt.
Sucht in der Bücherei nach einer solchen Sage und besprecht sie.
4.
Hältst du die Technik für »diabolisch«, glaubst du, daß sie der Natur (oder dem Menschen) die Seele raubt?
(Vgl. Scheurmann, S. 114 f. und Schelling, S. 120 f.!)
5.
Welche Technik ist im Haushalt nötig, welche nicht?
Auf welche könntet ihr verzichten, welche Geräte befriedigen oft nur den Spieltrieb oder die Bequemlichkeit?

Arnold Gehlen: 5.9
Technik als Überlebenshilfe

Die Intellektualität des Menschen bleibt ihm zuletzt allerdings ein Rätsel, aber
dieses wäre ein vollständiges, wenn man sie nicht im Zusammenhang mit den
Mängeln seiner Organ- und Instinktausstattung sehen könnte; denn diese
Intellektualität nimmt ihm den Zwang zur organischen Anpassung ab, dem die
Tiere unterliegen, sie befähigt ihn umgekehrt zur Veränderung der urwüchsigen Umstände bis zur Tauglichkeit für ihn. Wenn man unter Technik die
Fähigkeiten und Mittel versteht, mit denen der Mensch sich die Natur dienstbar macht, indem er ihre Eigenschaften und Gesetze erkennt, ausnützt und
gegeneinander ausspielt, so gehört sie in diesem allgemeinsten Sinne zum
Wesen des Menschen.
Der Mensch ist also organisch »Mängelwesen« (Herder), er wäre in jeder
natürlichen Umwelt lebensunfähig, und so muß er sich eine zweite Natur, eine
künstlich bearbeitete und passend gemachte Ersatzwelt, die seiner versagenden organischen Ausstattung entgegenkommt, erst schaffen, und er tut dies
überall, wo wir ihn sehen. Er lebt sozusagen in einer künstlich entgifteten,
handlich gemachten und von ihm ins Lebensdienliche veränderten Natur, die
eben die Kultursphäre ist. Man kann auch sagen, daß er biologisch zur
Naturbeherrschung gezwungen ist.

1.
Welche Mängel hat der Mensch gegenüber Tieren?
2.
Wie erklärt Gehlen die Notwendigkeit der Erfindung von Techniken?
Wieso gehören sie für ihn zum Wesen des Menschen?
3.
Was ist für ihn Kultur?
4.
Was gehört für dich zur nötigen »Kultursphäre«, was nicht?

Hans Chr. Andersen: 5.10
Der Schweinehirt

Es war einmal ein Prinz, er hatte nur ein ganz kleines Königreich, aber es war
doch immer groß genug, sich darauf zu verheiraten, und verheiraten wollte er
sich ...
Auf dem Grabe des Vaters des Prinzen wuchs ein Rosenstock, ein wahrhaft
herrlicher Rosenstock! Nur alle fünf Jahre blühte er und trieb dann auch nur
eine einzige Rose, aber diese duftete auch so herrlich, daß man bei ihrem
Geruche alle seine Sorgen und Bekümmernisse vergaß. Auch hatte er eine

Nachtigall, die zu singen verstand, als ob alle lieblichen Melodien in ihrer kleinen Kehle wohnten. Diese Rose und diese Nachtigall sollte die Prinzessin (die Tochter des Kaisers) bekommen. Deshalb wurden sie beide in große silberne Behälter gesetzt und dann der Prinzessin übersandt.

Der Kaiser ließ sie vor sich her in den großen Saal tragen, in den die Prinzessin gegangen war, um mit ihren Hofdamen »Es kommt Besuch« zu spielen. Weiter hatten sie nichts. Als sie nun die großen Behälter mit den Geschenken gewahrte, klatschte sie vor Freude in die Hände. ... da kam die herrliche Rose zum Vorschein.

»Nein, wie niedlich sie gemacht ist!« sagten alle Hofdamen. »Sie ist mehr als niedlich«, entgegnete der Kaiser, »sie ist wunderschön!«

Aber die Prinzessin befühlte sie und wäre fast in Tränen ausgebrochen.

»Pfui, Papa!« rief sie aus. »Es ist keine künstliche Rose, sondern eine natürliche!«

»Pfui«, stimmten alle Hofleute ein, »es ist eine natürliche!«

»Laßt uns erst nachsehen, was sich in dem anderen Behälter befindet, ehe wir uns erzürnen!« meinte der Kaiser, und da zeigte sich die Nachtigall. Sie sang so herrlich, daß man nicht gleich etwas Böses gegen sie vorzubringen wußte.

»Superbe! Charmant!« riefen alle Hofdamen, denn sie plauderten sämtlich französisch, eine immer schlechter als die andere.

»Wie mich dieser Vogel an die Spieldose der hochseligen Kaiserin erinnert!« versetzte ein alter Kavalier. »Ach ja, es ist genau derselbe Ton, derselbe Vortrag!«

»Ja!« erwiderte der Kaiser, und dann weinte er wie ein kleines Kind.

»Das wird doch wohl kein natürlicher sein!« rief die Prinzessin aus.

»Ja, es ist ein natürlicher Vogel!« sagten die Überbringer.

»Nun, dann laßt den Vogel fliegen!« sagte die Prinzessin und wollte unter keiner Bedingung gestatten, daß der Prinz käme.

Dieser ließ sich jedoch nicht einschüchtern. Er rieb sich das Angesicht mit brauner und schwarzer Farbe, zog die Mütze weit hinunter und klopfte an.

»Guten Tag, Kaiser!« sagte er. »Könnte ich nicht hier auf dem Schlosse in Dienst treten?«

»Ach, hier gibt es so viele, die eine Stelle suchen!« entgegnete der Kaiser. »Aber laß einmal sehen! – Ich brauche wirklich im Augenblick jemand, der die Schweine hüten kann, denn wir besitzen davon eine große Herde!«

So wurde denn der Prinz zum kaiserlichen Schweinehirten ernannt. Er erhielt ein elendes Kämmerchen unten neben dem Koben, und hier mußte er bleiben. Aber den ganzen Tag saß er und arbeitete, und als es Abend war, hatte er einen niedlichen kleinen Topf vollendet. Oben auf demselben hatte er ringsherum Schellen angebracht, die, sobald der Topf kochte, gar prächtig klingelten und die alte Melodie spielten:

»Ach, du lieber Augustin,
Alles ist hin, hin, hin!«

Aber das Allerkünstlichste war doch, daß man, sobald man den Finger in den aus dem Topfe emporsteigenden Dampf hielt, sofort riechen konnte, was für Speisen auf jedem Herde in der Stadt zubereitet wurden. Das war freilich etwas anderes als eine Rose!

Nun spazierte die Prinzessin mit allen ihren Hofdamen vorüber, und als sie die Melodie hörte, blieb sie stehen und sah sehr heiter aus, ...
»Wieviel verlangst du für den Topf?« fragte die Hofdame.
»Ich verlange zehn Küsse von der Prinzessin!« antwortete der Schweinehirt.
»Was das für eine ärgerliche Sache ist!« meinte die Prinzessin. »Aber dann müßt ihr euch wenigstens vorstellen, damit es niemand zu sehen bekommt!«
Und die Hofdamen stellten sich vor sie hin, breiteten ihre Kleider aus, und dann erhielt der Schweinehirt die zehn Küsse und sie den Topf.
Nun, das war eine Glückseligkeit! Den ganzen Abend und den ganzen Tag mußte der Topf kochen. Nicht ein Herd war in der ganzen Stadt, von dem sie nicht gewußt hätten, was darauf gekocht wurde, sowohl beim Kammerherrn als beim Schuhmacher. Die Hofdamen tanzten und klatschten in die Hände.
... Der Schweinehirt, das heißt der Prinz, aber sie wußten ja nichts anderes, als daß er ein wirklicher Schweinehirt wäre, ließ den Tag nicht vorübergehen, ohne etwas Neues zu arbeiten, und da verfertigte er eine Knarre. Wenn man diese drehte, so erklangen alle Walzer, Hopser und Polkas, die man seit der Schöpfung der Welt kannte.
»Aber das ist superbe!« sagte die Prinzessin beim Vorübergehen.
»Nie habe ich ein schöneres Kunstwerk spielen hören. Geh hin und frage ihn, was das Instrument kostet. Aber Küsse gebe ich nicht!«
»Er will hundert Küsse von der Prinzessin haben!« sagte die Hofdame, die sich erkundigt hatte.
... »Stellt euch vor!« sagte sie; und da stellten sich alle Hofdamen vor, und nun küßte er.

»Was mag nur der Auflauf dort unten beim Schweinekoben zu bedeuten haben!« sagte der Kaiser, der auf den Altan hinausgetreten war. Er rieb sich die Augen und setzte sich die Brille auf. »Da haben ja die Hofdamen ihre Hand mit im Spiele. Ich will einmal zu ihnen hinunter!« ... Als er in den Hof hinunterkam, trat er ganz leise auf, und die Hofdamen hatten soviel damit zu tun, die Küsse zu zählen, damit es hübsch ehrlich dabei zuginge und er nicht zu viele, aber auch nicht zu wenige erhielte, daß sie den Kaiser gar nicht bemerkten. Er stellte sich auf die Fußspitzen.
»Was ist denn das?« sagte er, als er sah, wie sie sich küßten, und dann schlug er mit dem Pantoffel auf sie los, gerade als der Schweinehirt den sechsundachtzigsten Kuß empfing.
»Hinaus!« rief der Kaiser, denn er war sehr zornig, und sowohl der Schweinehirt wie die Prinzessin wurden aus seinem Kaiserreiche vertrieben.
Da stand sie nun und weinte, der Schweinehirt schalt, und der Regen floß stromweise hernieder.
»Ach, ich elendes Menschenkind«, seufzte die Prinzessin, »hätte ich doch den hübschen Prinzen genommen! Ach, wie unglücklich ich bin!«
Und der Schweinehirt ging hinter einen Baum, wischte sich das Schwarze und das Braune aus dem Angesicht, warf die garstigen Kleider von sich und trat nun in der Prinzentracht hervor, so schön, daß sich die Prinzessin unwillkürlich vor ihm verneigen mußte.
»Du hast mich soweit gebracht, dich zu verachten!« begann er.
»Du wolltest keinen ehrlichen Prinzen haben! Du verstandest dich nicht auf Rosen und Nachtigallen, aber den Schweinehirten konntest du um eines Spielwerks willen küssen. Was du jetzt erduldest, hast du verdient!«
Und dann ging er in sein Königreich, machte die Tür zu und legte einen Riegel vor, so daß sie draußen stehen und singen konnte:
»Ach, du lieber Augustin, Alles ist hin, hin, hin!«

1.
Wie werden Natur und Technik im vorliegenden Märchen gewertet?
2.
Wieso zieht die Prinzessin künstliche, kunstfertige Dinge den Naturdingen vor? Kannst du das verstehen? Wieso?
3.
Welche Entwicklung wird am Schluß des Märchens bildlich dargestellt? Muß die Folge »Alles ist hin« sein? Kannst du dir andere Möglichkeiten vorstellen?

5.11 Bertolt Brecht:
700 Intellektuelle beten einen Öltank an

Ohne Einladung
Sind wir gekommen
Siebenhundert (und viele sind noch unterwegs)
Überall her
Wo kein Wind mehr weht
Von den Mühlen, die langsam mahlen, und
Von den Öfen, hinter denen es heißt
Daß kein Hund mehr vorkommt.

Und haben Dich gesehen
Plötzlich über Nacht
Öltank.

Gestern warst Du noch nicht da
Aber heute
Bist nur Du mehr.

Eilet herbei, alle
Die ihr absägt den Ast, auf dem ihr sitzet
Werktätige!
Gott ist wiedergekommen
In Gestalt eines Öltanks.

Du Häßlicher
Du bist der Schönste!
Tue uns Gewalt an
Du Sachlicher!

Lösche aus unser Ich!
Mache uns kollektiv!
Denn nicht wie wir wollen
Sondern wie Du willst.

Du bist nicht gemacht aus Elfenbein und Ebenholz,
sondern aus
Eisen.
Herrlich, herrlich, herrlich!
Du Unscheinbarer!
Du bist kein Unsichtbarer,
Nicht unendlich bist Du!
Sondern sieben Meter hoch.
In Dir ist kein Geheimnis
Sondern Öl.
Und du verfährst mit uns
Nicht nach Gutdünken, noch unerforschlich
Sondern nach Berechnung.

Was ist für Dich ein Gras?
Du sitzest darauf.
Wo ehedem ein Gras war
Da sitzest jetzt Du, Öltank!
Und vor dir ist ein Gefühl
Nichts.

Darum erhöre uns
Und erlöse uns von dem Übel des Geistes.
Im Namen der Elektrifizierung
Der Ratio und der Statistik!

1.
Welche Form von Technikvergötzung schildert Brecht?

2.
Nicht nur im Sozialismus bestand die Hoffnung, mit Hilfe der Technik von vielen Unzuträglichkeiten des Alltags erlöst zu werden (Lenin wird der Ausspruch zugeschrieben, Kommunismus sei »Sowjetmacht plus Elektrifizierung des ganzen Landes«).
Wie beurteilst du diese Hoffnung der Menschen auf Heil durch die Technik?

3.
Brechts Hörspiel »Der Ozeanflug« schildert Naturbeherrschung »im Kampf gegen das Primitive« (und die Schwierigkeiten der ersten Ozeanüberquerung per Flugzeug).
Sind Unkraut-und Insektenvernichtungsmittel für dich auch »Kampf gegen das Primitive«?
In welchem Umfang sind sie nötig? (Vgl. Rachel Carsons Gedankenexperiment in »Der stumme Frühling«; die Vögel bleiben weg!)

»Geht mir doch weg mit eurer Gefühlsduselei! Hauptsache ich habe Arbeit – oder?«

Heinar Kipphardt: Skrupel eines Atomforschers

5.12

ROBB Sie sind der Vater der Atombombe genannt worden, Doktor?
OPPENHEIMER Ja. In den Illustrierten.
ROBB Sie würden sich selber nicht so bezeichnen?
OPPENHEIMER Nein. Es ist kein sehr hübsches Kind, und es hat an die hundert Väter, wenn wir die Grundlagenforschung berücksichtigen. In einigen Ländern.
ROBB Aber das Baby kam schließlich in Los Alamos zur Welt, in den Laboratorien, die Sie gegründet haben und deren Direktor Sie von 1943 bis 1945 waren.
OPPENHEIMER Ja.
ROBB Das wollen Sie nicht bestreiten, Doktor.
Oppenheimer lacht.
Sie haben es in einer begeisternd kurzen Zeit gemacht, getestet und schließlich über Japan abgeworfen, nicht wahr?
OPPENHEIMER Nein.
ROBB Nicht?
OPPENHEIMER Der Abwurf der Atombombe auf Hiroshima, das war eine politische Entscheidung, nicht meine.
ROBB Aber sie unterstützten den Abwurf der Atombombe auf Japan, oder nicht?
OPPENHEIMER Was meinen Sie mit »unterstützen«?
ROBB Sie halfen die Ziele aussuchen, nicht wahr?
OPPENHEIMER Ich tat meine Arbeit. Wir bekamen eine Liste mit den möglichen Zielen –
ROBB Welche?
OPPENHEIMER Hiroshima, Kokura, Nigata, Kyoto, und wir wurden als Fachleute gefragt, welche Ziele sich für den Abwurf der Atombombe nach unseren Testerfahrungen am besten eignen würden.
ROBB Wer ist »wir«, Doktor?
OPPENHEIMER Ein Rat von Atomphysikern, den der Kriegsminister dazu eingesetzt hatte.
ROBB Wer gehörte dazu?
OPPENHEIMER Fermi, Lawrence, Arthur H. Compton und ich.

Bild:
Atombombenversuch der USA
über dem Bikini-Atoll am 25.6.1946
(Unterwasserexplosion)

Robb Und Sie hatten die Ziele auszusuchen?
Oppenheimer Nein. Wir gaben die wissenschaftlichen Daten über die Eignung der Ziele. Ich war sehr erleichtert, als der Kriegsminister die berühmte Tempelstadt Kyoto, die das größte und empfindlichste Ziel war, auf unsere Empfehlung hin von der Liste strich.
Robb Aber dem Abwurf der Atombombe auf Hiroshima widersetzten Sie sich nicht?
Oppenheimer Wir gaben Argumente, die dagegen –
Robb Ich frage Sie, Doktor, ob Sie sich widersetzten?
Oppenheimer Ich gab Argumente, die dagegen sprachen.
Robb Gegen den Abwurf der Atombombe?
Oppenheimer Aber ich verfocht sie nicht nachdrücklich.
Robb Sie meinen, nachdem Sie drei oder vier Jahre Tag und Nacht daran gearbeitet hatten, die Atombombe zu machen, argumentierten Sie, das Ding nicht zu gebrauchen?
Oppenheimer Nein. Als ich vom Kriegsminister gefragt wurde, gab ich ihm die Argumente, die dafür und die dagegen sprachen. Ich äußerte Befürchtungen.
Robb Und bestimmten Sie nicht auch die Höhe, Doktor, in der die Atombombe zu zünden sei, um die größte Wirkung zu haben?
Oppenheimer Wir machten als Fachleute die Arbeit, die man von uns verlangte. Aber wir entschieden damit nicht, die Bombe tatsächlich zu werfen.
Robb Sie wußten natürlich, daß der Abwurf der Atombombe auf das von Ihnen ausgesuchte Ziel Tausende von Zivilisten töten würde?
Oppenheimer Nicht so viele, wie sich herausstellte.
Robb Wie viele wurden getötet?
Oppenheimer Siebzigtausend.
Robb Hatten Sie deshalb moralische Skrupel?
Oppenheimer Schreckliche.
Robb Sie hatten schreckliche moralische Skrupel?
Oppenheimer Ich kenne niemanden, der nach dem Abwurf der Bombe nicht schreckliche moralische Skrupel gehabt hätte.
Robb Ist das nicht ein bißchen schizophren?
Oppenheimer Was? Moralische Skrupel zu haben?
Robb Das Ding zu machen, die Ziele auszusuchen, die Zündhöhe zu bestimmen und dann über den Folgen in moralische Skrupel zu fallen? Ist das nicht ein bißchen schizophren, Doktor?
Oppenheimer Ja. – Es ist die Art von Schizophrenie, in der wir Physiker seit einigen Jahren leben.
Robb Können Sie das erläutern?
Oppenheimer Man machte von den brillanten Entdeckungen der neueren Naturwissenschaften einen ziemlich fürchterlichen Gebrauch. Die Kernenergie ist nicht die Atombombe.
Robb Sie meinen, man kann sie industriell auswerten und so?
Oppenheimer Sie kann Überfluß herstellen, erstmals. Ein Problem billiger Energie.

ROBB Sie denken an Goldenes Zeitalter, Schlaraffenland und diese Geschichten?
OPPENHEIMER Ja, an Luxus. Zu unserem Unglück denkt man an einigermaßen gegenteilige Verwendungen.
ROBB Wer ist »man«, Doktor?
OPPENHEIMER Die Regierungen. Die Welt ist auf die neuen Entdeckungen schlecht eingerichtet. Sie ist aus den Fugen.
ROBB Und Sie sind ein bißchen gekommen, sie einzurenken, wie Hamlet sagt?
OPPENHEIMER Ich kann es nicht. Leider. Sie muß das selber tun.
ROBB Wollen Sie sagen, Doktor, daß Sie die Atombombe gebaut haben, um irgendein Schlaraffenland zu machen? Oder haben Sie sie gebaut, um sie zu verwenden und um mit ihr den Krieg zu gewinnen?
OPPENHEIMER Wir haben sie gebaut, um zu verhindern, daß sie verwendet wird. Ursprünglich jedenfalls.
ROBB Sie haben zwei Milliarden Dollar Steuergelder verbraucht, um zu verhindern, daß sie verwendet wird?
OPPENHEIMER Um zu verhindern, daß sie von Hitler verwendet wird. Es stellte sich am Ende heraus, daß es ein deutsches Atombombenprojekt nicht gab. – Wir haben sie dann trotzdem verwendet.
ROBB Sagte der Bericht nicht, daß der Abwurf sehr erfolgreich war?
OPPENHEIMER Er war technisch erfolgreich, ja.
ROBB Oh, technisch. – Sie sind sehr bescheiden, Doktor.

1.
Wie verhält sich der Physiker Oppenheimer gegenüber dem Untersuchungsausschuß (der ihm mangelhaftes Engagement beim Bau der Wasserstoffbombe vorwarf)?
2.
Wie hält er wissenschaftliche Arbeit und politische Zweckentscheidungen auseinander? Wie beurteilst du das?
3.
Wie geht er mit seinen Skrupeln um?
4.
Wie würdest du in diesem Fall »technisch erfolgreich« und »ethisch gerechtfertigt« unterscheiden?
5.
Billigst du die Verantwortung des Wissenschaftlers (vgl. den Schluß von Dürrenmatts »Die Physiker«), oder sollen sich andere verantwortlich fühlen? Erdenkt ein ähnliches Rollenspiel, in dem einer sich für seine technische Erfindung rechtfertigen soll!

Reinhard Löw:
Mensch und Natur

5.13

Der Mensch hat in die Natur seit Jahrtausenden, seit es ihn gibt auf der Welt, mit technischer Zielsetzung eingegriffen. Er hat Wälder gerodet, Pflanzen und Tiere gezüchtet und getötet, er hat auch Arten ausgerottet und Landschaften verwüstet. All dies geschah im scheinbar vollständigen Einklang mit dem göttlichen Herrschaftsauftrag: »Macht Euch die Erde untertan!«
Aber: wo ist das ethische Problem (wenn man einmal vom Tierschutz absieht)? Das ethische Problem tritt auf, wenn die Konsequenzen einer solchen radikalen Auffassung der Natur auf den Menschen zurückschlagen, und zwar durchaus nicht einseitig. Denn die Erfolge, Fortschritte, die sich im Verlauf einer solchen naturwissenschaftlich-technischen Bemächtigung der Natur einstellten, sind ja nicht eben gering, in der Ernährungswirtschaft, in der Heilkunde, in den Fortbewegungs-, Komfort-, Genußmöglichkeiten. Die andere Seite der Fortschritte waren beispielsweise die Verarmung ganzer Landstriche durch die Einführung von Maschinen oder Massenvernichtungsmitteln verschieden

»Das muß man nicht gleich panikmacherisch Hochwasser nennen, wir erhöhen halt etwas den Grenzwert für Feuchtigkeit!«

teuflischer Dimensionen für den Krieg. Wäre also somit nicht die richtige Antwort für unser Thema: Technik ist weder gut noch böse? Denn mit einer Axt kann man einen Baum fällen und einen Menschen erschlagen. Aber das ist nicht Sache der Axt, sondern des Menschen, der sich ihrer bedient. Die wertfreie Technik (wie übrigens die wertfreie Wissenschaft) möchte deswegen bitte aus der ethischen Diskussion herausgelassen werden.

Ich glaube, es steckt in dieser These ein richtiger und ein falscher Gedanke. Der richtige Gedanke ist, daß technisches Können in der Tat immer den Charakter des Ergreifens von Mitteln hat, und »die Technik« wertfrei wäre – wenn es »die Technik« gäbe. Es gibt aber immer nur *Techniken* als Mittel (Verfahren, Instrumente usf.), derer sich Techniker als Menschen bedienen. Der Begriff »Mittel« hat überhaupt keinen Sinn, wenn er nicht hingeordnet ist auf den Begriff »Zweck«, und die in Frage stehenden Zwecke sind Handlungszwecke: das jeweilige »Weswegen« meiner Mittelergreifung. Ein technisch äußerst zweckrational konstruierter Verbrennungsofen für Konzentrationslager läßt sich in seinem Mittelcharakter von seinem in sich schlechten Zweck gar nicht trennen.

Und nun ist auch klar, warum die obige »Sache« nach dem ethischen Problem abstrakt war: jede Handlung des Menschen, also auch jeder technische Eingriff in die Natur steht unter ethischen Kriterien. Solche Handlungen sind gewöhnlich gerechtfertigt ..., nie aber automatisch. Und was mit der Dimension der expansiven technischen Beherrschung der Natur sich änderte, war nicht eine *Neu*-Eröffnung der ethischen Dimension, sondern der Beginn einer *zusätzlichen* rechtfertigungsbedürftigen Ebene im menschlichen Handeln.

Es hat sich seitdem noch eine solche Ebene ergeben, wenn sie auch erst vor etwa einem Jahrzent ins allgemeine Bewußtsein drang: unsere Verantwortung für kommende Generationen. Leider liegen mit der Entdeckung der neuen Dimension nicht schon die richtigen ethischen Schlußfolgerungen auf dem Tisch, wie das Kernkraft- oder das Gentechnologie-Beispiel zeigen: beide Seiten argumentieren mit den Lebenschancen kommender Generationen.

Zu sagen: ethisch wäre zwar etwas anderes richtig, aber es gehe um Arbeitsplätze, und die anderen machten es ja auch – das ist jedenfalls unmoralisch. Das Arbeitsplatzargument ist zwar wichtig, aber nicht immer durchschlagend (die Tatsache, daß SS-Leute in Konzentrationslagern »Arbeitsplätze« hatten, ist kein Argument zugunsten der Existenz von Konzentrationslagern), und der Hinweis auf andere ist in *moralischen* Fragen, so Hegel, pöbelhaft.

Und so darf man von der Aufnahme der ethischen Debatte in den angesprochenen Bereichen nicht Polemik, sondern vernünftige Kompromisse erwarten. Dafür ist es Voraussetzung, daß jede Seite ihre Argumente so stark wie möglich macht, schreibt schon Aristoteles. In der Praxis sind dann aber einsichtige Selbstbeschränkung und Zurücknahme eine sehr wichtige Äußerung der Freiheit der Menschen.

1.
Welche Eingriffe in die Natur gibt Löw an? Nenne weitere!

2.
Welches ethische Problem ergibt sich daraus?

3.
Was bedeutet in diesem Zusammenhang »wertfreie Wissenschaft«?

4.
Welche Ebene menschlichen Handelns muß gerechtfertigt werden?

5.
Diskutiert die Möglichkeiten und Gefahren der Nutzung der Kernkraft und der technischen Manipulation von Erbgut bei Lebewesen!

6.
Wie äußert sich nach Löw die Freiheit des Menschen angesichts technisch-ethischer Probleme?

7.
Was erscheint dir an der Karikatur (S. 127) übertrieben, was richtig? Was können einzelne tun?

5.14 Hermann Hesse:
Hochjagd auf Automobile

Die Inschrift *»Auf zum fröhlichen Jagen! Hochjagd auf Automobile«* lockte mich an, ich öffnete die schmale Türe und trat ein.

Da riß es mich in eine laute und aufgeregte Welt. Auf den Straße jagten die Automobile, zum Teil gepanzerte, und machten Jagd auf die Fußgänger, überfuhren sie zu Brei, drückten sie an den Mauern und Häusern zuschanden. Ich begriff sofort: es war der Kampf zwischen Menschen und Maschinen, lang vor-

bereitet, lang erwartet, lang gefürchtet, nun endlich zum Ausbruch gekommen. Überall auch zerschmissene, verbogene, halbverbrannte Automobile, über dem wüsten Durcheinander kreisten Flugzeuge, und auch auf sie wurde von vielen Dächern und Fenstern aus mit Büchsen und mit Maschinengewehren geschossen. Wilde, prachtvoll aufreizende Plakate an allen Wänden forderten in Riesenbuchstaben, die wie Fackeln brannten, die Nation auf, endlich die fetten, schöngekleideten, duftenden Reichen, die mit Hilfe der Maschinen das Fett aus den andern preßten, samt ihren großen, hustenden, böse knurrenden, teuflisch schnurrenden Automobilen totzuschlagen, endlich die Fabriken anzuzünden und die geschändete Erde ein wenig auszuräumen und zu entvölkern, damit wieder Gras wachsen, wieder aus der verstaubten Zementwelt etwas wie Wald, Wiese, Heide, Bach und Moor werden könne.
Andere Plakate hingegen, wundervoll gemalt, prachtvoll stilisiert, in zarteren, weniger kindlichen Farben, außerordentlich klug und geistvoll abgefaßt, warnten im Gegenteil alle Besitzenden und alle Besonnenen beweglich vor dem drohenden Chaos der Anarchie, schilderten wahrhaft ergreifend den Segen der Ordnung, der Arbeit, des Besitzes, der Kultur, des Rechtes und priesen die Maschinen als höchste und letzte Erfindung des Menschen, mit deren Hilfe sie zu Göttern werden würden. Nachdenklich und bewundernd las ich die Plakate, die roten und die grünen, fabelhaft wirkte auf mich ihre flammende Beredsamkeit, ihre zwingende Logik, recht hatten sie, und tief überzeugt stand ich bald vor dem einen, bald vor dem andern, immerhin merklich gestört durch die ziemlich saftige Schießerei ringsum. Nun, die Hauptsache war klar: es war Krieg, ein heftiger, rassiger und höchst sympathischer Krieg, worin es sich nicht um Kaiser, Republik, Landesgrenzen, um Fahnen und Farben und dergleichen mehr dekorative und theatralische Sachen handelte, um Lumpereien im Grunde, sondern wo ein jeder, dem die Luft zu eng wurde und dem das Leben nicht recht mehr mundete, seinem Verdruß schlagenden Ausdruck verlieh und die allgemeine Zerstörung der blechernen zivilisierten Welt anzubahnen strebte. Ich sah, wie allen die Zerstörungs- und Mordlust so hell und aufrichtig aus den Augen lachte, und in mir selbst blühten diese roten wilden Blumen hoch und feist und lachten nicht minder. Freudig schloß ich mich dem Kampfe an.

»Na bitte, das Ozonloch ist so gut wie dicht!"

1.
Hältst du Krieg für eine akzeptable Möglichkeit, »die geschändete Erde etwas auszuräumen und zu entvölkern, damit wieder Gras wachsen« kann?
2.
Welche Einstellung hast du zu Autos und Flugzeugen? Informiere dich über umweltfreundlichere Energien (Rapsöl, Methanol etc.) und suche selbst nach Alternativen! Wie empfindest du die Belastung durch unsaubere Luft?
3.
Diskutiert die obenstehende Karikatur!

5.15 Heinrich Stork:
Schwund des Menschlichen?

Wie die Naturwissenschaft sich von der natürlichen Wahrnehmung der Welt entfernt hat, so hat sich ... auch die Technik vom Raum des natürlichen Handelns emanzipiert. Dadurch ändert sich der Weltbezug des Menschen; er wird vom Abhängigen zum Herrscher. Aber er bezahlt dafür mit dem Leben in einer Welt, die sich immer entschiedener vom natürlichen Leben trennt. »Die technischen Strukturen schieben sich zwischen den Menschen und seine ursprüngliche Umwelt, Natur und Landschaft ein und verdrängen und ersetzen die Werkzeuge, Handlungsformen, Erlebnisweisen, Lebensstrukturen, Lebensgehalte, seelischen Bindungen, übermateriellen Werte, die in den organischen Bezug des Menschen zur Natur eingelagert sind.« Auch nach Jaspers führt die Technik zur »Ablösung des Menschen von jedem Boden. Er wird Erdbewohner ohne Heimat. Er verliert die Kontinuität der Tradition. Der Geist reduziert sich auf Lernbarkeit und Abrichtung zu brauchbaren Funktionen.« Damit hat die Reduktion, d.h. »die Summe aller Schwundvorgänge ..., die unvermeidlich mit dem technischen Fortschritt verbunden sind«, den Menschen selbst erreicht. Seine individuellen Neigungen und Fähigkeiten sind wenig gefragt.

Hier wird vielmehr mit einem Menschen gerechnet, der gar nicht anders kann, als auf das System ansprechen, und diese Rechnung ist nicht Theorie, sondern sehr real: der Mensch wird auf das Minimum, das von ihm erwartet wird, wirklich reduziert ... Die Elemente werden vom System her definiert.

Diese Reduktion des Individuums, die alle Lebensbereiche zu erfassen droht, zeigt sich besonders deutlich im arbeitsteiligen Betrieb. »Die doppelte Abhängigkeit der Arbeit von der Maschine und von der Organisation der Arbeit, die wiederum eine Art Maschine ist, hat die Folge, daß der Mensch selbst gleichsam ein Maschinenteil wird. Schaffende Erfinder und Organisatoren neuer Arbeitseinheiten werden seltene Ausnahme: sie bauen noch an der Maschine. Immer mehr Menschen dagegen müssen Teile der Maschine werden.« Als solches Teil hat der Mensch nur eine begrenzte Sachleistung zu erbringen: dabei ist er »nicht durch Entschlüsse, sondern durch Befehle normiert, die im organisierten Betrieb entspringen«. Damit hat nach G. Briefs die Arbeit aufgehört, »das Schöpferische im Menschen in sich aufzunehmen«. Da dem einzelnen Arbeiter die Möglichkeit der individuellen Entfaltung fehle, werde die geistige Beziehung zum Ganzen der Arbeit gelöst, und jede Verringerung seiner Arbeitszeit erscheine ihm als ein »Gewinn an Persönlichkeitswert«.

Ein weiterer Gegenstand der antitechnischen Kulturkritik ist die Gefährdung der Freiheit. Es sei falsch, technische Weltbemeisterung als Verwirklichung menschlicher Freiheit zu verstehen. Zwar habe es im ersten technischen Jahrhundert den Anschein gehabt, als ob der technische Fortschritt eng mit der Idee der Freiheit verbunden sei. »Die Emanzipation von den Schranken der alten ständischen Gesellschaft und die Emanzipation von den Schranken der organischen Natur waren miteinander verkoppelt und erschienen als ein einziger Durchbruch zur Freiheit.« Aber »die Befreiung des Menschen von den gegebenen Naturbedingungen zur zunehmenden Beherrschung der Natur und die personale Freiheit des Menschen sind etwas Grundverschiedenes«.

»Es kann keine Rede davon sein, daß uns durch Vermittlung der Technik Reichtümer zugeführt werden. Es ist vielmehr ein beständiger, stets wachsender, immer gewaltiger werdender Verzehr, der hier stattfindet. Es ist ein Raubbau, wie ihn die Erde noch nicht gesehen hat.«

Dieser rücksichtslose Raubbau sei Kennzeichen und Voraussetzung unserer Technik. Daher »ist es unmöglich, sie in irgendein ökonomisches System einzugliedern, sie unter ökonomischen Gesichtspunkten zu betrachten. Man kann den radikalen Verbrauch von Erdöl, Kohle und Erzen nicht Wirtschaft nennen, so rational immer der Abbau betrieben werden mag ... Was hier euphemistisch Produktion genannt wird, ist in Wirklichkeit Konsum.« Die Kehrseite der technischen Rationalität sei der Raubbau, der unter Mißachtung aller Rationalität die Bestände ausbeute, »auf welche sie wie die Lunge auf Luft angewiesen ist«. Mit dem Raubbau beginne die Verwüstung und Umgestaltung der Landschaft. Die Technik »stampft Fabriken und ganze Fabrikstädte aus dem Boden hervor, Städte von grotesker Häßlichkeit, in denen die menschliche Misere unverhüllt ans Licht tritt, Städte, die, wie Manchester, ein ganzes Stadium der Technik bezeichnen und zum Inbegriff alles Trostlosen und Dürftigen geworden sind«.

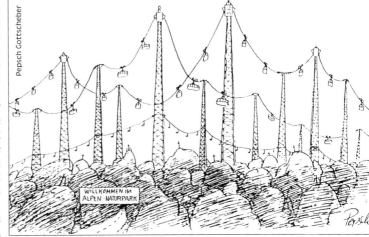

Der Lokomotivführer, der seinen Zug sicher durch die Nacht fährt, der Statiker, der eine Brückenkonstruktion auf ihre Tragfähigkeit hin prüft, der Chemotechniker, der die Chargen eines Arzneimittels auf genügende Reinheit und Wirksamkeit hin untersucht – sie alle leisten einen Dienst an vielen »Brüdern Unbekannt«; Arbeitsteilung und Wirtschaftsverfassung heben diese Tatsache nicht auf.

Diesen Möglichkeiten zu wirksamer Hilfeleistung stehen die Versuchungen und Gefahren gegenüber, die das technische Tun des Menschen mit sich bringt. Einen ihrer Höhepunkte erreichen sie in der modernen Waffentechnik. Gewiß diente die Technik schon immer dazu, »um leben zu helfen und um sterben zu machen«; aber inzwischen sind nicht nur die Dimensionen des Sterbenmachens vervielfacht worden, sondern es erfolgt auf technisierte Weise (durch »Knopfdruck«), und in einer solchen räumlichen und damit emotionalen Distanz zu den Sterbenden, daß die Hemmungen des Tötens sehr wirkungsvoll herabgesetzt werden.

Carl F. v. Weizsäcker sieht die Ausschaltung des Krieges angesichts der Waffentechnik als »vordringliche Forderung« einer »Ethik des Lebens in der technischen Welt« an. Diese Ethik gelte es zu entwickeln. »Ihre Grundlage ist nicht neu. Die alte Ethik der Nächstenliebe reicht aus, wenn wir sie auf die Realitäten der neuen technischen Welt anwenden: und wenn wir sie hier nicht anwenden, so ist es uns mit ihr nicht Ernst.«

Diese Anwendung geht mit Vernunft einher. Weizsäcker verweist auf die Vernunft, die beim Entwurf und Betreiben technischer Einzelgeräte am Werk ist; er sieht darin Beispiel und Mahnung für unseren gesamten Umgang mit der Technik:

»Es gibt eine eigentümliche Faszination der Technik, eine Verzauberung der Gemüter, die uns dazu bringt zu meinen, es sei ein fortschrittliches und ein technisches Verhalten, daß man alles, was technisch möglich ist, auch ausführt.

1.
Wie muß der Mensch nach Stork für seine Weltbeherrschung bezahlen? Welche positiven Leistungen der Technik werden genannt?
2.
Wieso war (und ist) der technische Fortschritt mit dem Gedanken der Freiheit verknüpft?

131

3.
Welche »Schwundvorgänge« beim Menschen schildert Stork? Betrachtet dazu das Bild von George Grosz »Ohne Titel« (Bildteil, S. 7)!
Der Mensch in der technischen Lebenswelt wirkt anonym und entseelt.
Teilst du diese Wertung?
(Bedenke: Technik ist auch Entlastung von körperlich schwerer Arbeit.)

4.
Welchen Raubbau und Verzehr der Natur beschreibt Stork? (Vgl. dazu die Alpenkarikatur, S. 131!)

5.
Die chilenische Wüste wurde durch Aufspannen von Plastiksegeln bewässert; die vom Meer kommenden Winde kondensieren hier.
Wie beurteilst du diese Form von Technik?

6.
Welche Position vertritt der deutsche Physiker und Philosoph Carl F. v. Weizsäcker? Wie kannst du dir Wege in die geforderte Richtung vorstellen? Kannst du dir Techniken zur Erhaltung der Umwelt vorstellen? Welche?

7.
Das Foto zeigt Charlie Chaplin im Räderwerk einer mächtigen Maschinerie.
Kann der Mensch dieses Räderwerk »beherrschen« oder wird er davon »zerrieben«?

Szene mit Charlie Chaplin aus dem Film »Moderne Zeiten« (1936)

Es ist das typische Verhalten einer ersten Generation, die alle Möglichkeiten ausprobiert, nur weil sie neu sind, wie ein spielendes Kind oder ein junger Affe ... Reifes technisches Handeln aber ist anders. Es benützt technische Geräte als Mittel zu einem Zweck ...
Mir liegt daran, klarzumachen, daß diese reife Haltung nicht der Technik fremd, sondern erst die eigentlich technische Haltung ist. Jedes einzelne technische Gerät ist von einem Zweck bestimmt; es ist so konstruiert, daß das Zusammenwirken aller seiner Teile eben diesem Zweck dient. Kein Gerät ist Selbstzweck. Eine technische Zivilisation, deren Glieder sich gegenseitig hindern, gefährden und zerstören, ist technisch unreif. Eine Technik, die sich als Selbstzweck gebärdet, ist als ganze auf einer niedrigeren Entwicklungsstufe als ihre einzelnen Apparate; sie ist als ganze noch untechnisch. Wir müssen also ein Bewußtsein für die richtigen, den technischen Gebrauch der Technik gewinnen, wenn wir in der technischen Welt menschenwürdig überleben wollen. Das verlangt eine moralische Anstrengung, die sich in einer positiven Moral, einer gefestigten Sitte niederschlagen muß ... Als leitende Regel muß gelten: Kein Mensch ist ein Gerät, und Geräte dürfen nur zum Nutzen, nicht zum Schaden des Menschen gebraucht werden. Das wachsende Bewußtsein von dieser Regel wird sich manifestieren in der Herausbildung fester verbindlicher Formen des Umgangs mit der Technik ... In der Technik des Alltags, wie etwa im Straßenverkehr, lernen wir alle sie heute nach und nach respektieren.«

Theodore Roszak:
Roboter als bessere Menschen?

5.16

Anfang der zwanziger Jahre schrieb Karel Čapek ein Theaterstück mit dem Titel »R.U.R.«, in dem der Begriff (und das Wort) *Roboter* zum ersten Mal auftauchte. Der Roboter war ein fühlender Uhrwerkmechanismus, eine Maschine mit einem menschlichen Gesicht. Er war nicht nur ein abstraktes Modell von Intelligenz, sondern man konnte sich auch vorstellen, daß er ein eigenes Leben habe. In Čapeks Stück verwandeln sich die Roboter zum Beispiel in rastlose metallene Marxisten, die gegen ihre menschlichen Ausbeuter rebellieren und die Herrschaft an sich reißen. Dieses Bild von der menschenähnlichen Maschine hat eine Denkweise entstehen lassen, die jetzt bei den Computerenthusiasten weit verbreitet ist als der vollkommene Ausdruck des mechanistischen Triumphs. Der Computer hat eine evolutionäre Interpretation erfahren, die ihn scheinbar für ein besonderes Schicksal auszeichnet. Er wird vielleicht sogar seinen Schöpfer überleben und die beherrschende Art des »Lebens« auf Erden werden. Wenn der Computer ein »Gehirn« ist, das »Intelligenz« besitzt, kann man ihn dann nicht mit einer biologischen »Art« vergleichen? Und wenn diese Art »Generationen« durchläuft in ihrer Entwicklung, kann man dann nicht auch sagen, daß sie »evolutionäre Sprünge« macht?

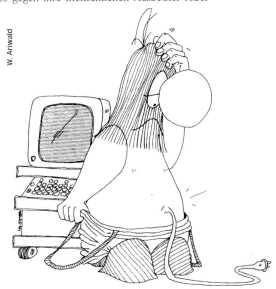

Natürlich werden auch viele andere Maschinen – Kühlschränke, Autos, Staubsauger – fortschreitend verbessert, von Modell zu Modell. Wir bezeichnen das gewöhnlich nicht als Evolution. Aber wenn es um den Computer geht, dann entspringt seinem Status als einer intelligenten Maschine, daß für ihn eine besondere Kategorie gilt. Er erfährt nicht einfach fortlaufende Verbesserungen, er wird sensibler, geistig kompetenter, autonomer.

Es ist von größter Wichtigkeit, die Annahmen hervorzuheben, die solche Visionen von der Überflüssigkeit des Menschen inspirieren. Wenn Denken einfach ein Vorgang der Datenverarbeitung ist, dann kann man tatsächlich keine wesentliche Unterscheidung treffen zwischen der Denkweise von Menschen und der von Maschinen. Ja man muß dann anerkennen, daß Maschinen diese Aufgabe besser erfüllen.

Wie weit kann man diese fatalistische Phantasie treiben? Robert Jastrow sieht im Computer die Ankunft einer »Intelligenz, die jenseits der des Menschen liegt«. Die Maschine sei »ein Kind des menschlichen Gehirns statt seiner Lenden« und werde einst »die Rettung des Menschen sein in einer Welt erdrückender Komplexität«. Aber dieses Bündnis zwischen Mensch und Maschine werde nicht stabil sein. Der Computer werde seine unaufhaltsame

Evolution fortsetzen. Während die menschliche Evolution ein beinahe abgeschlossenes Kapitel in der Geschichte des Lebens ist ... können wir damit rechnen, daß eine neue Art aus dem Menschen entstehen wird, die dessen Errungenschaften übertreffen wird, wie der Mensch diejenigen seines Vorgängers, des Homo erectus überwunden hat. Diese neue Art von Intelligenz besteht vermutlich aus Silizium.

Oberflächlich betrachtet, bieten die Futurologen und die Datenhändler verlockende Versprechen von Komfort, Reichtum, Vergnügen und Spielen an, aber unter ihrem forschen Optimismus lauern finstere Spekulationen, ob der Mensch nicht ein überholtes Wesen sei. Dieses triste Leitmotiv ist untrennbar mit den Maschinen verbunden und prägt zwangsläufig unsere Reaktion auf die neue Technologie, selbst bei ihren trivialsten Verwendungen. Haben wir etwa eine Art seelenvollen Geist erschaffen, einen Geist, der den entfremdeten Bedingungen der modernen Gesellschaft besser gewachsen ist, der besser in der Lage ist, mit all dem Druck, der Angst, den moralischen Spannungen fertigzuwerden?

In mancherlei Hinsicht sind die Ideen, die wir hier besprochen haben, so närrisch und ausgefallen sie auch sein mögen, Teil einer Tradition, die so alt ist wie die Industriegesellschaft selbst. Man könnte sie als extreme Ausdrucksformen der Technophilie betrachten, der Liebe zu den Maschinen in unserem Leben. Es ist nicht das erste Mal, daß Menschen ihre Hoffnungen auf Glück und ihre Vorstellung von der Vollkommenheit auf das neueste magische Wunderwerk projizieren, das gerade auftaucht. Die Dampfmaschine, die elektrische Dynamomaschine, das Auto, das Flugzeug – sie alle waren zu einer bestimmten Zeit ähnlich herrschende Symbole des Fortschritts. Solche technologischen Schwärmereien kommen und gehen mit jeder neuen Welle von Erfindungen und Entdeckungen, die sich einen Platz in unserer dynamischen industriellen Wirtschaft erobern. So reichte vor einhundertfünfzig Jahren ein viktorianischer Futurologe das folgende Gedicht bei der Zeitung *Illustrated London News* ein:

> *Legt eure Schienen, ihr Völker nah und fern –*
> *Spannt eure vollen Züge an den Triumphwagen des Dampfes.*
> *Verbindet Stadt mit Stadt: vereint durch Eisenbänder*
> *Die lang entfremdeten und oft bekämpften Länder.*
> *Friede, sanftäugiger Seraph – Wissen, göttliches Licht,*
> *Sollen ihre Botschaften schicken auf jeder Bahn ...*
> *Segenswünsche der Wissenschaft und ihrer Magd, des Dampfs!*
> *Sie machen, daß Utopia nur halb ein Traum noch ist.*

Und was war der Gegenstand dieses utopischen Sehnens? Die Eisenbahn. Aus der vorteilhaften Perspektive der Rückschau kann man ohne weiteres ersehen, wie naiv und überspannt solche Erwartungen sein können. Doch sind die meisten von uns nur allzugern bereit, die Erlösungssehnsüchte, die sich um neue Technologien ranken, zu teilen. Ich glaube aber, daß die gegenwärtige Faszination, die vom Computer und seinem Hauptprodukt, der Information, ausgeht, einer kritischeren »Antwort« bedarf. Und zwar deshalb, weil der Computer auf so geniale Weise die menschliche Intelligenz nachahmt, daß er unser Vertrauen in den eigenen Gebrauch des Geistes zutiefst erschüttern kann. Jenes Geistes, der alles und jedes überdenken sollte, auch den Computer.

---

1. Weshalb sehen wir Computer anders als andere Maschinen?

2. Glaubst du, daß menschliche Intelligenz eines Tages überflüssig werden wird, daß Maschinen die Aufgaben des Menschen besser erfüllen können? Wie siehst du die Aufgabe des Menschen einer künftigen Welt?

3. Seht euch die Filme »Nr. 5 lebt« und »Bladerunner« an. Glaubt ihr, daß Roboter lernen können zu fühlen, sich zu verlieben und spontan auf einen Witz zu reagieren? Haltet ihr wechselseitige Gefühle zwischen Mensch und Roboter für möglich? Welche Beziehung hast du zu »intelligenten Maschinen« (z. B. Computern)?

4. Welche »Erlösungssehnsüchte ranken sich« nach Roszak um neue Technologien? Was hält Roszak davon? Was denkst du darüber?

Hans Jonas:
Welche Technik brauchen wir?

5.17

Es wird gefragt: Trägt der Forscher bei seinen Untersuchungen eine Verantwortung? Kann er sich mit seinem Forschen schuldig machen? Ja, kann er Schuld vermeiden? Solche Fragen haben seit einiger Zeit begonnen, das Gewissen, das einstmals so gute, von Naturwissenschaftlern zu plagen. Was
5 konnte sich eines besseren Gewissens erfreuen als die Wahrheitssuche? Und was war ein legitimeres Objekt der Wahrheitssuche als eben die Natur? Aber Robert Oppenheimer sagte nach Hiroshima: der Naturwissenschaftler hat Bekanntschaft mit der Sünde gemacht. Das war für die Kernphysik und ihre Mitwirkung bei der Atombombe gemeint. Seitdem hat sich die Störung der
10 Gewissensruhe auch auf andere Forschungszweige in den Naturwissenschaften ausgedehnt. Mindestens die Frage einer mit dem eigenen Tun verbundenen Verantwortlichkeit ist in die geschützten Gefilde der Naturforschung eingedrungen und wird an sie auch von außen, von einer breiteren und beunruhigten Öffentlichkeit gestellt.
15 Aber gerade der in diesem Sinne gute, also erfolgreiche und daher wirkungsvolle Wissenschaftler kann unter Verantwortung stehen, die über sein internes Geschäft der Wahrheitsfindung hinausreichen und deren Auswirkung in der Welt betreffen. Solche Auswirkungen sind ja zumeist in der naturwissenschaftlichen Forschung schon mitgemeint, nämlich als schließliche praktische
20 Nutzung ihrer Ergebnisse. Man findet heraus, wie die Natur es »macht« und kann dann selber etwas mit ihr machen.
Fast überall sonst in den Naturwissenschaften vermischen sich heute theoretisches und praktisches Interesse unauflöslich (man denke an Kernphysik oder Kernbiologie); und zumal im Alltag des Forschungsbetriebes – man könnte
25 sagen der Forschungsindustrie, die so oft Industrieforschung ist – dominiert die praktische Abzweckung von vornherein, indem sie dem Forscher schon die Aufgaben stellt. Also wird der, der sie löst, zum Handlanger für die, die seine

Die Mahner von Nairobi
Auf der Weltklimakonferenz 1993 in Nairobi wurden umwelterhaltende Maßnahmen diskutiert.
1995 fand diese Konferenz in Berlin statt.

1.
Welche zwei Arten von Verantwortung hat der Wissenschaftler nach Jonas? Untersuche vor diesem Hintergrund die Einstellung Oppenheimers bei Kipphardt, S. 125 ff.!
2.
Welches ist die »Zweigesichtigkeit« der modernen Technik und der entsprechenden Macht?
3.
Prometheus hat der griechischen Sage zufolge den Göttern das Feuer gestohlen, um es den Menschen zu bringen, die damit ihre Welt erheblich verbessern konnten (Heizen, Kochen, Braten, Anfertigung von Werkzeugen, etc.).
Glaubst du, daß die Macht der Technik zu groß für den Menschen ist? Begründe!

135

4.
Inwiefern beschreibt Dionne Farris' Song »Reality« (am Ende des Buches) eine Voraussetzung für die von Jonas geschilderte Pflicht? Was bedeutet »sehende Furcht« bei Jonas? Welche Pflicht sieht er?

5.
Wie beurteilt ihr persönliches Boykott-Verhalten (z. B. gegen McDonalds wegen Vernichtung tropischen Regenwaldes zur Gewinnung von Weideland; gegen Shell wegen Verunreinigung der Nordsee durch Versenkung einer Ölbohrplattform)?

6.
Erkundet, wie man in den Familien eurer Klassenkameraden und Verwandten mit der natürlichen Umwelt umgeht! Fertigt Collagen mit Nachrichten zu diesem Thema! Welche lokalen, welche globalen Probleme seht ihr? Welche Möglichkeiten eines persönlichen Engagements fallen euch ein?

Lösung benutzten. Wird er damit für die Art dieser Nutzung, die nicht mehr in seiner Hand liegt, mitverantwortlich? Soll dann die Voraussehbarkeit gewisser Nutzungen und ihrer Folgen ein Grund für ihn werden, gewisse Aufgaben nicht anzunehmen, d. h. gewisse Forschungen zu unterlassen? Oder Ergebnisse geheimzuhalten? Das wäre fast sicher vergeblich, denn der einzelne kann ja nicht für alle anderen gutsagen, die überall sonst in der Welt am gleichen Problem arbeiten. Und da stellt sich die wohlbekannte und gar nicht umgehbare Sachlage ein, daß ein und dasselbe wissenschaftliche Ergebnis, ein und dasselbe Können, das aus ihm erwächst, sowohl zum Nutzen als auch zum Schaden verwendbar ist, zum Guten wie zum Bösen – daß jede Macht eine Macht für beides ist und oft ohne den Willen des Ausübers beides vollbringt, sogar im gleichen Zuge des Gebrauchs. Bei solcher Zweigesichtigkeit der Macht und dazu der exzessiven Größe, die sie in der modernen Technik anzunehmen pflegt – sollte man da auf sie und ihre Mehrung, also auf die Gewinnung neuer Macht, überhaupt verzichten? Aber das können wir nicht, denn wir brauchen sie zur Förderung der menschlichen Angelegenheiten. Wir brauchen sogar ihren ständigen Fortschritt, um jedesmal mit den negativen Folgen ihrer selbst, d. h. ihres bisherigen Gebrauchs, fertig zu werden. Wir stehen also unter einem gewissen Zwang, wenn auch nicht unter einem absoluten, der jede Wahlfreiheit ausschlösse. Jedenfalls ist es zu spät, die Frage zu stellen, die schon Prometheus hätte stellen können, ob die Macht der Technik nicht zu groß ist für den Menschen, für das Maß seiner Zuverlässigkeit und Weisheit, zu groß auch vielleicht für die Abmaße unseres Planeten und seiner verletzlichen Biosphäre. Kein Meister kann dem Zauberlehrling den Besen wieder in den Schrank bannen. Doch die sehende Furcht könnte etwas zu seiner Zügelung tun.

Vor aller institutionellen Apparatur wäre hierfür eine Bewußtseinsbildung nötig, welche mit den erwähnten Gewissenssorgen unter Forschern ja in der Tat eingesetzt hat. Ihr könnt eine kritische Aufhellung des Selbstverständnisses der Wissenschaften zugute kommen.

Daraus würde sich ergeben, daß sowohl mit der außermenschlichen Lebenswelt als auch mit sich selbst der Mensch nicht unbekümmert umgehen darf: daß es außer der Freiheit des Gebrauchs auch die Pflicht der Bewahrung gibt – sogar unabhängig von der nüchtern-utilitaristischen Erwägung, daß mit einer verarmenden Umwelt der Mensch sich den Ast absägt, auf dem er sitzt.

René Magritte:
»So lebt der Mensch«, 1933
National Gallery of Art, Washington

René Magritte:
»Der Schlüssel zur Freiheit«, 1936
Sammlung Thyssen-Bornemisza

René Magritte:
»Die zwei Geheimnisse«, 1966
Duane Michals, New York

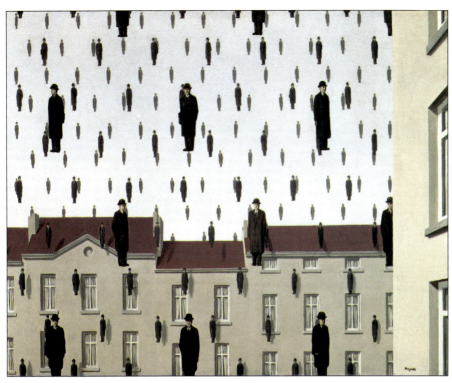

René Magritte:
»Golkonda«,
1953
The Menil
Collection,
Houston

René Magritte:
»Die Liebenden«,
1928
The Bridgeman
Art Library,
London

René Magritte:
»Das Vergnügen«,
1926
Kunstsammlung
NRW, Düsseldorf

Max Beckmann:
»Nacht«,
1918/19
Kunstsammlung
NRW, Düsseldorf

Gisela Breitling:
»Alice hinter den Spiegeln«, 1976
Neuer Berliner Kunstverein, Berlin

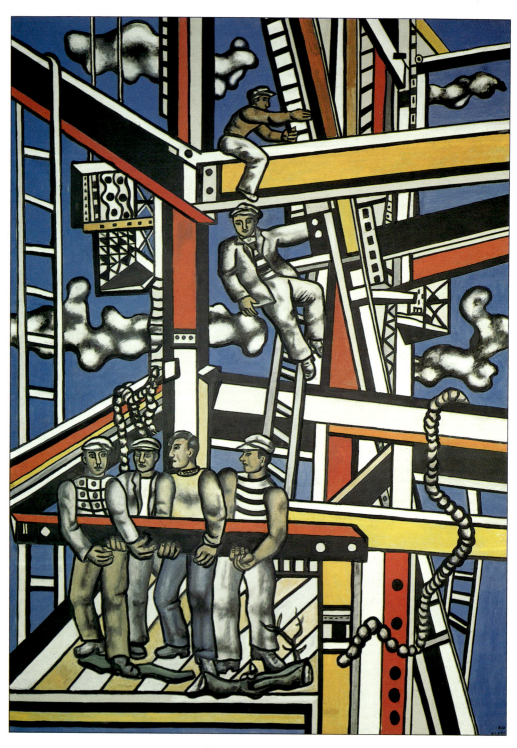

Fernand Léger: »Les Constructeurs«
The Bridgeman Art Library, London

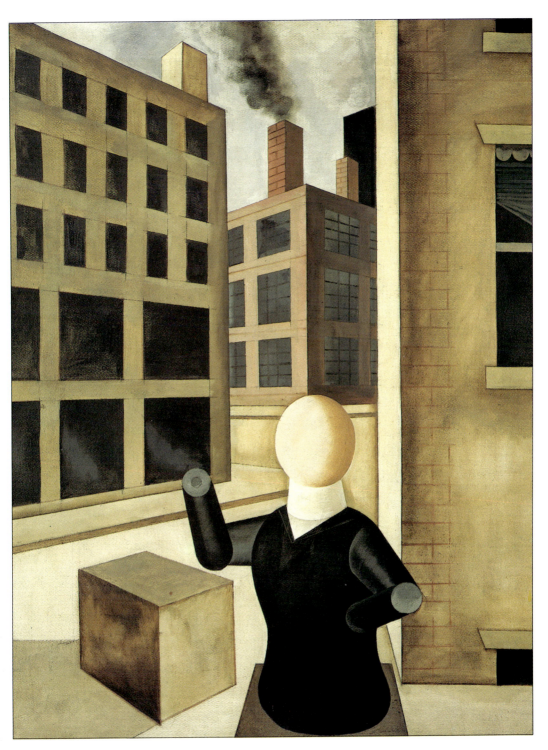

George Grosz: »Ohne Titel«, 1920
Kunstsammlung NRW, Düsseldorf

Bildteil S. 7

Heinrich Maria von Davringhausen:
»Der Träumer«
Hessisches Landesmuseum, Darmstadt

Fremdworterklärungen

A
Abstinenz: Enthaltsamkeit
abstrakt: losgelöst vom Dinglichen, rein begrifflich oder theoretisch
Abstraktion: Loslösung vom Wirklichen, Konkreten
adäquat: angemessen
administrativ: zur Verwaltung gehörend
Affekt: heftige Erregung
aggregieren: vereinigen
agieren: handeln
Aiga: Familie
akkumulieren: anhäufen
Alii: Herr
Altan: Balkon, hohe Terrasse bei einem Schloß
Anarchie: Zustand der Gesetzlosigkeit
anthropologisch: auf den Menschen bezogen
antizipieren: gedanklich vorwegnehmen
Apollon: *(griech.)* Gott der Kunst
Assoziation: *hier* Gedankenverbindung
Aura: Hauch, Ausstrahlung
Authentizität: Echtheit
autonom: selbstbestimmt
Autonomie: Selbstbestimmung
autotelisch: sich selbst Ziele setzend

B
banal: nichtssagend
bellum omnium contra omnes: Krieg aller gegen alle; nach Th. Hobbes Naturzustand der menschlichen Gesellschaft

C
Canoe: Kanu
Caprice: Laune
celestial: himmlisch
chauvinistisch: ein überspitztes National- oder Geschlechtsgefühl besitzend
commod: bequem
conditio humana: menschliche Lebensbedingungen

D
depressiv: traurig, niedergeschlagen
Desintegration: Auflösung eines Ganzen in seine Bestandteile
diabolisch: teuflisch
Diskretion: Verschwiegenheit
Dogmatik: wissenschaftliche Darstellung einer Glaubenslehre
Doktrin: Lehrmeinung, Grundsatz, programmatische Festlegung
dominiert: beherrscht
duodez: unbedeutend

E
Ekstase: Verzückung, rauschhafter Zustand
Empirizismus: Lehre, nach der die Erkenntnis aus der Erfahrung gewonnen wird
enthusiastisch: begeistert
Epidemie: Seuche, ansteckende Massenerkrankung
epizyklisch: in der Form eines Kreises, dessen Mittelpunkt sich auf einem anderen Kreis bewegt (von Kopernikus zur Erklärung der Planetenbahnen genutzt)
Eremit: Einsiedler
Eros: *(griech.)* Liebesgott
Eskalation: Steigerung, Verschärfung
Essenz: wesentlichster Teil, Kernstück
Ethnologe: Völkerkundler
euphemistisch: schönfärberisch, verhüllend
eventualiter: möglicherweise
Evolution: allmählich fortschreitende Entwicklung
evolutionär: auf Evolution beruhend
exilieren: ins Exil schicken, vertreiben
existentiell: auf das unmittelbare und wesenhafte Dasein bezogen
Expansion: Ausdehnung
expansiv: sich ausdehnend
exzessiv: ausschweifend

F
faktisch: tatsächlich
Famulus: Lehrling
Fanatismus: leidenschaftliche, blinde Begeisterung für eine Idee, die rücksichtslos durchzusetzen versucht wird
fatalistisch: schicksalsergeben
Fertilisation: *hier* Düngung, Fruchtbarmachen
Fetisch: Gegenstand abergläubischer Anbetung
Fiktion: etwas Erdachtes, Vorgestelltes
fiktiv: angenommen, erdacht
fixieren: festlegen, verbindlich bestimmen
Fono: Zusammenkunft
Frustration: Erlebnis einer wirklichen oder vermeintlichen Enttäuschung
Fundus: Bestand, Grundlage
Futurologe: Zukunftsforscher

G
Generalisation: Verallgemeinerung
global: weltumfassend
Golem: durch Zauber zum Leben erweckte menschliche Tonfigur der jüdischen Sage

H
Halluzination: Sinnestäuschung
Hedonismus: Glücks- und Genußlehre
Hedonist: Genußmensch
homo erectus: der aufrecht gehende Mensch
hyperreal: über das Reale hinausgehend
Hypothese: Unterstellung, unbewiesene Annahme

I
Idealismus: *hier* selbstlose Begeisterung
Ideologie: Gedankenwelt, Begriffslehre
ideologisch: weltanschaulich
Idol: Götzenbild; jemand, der zum Gegenstand besonderer Verehrung wird; *auch* Leitbild, dessen Zugkraft im vordergründig Äußerlichen liegt
ignorieren: nicht beachten
Image building: Persönlichkeits- oder Charakterbild »bauen«
imaginär: nicht wirklich, nur in der Vorstellung vorhanden
implizit: einschließlich, inbegriffen
Ingredienzien: Zutaten
institutionalisiert: zu einer festen Einrichtung geworden
interaktiv: wechselseitig handelnd
intern: das Innere betreffend
Intuition: Eingebung, plötzliches ahnendes Erfassen
intuitiv: auf plötzlicher Eingebung beruhend
Inversion: Umkehrung
irrational: mit dem Verstand nicht faßbar

K
Kalamität: mißliche Lage
Kava: Volksgetränk der Samoa
Klassifikation: Einteilung
Kollektiv: Gruppe, in der Menschen zusammen leben oder arbeiten
Kolonnade: Säulengang
Kommerzialisierung: Unterordnung von Dingen, ideellen Werten unter wirtschaftliche Interessen
Konsens: Übereinstimmung
Konsequenz: Folgerichtigkeit
konstituieren: gründen, begründen
Konsument: Verbraucher
Konsumtion: Verbrauch
kontemplativ: beschaulich, besinnlich
Kontext: *hier* Sinnzusammenhang
Kontinuität: Stetigkeit
Konvention: Übereinkunft, Regeln des Umgangs
korrumpieren: jemanden bestechen, moralisch verderben
Korruption: Bestechung, Bestechlichkeit
Kuratel: Vormundschaft

L
larmoyant: weinerlich, mit zuviel Gefühl und Selbstmitleid
Lefzen: äußerer Teil des Hunde- oder Wolfsmauls
legitim: rechtmäßig, gesetzlich anerkannt; berechtigt
Ligatur: Bindung
liquidieren: vernichten

Fremdworterklärungen

M
malträtieren: mißhandeln, quälen
Manipulator: derjenige, der manipuliert
manipulieren: Menschen bewußt und gezielt beeinflussen oder lenken
Mediceische Gestirne: Galilei benannte die von ihm entdeckten vier Jupitermonde nach dem jungen Thronfolger des florentinischen Königshauses Cosimo de Medici
Medium: Mittel, vermittelndes Element
Metapher: bildhafte Übertragung eines Ausdrucks
Motivation: *hier* Bewegtsein von Motiven
Multiple-Choice-Verfahren: Prüfungsmethode, bei der der Prüfling unter verschiedenen Antworten eine oder mehrere ankreuzen muß
museal: museumsreif

N
narzißtisch: selbstverliebt
Negativa: *(lat.)* Plural von Negativum, das Schlechte
Neutrum: das Sächliche, keine Person

O
ontologisch: das Seiende betreffend
optieren: vom Recht der Option Gebrauch machen
Option: *hier* Wahlmöglichkeit

P
Papalagi: der Weiße, der Fremde
Patriotismus: Vaterlandsliebe
permanent: dauerhaft
permissiv: die Einhaltung bestimmter Normen nur locker kontrollierend
Phaidros: *(griech.)* Wolf, das Pseudonym des Ich-Erzählers bei Pirsig
Phänomen: Erscheinung
Phänomenologie: *hier* streng objektive Beschreibung des Gegebenen, der Phänomene
Physis: Natur, das Reale, Körperliche
physisch: körperlich
pinball-Maschine: pinball-machine = Flipper
Plädoyer: engagierte Befürwortung
Polemik: wissenschaftlicher Meinungsstreit
Posto fassen: stehen bleiben, Posten beziehen
Potential: Fähigkeit, Veranlagung
Potenz: *hier* Steigerungsfähigkeit
Präferenz: Vorzug
pränatal: vorgeburtlich
profitabel: ertragreich
prosaisch: sachlich-nüchtern, ohne Phantasie
psychisch: seelisch
ptolemäisch: Auffassung, nach der die Erde den Mittelpunkt des Weltalls bildet

Q
Quarta: früher 7. Klasse des Gymnasiums

R
Rabbi: jüd. Ehrentitel, Gesetzeslehrer
Ratio: Vernunft
rational: vernünftig, von der Vernunft bestimmt
Realismus: in der Philosophie allgemein Lehre, daß die Welt unabhängig vom Denken existiert
Reduktion: Herabminderung
reflektieren: *hier* spiegeln
Regression: Rückentwicklung, Rückschritt
reproduzieren: ständig neu oder genauso hervorbringen
resümieren: zusammenfassen
rezeptiv: aufnehmend, empfangend
Rischi: *(Sanskrit)* einer der Seher und Weisen der Vorzeit
Routinier: geübter Praktiker

S
Satyagraha: *(Sanskrit)* »Ergreifen der Wahrheit«, Prinzip des gewaltlosen Widerstandes gegen Unrecht und Gewalt
Savaii: 3 Inseln, die zur Samoagruppe gehören
Schizophrenie: Bewußtseinsspaltung
selektiv: auswählend
Seraph: Engel
sex appeal: sexuelle Anziehungskraft
sich emanzipieren: sich befreien, loslösen
sich kasteien: sich quälen
simplistisch: vereinfacht
Simulation: Nachahmung, Verstellung, Vortäuschung
simulieren: nachahmen, verstellen, vortäuschen
Sirenen: verführerische Gestalten, deren Gesang Odysseus fast von seinem Weg abgebracht hätte
snap-shot: Schnappschuß
Solidarität: Gefühl der Zusammengehörigkeit
Sophist: Wissenschaftler in der Antike
Sozialisation: Vergesellschaftung; Prozeß der Einordnung in die Gemeinschaft
Speakeasy: »Flüsterkneipe«, in der heimlich gespielt wird
Spekulation: auf bloßen Annahmen beruhende Erwartung oder Behauptung
spekulativ: in der Art der Spekulation denkend
Substitut: Ersatz
subtil: *hier* fein strukturiert und daher schwer zu verstehen
suggerieren: nahelegen
synthetisch: künstlich erzeugt

T
Tanoa: Holzschale, in der das Nationalgetränk Samoas (Kava) bereitet wird
Technophilie: Technikfreundschaft
teleologisch: ziel- oder zweckgerichtet
terminologisch: begrifflich
»The Day After«: amerikanischer Film, der den Tag nach einer Atombombenexplosion als das Ende der Welt zeigt
Tofua: hoher Berg auf Upolu
Trabant: Himmelskörper, der einen Planeten umkreist
trans- (national, kulturell): über ... hinaus
Transzendenz: *hier* das Überschreiten der Grenzen der Erfahrung, des Bewußtseins, des »Diesseits«
trivial: im Ideengehalt, gedanklich unbedeutend, alltäglich

U
Uffizien: Gemäldegalerie in Florenz
Upolu: Insel der Samoa-Gruppe
Utilitarismus: Lehre, die im Nützlichen die Grundlage des sittlichen Verhaltens sieht
utilitaristisch: den Utilitarismus betreffend
Utopia: Insel als Traumbild eines idealen Staates bei Thomas Morus
utopisch: unerreichbar, doch in der Zukunft vorgestellt

V
versus: gegen
viktorianisch: zur Zeit der Königin von Großbritannien und Irland Viktoria (1837–1901)
virtuell: scheinbar, der Kraft oder Möglichkeit nach vorhanden
virtuos: meisterhaft
Vision: in der Vorstellung entworfenes Bild
visuell: das Sehen betreffend
vital: lebenskräftig
volonté générale: allgemeiner Wille (Rousseau)
voyeuristisch: heimlich lustvoll zuschauend

Z
Zen: eine auf Meditation beruhende Richtung des Buddhismus
Zeus: *(griech.)* Göttervater
zweckrational: sinnvoll im Hinblick auf einen Zweck

Autorenverzeichnis

Anders, Günther;
1902–1992;
studierte Philosophie; danach in Berlin, Paris und USA philosophische, journalistische und belletristische Arbeit; besuchte 1958 Hiroshima und war engagierter Kriegsgegner und Mitinitiator der Anti-Atomwaffen-Bewegung; schrieb vor allem über kulturphilosophische und zeitgeschichtliche Themen.

Andersen, Hans Christian;
1805–1875;
dänischer Dichter; besuchte die Schule nur unregelmäßig, da er in Armut aufwuchs; verfaßte aber 168 Märchen – nicht nur für Kinder –, die ihn weltberühmt machten.

Aristoteles;
384–322 v. Chr.;
griech. Philosoph und Naturforscher; studierte bei Platon; Erzieher Alexanders des Großen; begründete die wissenschaftliche Philosophie und etliche wissenschaftliche Disziplinen durch Logik und empirische Methodik.

Barth, Ariane;
Redakteurin des politischen Wochenmagazins »Der Spiegel«.

Bechstein, Ludwig;
1801–1860;
zunächst Apothekerlehrling; studierte dann Philosophie, Geschichte und Literatur, um Bibliothekar zu werden; bedeutend als Sammler und Herausgeber heimischer Märchen und Sagen.

Bloch, Ernst;
1885–1977;
studierte Musik, Philosophie, Germanistik und Physik; nach dem Exil in den USA zunächst marxistischer Philosophieprofessor in Leipzig, später in Tübingen; beschäftigte sich u. a. mit dem Begriff der Utopie als Entwurf für eine bessere Welt.

Böhme, Gernot;
Professor für Philosophie an der TH Darmstadt; zahlreiche Buchveröffentlichungen, in denen er sich u. a. für einen zeitgemäßen Naturbegriff einsetzt.

Brecht, Bertolt;
1898–1956;
studierte Philosophie und Medizin in München; 1924–26 Dramaturg am Deutschen Theater Berlin, danach freier Schriftsteller und Regisseur; bedeutender sozialistischer Dramatiker und Lyriker des 20. Jh.

Buber, Martin;
1878–1965;
jüdischer Religions- und Sozialphilosoph; 1938–51 Professor für Sozialphilosophie in Jerusalem; wollte die Gesellschaft durch eine neue Einstellung von Mensch zu Mensch (»dialogisches Prinzip«) erneuern.

Büchner, Georg;
1813–1837;
studierte Naturwissenschaft, Medizin und Philosophie; Begründer der geheimen, sozialkritischen »Gesellschaft für Menschenrechte«; Dramatiker zwischen Romantik und Realismus; schuf das erste bedeutende soziale Drama (»Woyzeck«).

Busch, Wilhelm;
1832–1908;
humoristisch-satirischer Dichter und Zeichner; wurde weltberühmt als Verfasser von Bildergeschichten.

Czikszentmihalyi, Mihalyi;
wurde als Sohn einer ungarischen Familie in Italien geboren; lehrt heute Philosophie an der Universität Chicago.

Dostojewski, Fjodor;
1821–1881;
russ. Dichter; freier Schriftsteller; ab 1865 eine Reihe großer Romane, die Meisterwerke der tiefenpsychologischen Analyse sind.

Engels, Friedrich;
1820–1895;
Philosoph und Politiker; Freund, Mitarbeiter und Finanzier von Karl Marx; Mitbegründer des dialektischen Materialismus; trug mit seiner publizistischen Tätigkeit wesentlich zur Verbreitung des Marxismus bei.

Enzensberger, Hans Magnus;
geb. 1929;
studierte Germanistik, und Philosophie; deutscher Publizist; Verfasser kultur-, besonders medienkritischer Essays; außerdem Lyriker, Hörspielautor und Übersetzer.

Epikur;
342–271 v. Chr.;
griech. Philosoph; gründete eine Philosophenschule mit dem Anliegen sinnvoller ethisch-praktischer Lebensgestaltung; seine Lehre zielte besonders auf die Befreiung von Furcht vor den Göttern und vor dem Tod.

Fichte, Johann Gottlieb;
1762–1814;
deutscher Philosoph und Vertreter des deutschen Idealismus; Mitbegründer und erster Rektor der Universität Berlin; entwickelte ein System der Philosophie, worin Gott unpersönlich als moralische Weltordnung betrachtet wurde.

Frankl, Viktor;
geb. 1905; österreichischer Psychiater und Psychotherapeut; Begründer der Logotherapie und der Existenzanalyse.

Frisch, Max;
1911–1993;
ursprünglich Architekt; Schweizer Dramatiker und Romancier; gesellschaftliches und ideologiekritisch-moralisches Engagement; Frage nach Schuld und Identität steht oft im Mittelpunkt seiner Werke.

Fromm, Erich;
1900–1980;
studierte Soziologie, Psychologie und Philosophie; emigrierte 1934 nach den USA; dort und in Mexiko Lehrtätigkeit für Psychoanalyse mit einer kritischen Einstellung zu Freud; Tätigkeit als Schriftsteller.

Gandhi, Mahatma;
1869–1949;
studierte Jura in London; später Rechtsanwalt in Indien;1894–1914 politischer Führer der indischen Bevölkerung in Südafrika; löste 1920 in Indien erste Kampagne des zivilen Ungehorsams aus und wurde zum Führer der Unabhängigkeitsbewegung und Verfechter des gewaltlosen politischen Widerstandes.

Autorenverzeichnis

Garve, Christian;
1742–1798;
deutscher »Popularphilosoph«; untersuchte vor dem Hintergrund der franz. Revolution soziale, ästhetische und geschichtliche Strukturen und vertrat eine lebensnahe Moralität.

Gehlen, Arnold;
1904–1976;
deutscher Philosoph und Soziologe; arbeitete besonders auf dem Gebiet der Anthropologie, der Sozial- und politischen Philosophie.

Grimm, Gebrüder
(Jacob und Wilhelm);
1785–1863 und 1786–1859;
Forschungen über Literatur und Sprachgeschichte, Altertumskunde, Mythologie, Märchen und Sagen; Sammler und Herausgeber der Kinder- und Hausmärchen.

Heidegger, Martin;
1889–1976;
studierte Philosophie und Theologie; 1923–45 Professor in Marburg und Freiburg; beschäftigte sich mit der Analyse des Seins; Mitbegründer der Existenzphilosophie.

Hesse, Hermann;
1877–1962;
begann ein Theologiestudium; dann Buchhändlerlehre; ab 1904 freier Schriftsteller; Traum- und Märchenmotive bestimmen neben Einflüssen der indischen Philosophie sein literarisches Schaffen.

Inciarte, Fernando;
geb. 1929 in Madrid;
Promotion in Rom und Köln; heute Professor für Philosophie in Münster.

Jonas, Hans;
geb. 1903;
deutsch-amerikanischer Philosoph; wanderte 1935 nach Palästina aus, dann nach Kanada und die USA; sein beherrschendes Thema ist das Verhältnis von Mensch und Natur.

Kant, Immanuel;
1724–1804;
studierte Mathematik, Naturwissenschaft und Philosophie; lehrte Logik, Metaphysik, Naturwissenschaften und Geographie; einer der bedeutendsten deutschen Philosophen; berühmt wurde seine »Grundlegung der Metaphysik der Sitten«; formulierte hierin den kategorischen Imperativ als oberstes Begründungsprinzip von Moral.

Kipphardt, Heinar;
1922–1982;
zunächst Facharzt für Psychiatrie; dann Dramaturg am Deutschen Theater Berlin, 1960–70 freier Schriftsteller; danach Lektor und Arzt; Dramatiker, Lyriker und Erzähler mit sozialem und zeitkritischem Engagement.

Kody, Monster;
lebenslänglicher Häftling im Los Angeles County Prison; belegte im Gefängnis einen Schreibkurs und veröffentlichte seine Lebensgeschichte in einer örtlichen Zeitung.

Küng, Hans;
geb. 1928;
Schweizer kath. Theologe; heute Professor für ökumenische Theologie (außerhalb theologischer Fakultäten); bemüht sich um Verständnis und Konsens zwischen den Weltreligionen (»Chicagoer Erklärung«).

Löw, Reinhard;
geb. 1949;
studierte Naturwissenschaft, Philosophie und Geschichte; Direktor des Forschungsinstitutes für Philosophie Hannover; beschäftigt sich vor allem mit ethischen Problemen der Naturwissenschaft und Ethik.

Malpass, Eric;
geb. 1910;
engl. Romanautor (vorher Bankangestellter); heute freier Schriftsteller.

Marx, Karl;
1818–1883;
Politiker und Philosoph; Begründer einer Philosophie der Ökonomie und des dialektischen/historischen Materialismus; emigrierte aus Deutschland über Paris nach London und veröffentlichte mit Hilfe von Friedrich Engels seine Werke.

Mill, John Stuart;
1806–1873;
engl. Philosoph und Volkswirtschaftler; einzige Erkenntnisquelle war ihm die Erfahrung, sittliche Werte seien empirisch und genetisch bedingt; maß den moralischen Wert einer Handlung an ihren Folgen.

Münnix, Gabriele;
Studium der Mathematik, Physik, Philosophie und Pädagogik; heute Dozentin für Philosophie am Institut für Lehrerfortbildung Mühlheim/Ruhr.

Nagel, Thomas;
Professor für Philosophie an der Universität von New York; Verfasser von anschaulichen Einführungen ins philosophische Denken.

Nietzsche, Friedrich Wilhelm;
1844–1900;
studierte Theologie und alte Sprachen; Verfasser einflußreicher philosophischer Schriften; bekämpfte das Christentum und alle Religionen, die sich um Stützung der Schwachen bemühen; propagierte den »legitimen Egoismus im Lebenskampf«.

Oz, Amos;
geb. 1939;
israelischer Schriftsteller und Professor für Literatur; Romane und Erzählungen beschäftigen sich mit Auseinanderfallen von Traum und Wirklichkeit; kritische Darstellung der Entwicklung Israels.

Pirsig, Robert M.;
geb. 1928;
studierte Chemie, Philosophie und Journalismus sowie östliche Philosophie an der Hindu-Universität von Benares; amerikanischer Bestsellerautor.

Platon;
427–347 v. Chr.;
griech. Philosoph; Schüler des Sokrates, dessen Dialoge mit Freunden und Schülern er aufzeichnete; glaubte an die geistige Existenz einer Welt vollkommener Ideen, die durch das Denken erfaßt werden können.

Autorenverzeichnis

Popper, Karl Raimund;
1902–1993;
britischer Philosoph und Wissenschaftstheoretiker; Begründer des kritischen Rationalismus und einer Philosophie der offenen Gesellschaft.

Richter, Hans-Peter;
geb. 1925;
Professor für politische Wissenschaften; neben wissenschaftlichen Veröffentlichungen auch Sach- und Jugendbücher sowie Hörfunk- und Fernsehsendungen.

Russell, Bertrand;
1872–1970;
brit. Mathematiker, Philosoph und Schriftsteller; widmete sich vor allem erkenntnistheoretischen und sprachphilosophischen Fragen; trat gegen jede Art von Unterdrückung ein und warnte frühzeitig vor der atomaren Bedrohung.

Savater, Fernando;
geb. 1947;
Professor für Ethik an der Universität Bilbao/Spanien; bekannt durch Rundfunksendungen und zahlreiche Bücher.

Schelling, Friedrich Wilhelm;
1775–1854;
deutscher Philosoph; mit Kant, Fichte und Hegel Vertreter des deutschen Idealismus; sah Aufgabe der Philosophie darin, in den ursprünglichen Zustand der Einheit von Mensch und Natur zurückzuführen.

Schmidt, Winrich de;
Gymnasiallehrer für Deutsch und Philosophie in Düsseldorf; Veröffentlichungen zur deutschen Sprache und zur Philosophie.

Schneider, Wolf;
geb. 1925;
Journalist und Sachbuchautor.

Schopenhauer, Arthur;
1788–1860;
deutscher Philosoph; brach seine Lehrtätigkeit an der Universität Berlin ab und lebte von da an als Privatgelehrter; von der Fachwelt seiner Zeit nicht zur Kenntnis genommen; seine Erkenntnislehre zielt auf Resignation.

Schweitzer, Albert;
1875–1966;
protestantischer Theologe, Arzt, Musiker und Kulturphilosoph; nahm eine Theologieprofessur in Straßburg nicht an, begann stattdessen ein Medizinstudium, ging nach Afrika und baute dort ein Tropenhospital, in dem er selbst praktizierte.

Seneca, Lucius Annaeus;
um 4 v. Chr.–65 n. Chr.;
röm. Dichter und Philosoph; Erzieher des Nero, dessen Hof er später verließ; Philosophie ist bei ihm sittlich-religiöse Lebensführung; Mensch sollte als Vernunftwesen in Entsprechung mit Naturgesetzen leben.

Spaemann, Robert;
geb. 1927;
Professor für Philosophie und Pädagogik in München; zahlreiche Buchveröffentlichungen, vor allem zur Ethik und politischen Philosophie.

Stopczyk, Annegret;
freischaffende Philosophin in Berlin; Schwerpunkt u. a. »Leibphilosophie«; verfaßte zahlreiche Hörspiele für den Rundfunk.

Stork, Heinrich;
studierte Chemie und Philosophie; nach Tätigkeit als Industriemechaniker heute Professor für Chemie und ihre Didaktik in Essen.

Teilhard de Chardin, Pierre;
1881–1955;
franz. Philosoph, Anthropologe und Altertumsforscher; seine Philosophie der universalen Evolution spannt den Bogen vom kleinsten Materieteilchen bis zur abstrakt-geistigen Existenz; Versuch einer universalen christlichen Weltdeutung.

Thomas, Hans;
Arzt und zeitkritischer Philosoph in Köln; zahlreiche Vorträge und Buchveröffentlichungen.

Tribe, Laurence;
geb. 1941;
Professor für Rechtswissenschaft an der Harvard Universität, Cambridge USA; Veröffentlichungen zu ethischen und juristischen Aspekten der Planungstheorie.

Twain, Mark;
1835–1910;
Drucker, Journalist, Lotse auf dem Mississippi, Journalist; entwickelte sich als Erzähler zu einem der bedeutendsten Vertreter des amerikanischen Realismus.

Virilio, Paul;
geb. 1932;
lebt als Architekt und Schriftsteller in Paris; begründete die École d'Architecture Spéciale; Verfasser zeit- und kulturkritischer Essays.

Watzlawick, Paul;
geb. 1921;
österreich. Philosoph und Psychologe; studierte Philosophie und Sprachen sowie Psychotherapie; lehrt heute Psychotherapie und Psychiatrie an verschiedenen amerikanischen Universitäten.

Winn, Marie;
amerikanische Sachbuchautorin in New York.

Quellenverzeichnis

1

Anders, Günther: Die Antiquiertheit des Menschen. – Bd. 1.– München: Beck, 1992. – S. 110; 142 ff.

Brecht, Bertolt: Leben des Galilei. – Frankfurt. a. M.: Suhrkamp, 1966. – S. 52 f.

Busch, Wilhelm: Das dicke Busch-Buch / hrsg. v. W. Teichmann. – Berlin: Eulenspiegel Verlag, 1975. – S. 244.

Der Islam. – München: Beck, 1995. – S. 163.

Frankfurter Allgemeine Zeitung 22. 1. 1993. – Frankfurt a. M.: Fazit Stiftung Verlagsgesellschaft. – S. 29.

Frisch, Max: Tagebuch 1946–49. – Frankfurt a. M.: Suhrkamp, 1965. – S. 26 f.

Fromm, Erich: Psychoanalyse und Ethik . – Zitiert nach Savater, Fernando, Tu, was Du willst. Ethik für Erwachsene von morgen. – Bonn: Bundeszentrale für politische Bildung, 1993. – S. 18.

Goscinny/Uderzo: Asterix – Die große Überfahrt. – Stuttgart: Delta Verlag, 1988. – S. 8.

Inciarte, Fernando: Die Abschaffung der Wirklichkeit. – In: Die Welt als Medieninszenierung / hrsg. v. H. Thomas. – Stuttgart: Busse Seewald, 1989. – S. 173.

Kleist, Heinrich von: Brief an Wh. v. Zenge vom 22. 3. 1801. – In: H. v. Kleist, Sämtliche Werke und Briefe. – Bd. 2. – München: Hanser, 1970. – S. 634.

Nagel, Thomas: Was bedeutet das alles? Eine ganz kurze Einführung in die Philosophie. – Stuttgart: Reclam, 1987. – S. 9 ff.

Nietzsche, Friedrich: Über Wahrheit und Lüge im außermoralischen Sinn. – In: F. Nietzsche, Werke. – Bd. 3. – Darmstadt: WBG, 1966. – S. 311 ff.

Pirsig, Robert M.: Lila oder ein Versuch über Moral. – Frankfurt a. M.: Fischer, 1991. – S. 37; 375.

Pirsig, Robert M.: Zen und die Kunst ein Motorrad zu warten: ein Versuch über Werte. – Frankfurt a. M.: Fischer, 1978. – S. 57; 61; 74 f.; 77 ff.

Platon: Politeia / übers. v. A. Horneffer. – Stuttgart: Kröner, 1924. – S. 508 ff.

Popper, Karl R.: Objektive Erkenntnis: ein evolutionärer Entwurf. – Hamburg: Hoffmann und Campe, 1974. – S. 17; 44 f.; 369 f.; 373 ff.

Russell, Bertrand: Probleme der Philosophie. – Frankfurt a. M.: Suhrkamp, 1984. – S. 9 ff.

Scheurmann, Erich: Der Papalagi. – München: Heyne, 1989. – S. 95 ff.

Schmidt, Winrich de: Mit Erlaubnis des Autors.

Stopczyk, Annegret: Gestalten des Bewußtseins. – Mit Erlaubnis der Autorin.

Thomas, Hans: Wirklichkeit als Inszenierung. – In: Die Welt als Medieninszenierung – a. a. O. – S. 19 ff.

Virilio, Paul: Rasender Stillstand. – München; Wien: Hanser, 1992. – S. 118 ff.

Watzlawick, Paul: Wie wirklich ist die Wirklichkeit? – München: Piper, 1991. – S. 84 f.

Winn, Marie: Die Droge im Wohnzimmer. – Hamburg: Rowohlt, 1979. – S. 106 ff.

2

Anders, Günther: Die Antiquiertheit des Menschen. – Bd. 2. – a. a. O. – S. 58 ff.

Bloch, Ernst: Ästhetik des Vorscheins. – Frankfurt a. M.: Suhrkamp, 1974. – S. 59 f.

Buber, Martin: Die Erzählungen der Chassidim. – Zürich: Manesse Verlag, 1949. – S. 135.

Dostojewski, Fjodor: Der Spieler. – Wiesbaden: Emil Vollmer Verlag, o. J. – S. 177; 187.

Enzensberger, Hans Magnus: Eine Theorie des Tourismus. – In: Einzelheiten. – Bd. 1: Bewußtseinsindustrie. – Frankfurt a. M.: Suhrkamp, 1966. – S. 202 f.

Fichte, Johann Gottlieb: Die Bestimmung des Menschen. – In: J. G. Fichte, Werke. – Bd. 3. – Leipzig: Meiner, o. J. – S. 25 ff.

Fromm, Erich: Entfremdung vom alten Testament bis zur Gegenwart. – In: E. Fromm, Der moderne Mensch und seine Zukunft. – Frankfurt a. M.: Europäische Verlagsanstalt, 1960. – S. 109 ff.; 137 ff.

Garve, Christian: Über die Moden / hrsg. v. Th. Pittrof. – Frankfurt a. M.: Insel-Verlag, 1987. – S. 9; 11 f.

Heidegger, Martin: Sein und Zeit. – Tübingen: Niemeyer, 1927, 17. Aufl. 1993. – S. 126 ff.

Hesse, Hermann: Der Steppenwolf. – Frankfurt a. M.: Büchergilde Gutenberg, 1972. – S. 238.

Marx, Karl: Ökonomisch-philosophische Manuskripte. – In: K. Marx, Frühe Schriften. – Bd. 1. – Darmstadt: WBG, 1971. – S. 564 ff.

Münnix, Gabriele: Bilderwelten. – Erstveröffentlichung.

Nietzsche, Friedrich: Zur Genealogie der Moral. – Stuttgart: Kröner, 1976. – S. 239.

Pirsig, Robert M.: Lila … – a.a.O. – S. 283 f.

3

Aristoteles: Nikomachische Ethik. 1. Buch. – München: dtv, 1972. – S. 58 f.; 64 f.; 67.

Barth, Ariane: Ein Hauch, ein Fluß, ein Schweben: über die Erforschung des Glücks. – In: Spiegel 53/92. – Hamburg: Spiegel-Verlag. – S. 56 ff.

Bechstein, Ludwig: Schlaraffenland. – In: Der goldene Märchenschatz. – Wien: Überreuther, 1971. – S. 144.

Büchner, Georg: Leonce und Lena. – In: Sämtliche Dichtungen. – Leipzig: Fikentscher, o. J. – S. 164.

Czikszentmihalyi, Mihalyi: Flow – Das Geheimnis des Glücks. – Stuttgart: Klett-Cotta, 1992. – S. 13 ff.

Epikur: Brief an Menoikeus. – In: Epikur, Von der Überwindung der Furcht. – Zürich: Artemis, 1968. – S. 101 ff.

Fromm, Erich: Haben oder Sein. – München: dtv, 1979. – S. 115 ff.

Quellenverzeichnis

Grimm, Gebrüder:
Hans im Glück. –
In: Märchen der Brüder Grimm. –
München: Droemer, 1961. – S. 216.

Hammarskjöld, Dag:
Zeichen am Weg. – München; Zürich:
Droemer; Knaur, 1977. – S. 18.

Marx, Karl: Die deutsche Ideologie. –
In: Klassiker der Staatsphilosophie/
hrsg. v. Oberndörfer u. Jäger. – Bd. 2. –
Stuttgart: Koehler, 1971. – S. 195.

Mill, John Stuart:
Der Utilitarismus. –
Stuttgart: Reclam, 1976. – S. 20 ff.; 30.

Platon: Georgias, E 7–492. –
Nach: Capelle, Die Vorsokratiker. –
Stuttgart: Kröner, 1968. – S. 355 f.

Platon: Symposion. –
In: Rowohlts Klassiker / hrsg. v.
O. Grassi. – Bd. 14. –
Reinbek b. Hamburg: Rowohlt, 1965. –
189d–190a; 190c–191b; 191d.

Savater, Fernando:
a. a. O. –
S. 33; 50 ff.; 58; 62 ff.; 68 ff.; 86.

Schneider, Wolf: Glück – was ist das? –
München: Piper, 1978. – S. 11 f.

Schopenhauer, Arthur:
Aphorismen zur Lebensweisheit. –
Stuttgart: Kröner, 1974. – S. 47 f.

Seneca: I Vom glückseligen Leben.
II Von der Gemütsruhe. –
Stuttgart: Reclam, 1984. –
S. 34 f.; S. 45 ff.; 64 ff.

Teilhard de Chardin, Pierre:
Vom Glück des Daseins. –
Freiburg: Olten, 1969. – S. 16 ff.

4

Engels, Friedrich: Anti-Dühring. –
In: Karl Marx/Friedrich Engels:
Werke. – Bd. 20. – Berlin: Dietz Verlag,
1973. – S. 83 f.; 86 f.

Fichte, Johann Gottlieb:
Die Bestimmung des Menschen. –
In: Werke. – Bd. 2. –
Berlin: de Gruyter, 1971. – S. 258 ff.

Gandhi, Mahatma:
(Das Prinzip der Gewaltlosigkeit). –
In: Vom Geist des Mahatma / hrsg. v.
F. Kraus. – Baden-Baden: Holl, 1957. –
S. 279 ff.

Hübsch, Hadayatullah:
Religion des Friedens. –
Frankfurt a. M.: Verlag »Der Islam«,
1993. – S. 6.

Kody, »Monster«: Mein erster Mord. –
In: Tempo. – Heft 5/93. – Hamburg:
Jahreszeiten-Verlag. – S. 36 f.

Küng, Hans: Projekt Weltethos. –
München: Piper, 1990. – S. 47 ff.

Malpass, Eric: Morgens um sieben
ist die Welt noch in Ordnung. –
Reinbek bei Hamburg: Rowohlt, 1989. –
S. 120 ff.; 170 ff.

Münnix, Gabriele: Kamele. –
Erstveröffentlichung.

Nagel, Thomas: a. a. O. – S. 51 ff.

Oz, Amoz: Frieden und Liebe und
Kompromiß. Rede anläßlich der
Verleihung des Friedenspreises des
Deutschen Buchhandels 1992. –
In: Schweigen ist Schuld. – Frankfurt a.
M.: Börsenverein des deutschen
Buchhandels, 1993. – S. 357; 360 ff.

Richter, Hans-Peter: Gut und Böse. –
Stuttgart: Thienemann Verlag, 1980. –
S. 7.

Schopenhauer, Arthur:
Preisschrift über die Grundlage der
Moral. – In: A. Schopenhauer,
Sämtliche Werke. – Darmstadt: WBG,
1962. – S. 738 ff.

Schweitzer, Albert: Kultur und Ethik. –
München: Beck, 1972. – S. 330 ff.;
340 ff.

Spaemann, Robert:
Moralische Grundbegriffe. – München:
Beck, 1982. – S. 13 ff.; 19.

1000 gute Gründe, über 1992 den Kopf
zu schütteln. – Magazin der
Süddeutschen Zeitung 52/92. –
München: Süddeutscher Verlag.

Tugendhat, Ernst:
Ein alter Rabbi fragte ... – Zitiert nach
Otto Kallscheuer: Abschied vom
deutschen »Sein«. – Literaturbeilage der
Zeit 50/92. – Hamburg:
Zeitverlag G. Bucerius. – S. 15.

Twain, Mark:
Tom Sawyer und Huckleberry Finn. –
Wien: Tosa Verlag, 1981. –
S. 267; 277 ff.; 281.

5

Anders, Günther: a. a. O. – S. 397 f.

Andersen, Hans Christian:
Der Schweinehirt. – In: Das große Hans
Christian Andersen Märchenbuch. –
Augsburg: Goldmann, 1989. – S. 85 ff.

Böhme, Gernot: Natürlich Natur. –
Frankfurt a. M.: Suhrkamp, 1992. –
S. 9 ff.

Brecht, Bertolt: Gesammelte Werke. –
Bd. 8. – Frankfurt a. M.: Suhrkamp,
1967. – S. 316 f.

Enzensberger, Hans Magnus:
a. a. O. – S. 179 f.

Fichte, Johann Gottlieb:
Die Bestimmung ... – a. a. O. –
S. 267 ff.

Gehlen, Arnold: Die Seele im technischen Zeitalter. – Reinbek b. Hamburg:
Rowohlt, 1957. – S. 8 f.

Hesse, Hermann: a. a. O. – S. 210 f.

Jonas, Hans: Technik, Medizin und
Ethik. – Frankfurt a. M.: Suhrkamp,
1987. – S. 76 ff.

Kipphardt, Heinar: In der Sache
Robert J. Oppenheimer. – Frankfurt a. M.:
Suhrkamp, 1964. – S. 11 ff.

Löw, Reinhard: Ethik und Technik. –
In: Technik als pädagogische Heraus-
forderung. – Köln: Adamas, 1986. –
S. 125.

Pirsig, Robert M.:
Zen und die Kunst ... – a. a. O. –
S. 20 ff.

Roszak, Theodore:
Der Verlust des Denkens. –
München: Droemer Knaur,
1986. – S. 67 ff.; 72 ff.

Schelling, Friedrich Wilhelm:
Schriften von 1806–1813. –
Darmstadt: WBG, 1968. – S. 17f.; 19.

Scheurmann, Erich: a. a. O. – S. 77 f.

Stork, Heinrich: Philosophie der
Technik. – Darmstadt: WBG, 1977. –
S. 18 ff.

Tribe, Laurence: Was spricht gegen
Plastikbäume? – In: Ökologie und
Ethik / hrsg. v. D. Birnbacher. –
Stuttgart: Reclam, 1980. – S. 20 ff.

Bildquellenverzeichnis

1. Farbbildteil:
S. 1–7 VG Bild-Kunst Bonn, 1995
S. 8 Leopold-Hoesch-Museum, Düren

2. Textteil:
S. 4 Aus: Mosleitner, Logik-Trainer 5/90, Gruner+Jahr, Hamburg (Picture Press, München)
S. 8 Aus: Sempé, Von den Höhen und Tiefen, © 1972 by Diogenes Verlag AG Zürich
S. 12 Robert Day, © 1970 The New Yorker Magazine, Inc.
S. 13 Klaus Becher, Köln
S. 14 Mankoff; aus: Funkkolleg Medien und Kommunikation, Beltz, Weinheim 1990
S. 16 C. Ross, © 1974 The New Yorker Magazine, Inc.
S. 17 Jan Tomaschoff, © CCC, München
S. 19 Aus: Sempé, Um so schlimmer, © 1978 by Diogenes Verlag AG Zürich
S. 21 Atelier Klaus Pitter, Wien
S. 21 Ketcham; aus: Marie Winn, Die Droge im Wohnzimmer, Rowohlt Reinbek 1979
S. 23 VG Bild-Kunst Bonn, 1995; County Museum, Los Angeles
S. 25 Aus: Hans Lenk: Kritik der kleinen Vernunft, Suhrkamp, Frankfurt a. M. 1990 (Mit freundlicher Genehmigung des Autors.)
S. 26 Interfoto, München (Daniel)
S. 27 Bildarchiv Preußischer Kulturbesitz, Berlin
S. 28 Ron Miller; aus: Stephen Hawking: Eine kurze Geschichte der Zeit, Rowohlt, Reinbek 1988
S. 34 Günter Canzler, © Werner Lüning, Lübeck
S. 36 Chas Addams; aus: Schwarze Scherze, © 1977 by Rowohlt Verlag GmbH Reinbek
S. 38 Bortolato, © ali, Press Agency, Brüssel
S. 40 © 1995 M. C. Escher, Cordon Art – Baarn – Holland
S. 41 VG Bild-Kunst Bonn, 1995; Bildarchiv Foto Marburg
S. 42 MIWA, aus: Impulse, Hochschule des Erzbistums Köln 1/91 (Mit freundlicher Genehmigung des Herausgebers.)
S. 43 Aus: Ivan Steiger sieht die Bibel, Verlag Katholisches Bibelwerk und Deutsche Bibelgesellschaft, Stuttgart
S. 45/46 Aus: Sempé, Konsumgesellschaft, © 1973 by Diogenes Verlag AG Zürich
S. 47 Neue Galerie, Sammlung Ludwig, Aachen, © Foto: Anne Gold
S. 48 Hans Jürgen Press, Hamburg
S. 49 Atelier Klaus Pitter, Wien
S. 51 Aus: Loriot, Wahre Geschichten, © 1959, 1986 Diogenes Verlag AG Zürich
S. 52 Berlinische Galerie, Landesmuseum für Moderne Kunst, Photographie und Architektur
S. 53 Artothek, Peissenberg (Blauel/Gnamm)
S. 58 AKG, Berlin
S. 59 VG Bild-Kunst, Bonn 1995
S. 61 The Walt Disney Company (Germany) GmbH
S. 61 AP Wirephoto
S. 63 Aus: Loriot, Menschen, die man nicht vergißt, © 1968 Diogenes Verlag AG Zürich
S. 64 AKG, Berlin
S. 67 Aus: Sempé, Von den Höhen und Tiefen, © 1972 by Diogenes Verlag AG Zürich
S. 68 Aus: Standpunkte der Ethik, Schöningh, Paderborn 1994
S. 69 Mauritius, Mittenwald (Hackenberg)
S. 72 Bavaria, München
S. 75 Aus: Sempé, Bonjour Bonsoir, © 1976 by Diogenes Verlag AG Zürich
S. 76 Filminstitut der Landeshauptstadt Düsseldorf
S. 81 André Poloczek, © CCC, München
S. 82 Kinoarchiv Engelmeier, Hamburg
S. 85/89 Chas Addams; aus: Schwarze Scherze, © 1977 by Rowohlt Verlag GmbH Reinbek
S. 90 Eberhard Binder, © 1974 by Verlag Junge Welt Berlin
S. 92 Aus: Loriot, Wahre Geschichten, © 1959, 1986 Diogenes Verlag AG Zürich
S. 93 Aus: Sempé, Um so schlimmer, © 1978 by Diogenes Verlag AG Zürich
S. 94 Gerhard Mester, © CCC, München
S. 95 Johann Mayr, Jetzendorf
S. 96 Aus: Loriot, Wahre Geschichten, © 1959, 1986 Diogenes Verlag AG Zürich
S. 98 AKG, Berlin
S. 101 Jutta Bauer, © CCC, München
S. 103 British Library, London
S. 105 Jan Tomaschoff, © CCC, München
S. 110 Traxler, Frankfurt a. M.
S. 112 Aus: Sempé, Bonjour Bonsoir, © 1976 by Diogenes Verlag AG Zürich
S. 114 VG Bild-Kunst Bonn, 1995
S. 116 Jupp Wolter, Lohmar
S. 117 Aus: Sempé, Um so schlimmer, © 1978 by Diogenes Verlag AG Zürich
S. 118 Aus: Paul Flora, © 1961 by Diogenes Verlag AG Zürich
S. 120 Hans Jürgen Press, Hamburg
S. 122/123 Gabine Heinze, Leipzig
S. 125 Jupp Wolter, Lohmar
S. 126 Interfoto, München
S. 127/129 Horst Haitzinger, München
S. 131 Pepsch Gottscheber, © CCC, München
S. 132 Interfoto, München (Daniel)
S. 133 W. Ariwald, Möhnesee
S. 135 Horst Haitzinger, München

3. Umschlag:
U1 Privatsammlung Monte Carlo Foto: Photothèque Giraudon, Vanves © VG Bild-Kunst Bonn, 1995

Nicht in allen Fällen war es uns möglich, die Rechteinhaber der Abbildungen zu ermitteln. Berechtigte Ansprüche bitten wir deshalb nachträglich geltend zu machen.